STUDIA
HUMANITATIS
문명텍스트

STUDIA
HUMANITATIS
문명텍스트
29

크리스티안 볼프

중국의 실천철학에 대한 강연

안성찬 역주

서울대학교출판문화원

STUDIA HUMANITATIS
문명텍스트 29

크리스티안 볼프
중국의 실천철학에 대한 강연

초판 1쇄 인쇄 2017년 1월 20일
초판 1쇄 발행 2017년 1월 25일

역주자 안성찬
펴낸곳 서울대학교출판문화원
펴낸이 성낙인

책임편집 박희자
디자인 최선아

출판등록 제15-3호

주소 (08826) 서울 관악구 관악로 1
대표전화 02-880-5252 | 팩스 02-888-4148
출판관리팀(주문상담) 02-889-4424, 02-880-7995
이메일 snubook@snu.ac.kr
홈페이지 www.snupress.com

ISBN 978-89-521-1909-4 94150
978-89-521-1574-4 (세트)

이 저서는 2007년 정부(교육과학기술부)의 재원으로
한국연구재단의 지원을 받아 수행된 연구임(NRF-2007-361-AL0016).

❁ 책을 펴내며

이 책은 세 편의 텍스트로 구성되어 있다. 이 책의 대부분, 원고 분량으로 볼 때 4분의 3을 차지하는 첫 번째 텍스트는 독일 합리주의 철학을 대표하는 철학자 크리스티안 볼프가 1721년 할레대학 부총장 이취임식에서 행한 기념강연에 서문과 자세한 주석을 붙여 1726년에 발간한 저서 『중국의 실천철학에 대한 강연』을 번역하고 여기에 상세한 역주를 단 것이다. 볼프는 프랑스의 볼테르와 더불어 전기 계몽주의 시기의 중국예찬론(sinophilia)을 대표하는 인물로서, 『중국의 실천철학에 대한 강연』은 프랑수아 노엘과 필립 쿠플레 등 예수회 선교사들이 중국 고전 번역을 통해 계몽주의 시기 유럽 지식인들에게 불러일으킨 중국에 대한 깊은 관심, 그리고 이로 인해 당시 독일에서 생겨난 이른바 '원시 중국학'의 한 단면을 생생하게 보여주는 가장 중요한 기록 중 하나이다.

두 번째 텍스트는 헤르더의 대표작 『인류 역사의 철학을 위한 이념』 중에서 11권 1장 「중국」 전문을 번역하고 여기에 역주를 단 것이다. 이 텍스트에는 후기 계몽주의 시기에 등장한 중국혐오론(sinophobia)이 생생한 모습으로 그려져 있다. 여기에서 "방부 처리된 미라"라는 신랄한 표현으로 제시된 중국관, 즉 '동일한 것이 부단히 반복되는 영원히 정체된 나라 중국'이라고 하는 부정적 중국관은 이후 헤겔, 마르크스, 막스 베버를 거쳐 20세기 후반에 이르기까지 독일의 역사철학적 사유에서 전형적인 중국관으로 자리잡아 서구의 중국관에 커다란 영향을 미쳤다. 이 텍스트는 이러한 혐오적 중국관의 효시를 이루는 최초의 중요한 기록이다.

세 번째 텍스트인 「크리스티안 볼프의 중국과 헤르더의 중국」은 위의 두 텍스트에 대한 필자의 연구 결과물로서 이 텍스트들에 대한 해제에 해당한다. 이 텍스트에서 필자는 근대 초기의 동서양 교류사와 18세기 독일에서 원시 중국학이 전개된 양상을 간략하게 소개하고, 이어서 위의 두 텍스트의 생성 배경과 내용 및 여기에 그려진 대립적 중국관을 구체적으로 제시한 후 18세기 전반의 중국예찬론이 18세기 후반에 중국혐오론으로 옮겨간 원인을 나름의 관점에서 고찰하였다. 이에 있어 필자는 18세기 독일과 유럽 지식인들에게서 중국관이 급격하게 변화한 원인과 양상을 서구 계몽사상의 지향점의 변화라고 하는 내재적 요인을 통해 조명하는 관점을 취하였다. 이러한 관점에 입각하여 독일의 초기 중국학을 대표하는 라이프니츠, 볼프, 헤르더 사이에 나타나는 중국관의 차이를 필자는 사유 관점의 변화에 기인하는 것으로 설명하고자 했다. 물론 이 주제에 대해서는 다른 관점에서의 접근도 가능하겠지만, 필자의 관점은 이 문제에 대한 이념형적(idealtypisch) 접근의 하나로서 이 흥미로운 주제에 대한 풍성하고 의미 있는 토론의 출발점이 될 수 있으리라 믿는다. 이 글은 볼프와 헤르더의 텍스트를 번역하던 중에 집필하여 서울대학교 인문논총 68집에 기획논문 「중국의 서학, 유럽의 중국학 2」 중 한 편으로 발표

했던 것을 수정·보완한 것이다.

내가 이 주제에 처음 관심을 가지게 된 것은 오래 전의 일이다. 독일에서 공부하던 시기에 나는 '숭고'의 개념을 중심으로 아도르노와 포스트모더니즘 미학에서 출발하여 헤겔의 미학을 거쳐 괴테와 쉴러의 문예사상 및 칸트와 헤르더의 미학으로 거슬러 올라가는 방식으로 문예이론의 역사를 역추적하다가 우연한 기회에 헤르더와 헤겔의 역사철학에 서술된 중국, 한국, 일본 등 동양에 대한 글을 읽게 되었다. 이를 계기로 동양, 특히 중국에 대한 이들의 지식과 견해가 어디에서 유래되었을까 하는 의문이 생겼다. 이러한 의문을 풀기 위해 자료들을 수집하는 과정에서 라이프니츠와 크리스티안 볼프에게서 나타나는 우호적 중국관이 헤르더 이후로 혐오적 중국관으로 급격히 변화된 양상과 원인에 관심의 초점이 모아졌다. 당시 내가 접한 연구서들에서 오늘날 독일의 중국학 학자들은 18세기 독일에서 교차되어 나타난 중국예찬론과 중국혐오론이 모두 중국에 대한 직접적 경험과 지식이 결여된 상황에서 유럽 다른 나라의 선교사, 무역상, 여행자들이 전해준 여행기와 보고서에 의존해 만들어진 신기루상이라는 주장을 펴고 있었다. 일견 타당한 견해이기는 하지만 나로서는 이러한 미진한 결론에 만족할 수 없었다. 중국에 대한 그러한 극단적으로 상반된 상이 만들어진 근본적인 원인을 이해하기 위해서는 주어진 자료에서 그러한 상을 구성해낸 당대 독일 지식인들의 '기투(企投, Entwurf)'를 조명해야 하지 않을까 하는 것이 당시 내가 품었던 의문이었다. 언젠가 한번은 시간을 내어 이 문제를 제대로 다루려 했지만, 주어지는 당면한 과제에 매달리다 보니 모아놓은 자료에 먼지가 쌓여가는 만큼 이 문제에 대한 관심도 잊혀져갔다.

묻혀버릴 수도 있었던 이 주제에 관한 관심과 자료가 새로운 전기를 맞게 된 것은 필자가 서울대학교 인문학연구원에서 인문한국(HK) 문명연구사업에 참여하게 되고, 여기에서 동료 교수들과 '중국의 서학, 유럽의 중국학' 공동연구팀을 함께 결정하여 연구를 수행한 덕분이다. 이 공동연구팀은 마테오 리치 이후 예수회 선교사들이 매개한 동서양 문화교류와 이것이 유럽 학문과 사상에 미친 영향에 대해 다양한 분야의 연구자들이 모여 함께 연구하는 것을 목표로 결성되었는데, 여기에서 나는 예수회 선교사들이 번역한 중국 경전이 독일 계몽주의 사상에 미친 영향에 주된 관심을 가지게 되었다. 이를 계기로 오랜 세월 동안 자료 위에 쌓인 먼지를 털어낸 후 첫 번째로 선택한 과제가 18세기 독일의 중국예찬론과 중국혐오론을 각각 대표하는 크리스티안 볼프와 헤르더의 두 텍스트를 번역하고 이들에게서 뚜렷하게 나타나는 중국관 변화의 양상과 원인을 조명하는 일이었다. 이 책은 이러한 긴 과정의 결과물이다.

20년 넘게 미루어온 과제물을 제출하게 된 만큼 이 책이 나오기까지 도움을 준 분들께 감사의 뜻을 전하지 않을 수 없다. 우선 독일에서 자료를 모으고 연구계획을 작성하는 일에 많은 도움을 준 독일 레겐스부르크의 소중한 벗 아돌프 슈네바우어에게 감사의 인사를 전한다. 그의 도움이 이 책의 초석이 되었다. 특히 '중국의 서학, 유럽의 중국학' 공동연구팀 동료 교수들께도 깊은 감사를 전한다. 이들과 함께 세미나, 심포지엄, 기획논문 발표를 진행하며 나눈 토론과 지식이 이 책의 구조물이 되었다. 또한 심사 규정으로 인해 소속과 성함은 알 수 없지만 출판 심사에서 이 책의 가치를 높이 평가해주어 이 책을 펴내는 데 힘과 용기를 주고 가치 있는 지적과 의미 있는 조언을 통해 많은 곳을 바로잡아준 심사자분들께도 감사의 인사를 표한다. 끝으로 이 책의 편집과 발간을 맡아준 서울대학교출판문화원에 감사드린다.

2017년 1월

관악산 연구실에서

안성찬

❁ 차례

❁ 일러두기

1. 크리스티안 볼프의 『중국의 실천철학에 대한 강연』 번역은 다음 책을 기준 판본으로 하였다. Christian Wolff, *Oratio de Sinarum philosophia practica, Rede über die praktische Philosophie der Chinesen*, übersetzt, eingeleitet und hrsg. v. Michael Albrecht, Hamburg 1985.
2. 헤르더의 『인류 역사의 철학에 대한 이념』 11권 1장 「중국」 번역은 Deutscher Klassiker Verlag에서 출간된 다음 책을 기준 판본으로 하였다. J. G. Herder, Johann Gottfried Herder Werke, Bd. 6, *Ideen zur Philosophie der Geschichte der Menschheit*, hrsg. v. Martin Bollacher, Frankfurt am Main, 1989, pp. 430-442.
3. 크리스티안 볼프의 강연문에서 (1), (2) 등 괄호 안에 들어 있는 번호는 볼프가 붙인 주석의 번호이다.
4. 인명과 도서명의 원어는 처음에만 병기하는 것을 원칙으로 하였다.
5. 성경 인용은 개역개정판을 기준으로 하였다.
6. 본문에서 굵은 글씨로 강조한 단어와 구절은 원문에 이탤릭체로 표시된 강조 표시에 따른 것이다.

약어

Albrecht = Christian Wolff, *Oratio de Sinarum philosophia practica, Rede über die praktische Philosophie der Chinesen*, übersetzt, eingeleitet und hrsg. v. Michael Albrecht, Hamburg 1985.

WW = Chriatian Wolff, *Gesammelte Werke*, Neu. hrsg. u. bearbeitet von Jean Ecole, Hans Werner Arndt, Charles A. Corr, Joseph E. Hofmann, Winfried Lenders, Marcel Thomann, Hildesheim; Hildesheim, New York; Hildesheim, Zürich, New York 1962ff.

Couplet = Phillipe Couplet, *onfucius Sinarum philosophus, sive Scientia sinensis latine exposita*, Parisiis 1686.

Couplet, 서론 = Proemialis Declartio.

Couplet, 공자의 생애 = Confucii Vita.

Couplet, 대학 = Scientiae sinicae liber primus.

Couplet, 중용 = Scientiae sinicae liber secundus.

Couplet, 논어a = Scientiae sinicae liber tertius pars prima.

Couplet, 논어b = Scientiae sinicae liber tertius pars secunda ··· pars decima.

Couplet, 연대표 = *Tabula genealogica trium familiarum imperialium Monarchiae Sinicae à Hoam Ti primo gentis Imperatore per 86. successores annos 2457. ante Christum. E Sinico Latinè exhibita à R.P. Philippo Couplet* (···) o.O.o.J.

Couplet, 편년사 = *Tabula chronologica Monarchiae Sinicae juxta cyclos annorum LX. Ab anno ante Christum 2952. ad annum post Christum 1683. Auctore R. P. Philippo Couplet* (···) Parisiis 1686.

Noël = François Noël, *inensis imperii libri classici sex: nimirum Adultorum schola, Immutabile medium, Liber sententiarum, Mencius, Filialis observantia, Parvulorum schola, e Sinico idiomate in latinum traducti*, Prag 1711.

I.

크리스티안 볼프의 중국: 『중국의 실천철학에 대한 강연』

Oratio de Sinarum philosophia practica
Rede über die praktische Philosophie der Chinesen

크리스티안 볼프

크리스티안 볼프

헤센의 궁정고문관, 마르부르크대학 수학 및 철학 수석교수,

페테르스부르크 학술원 명예교수, 영국 왕립협회와

프로이센 왕립학술원 회원이

1721년 7월 12일 할레대학 창립 28주년 기념일에

부총장 직위를 후임자에게 인계하는 자리에서 행한

강연에 상세한 주석을 붙인

중국의 실천철학에 대한 강연[1]

프랑크푸르트 암 마인 1726

요한 B. 안드레아에 & 하인리히 호르트 출판사

---

1 저자의 주요 경력과 직위를 책 제목에 붙여 소개하는 이러한 방식은 당시의 관례였다. 여기에 제시된 내용을 설명하면 다음과 같다. 이 강연으로 인해 독일 경건주의 신학의 중심지인 할레대학 신학부 교수들에 의해 '무신론자'라고 고발당하여 할레대학에서 퇴출당하고 프로이센에서 추방당한 후 볼프는 1723년 말에 헤센-카셀의 방백(方伯) 카를 1세에 의해 헤센-카셀의 궁정고문관, 마르부르크대학의 철학부와 수학 수석교수로 임명되었다. 러시아의 카타리나 1세가 볼프에게 페테르스부르크 학술원 부원장직을 제안하였으나 그가 이를 고사하자 이 학술원 명예교수 직위가 그에게 수여되었다. 1710년 볼프는 영국의 왕립협회(Royal Society) 회원이 되었으며, 1711에는 베를린 학술원(왕립 프로이센 학술원) 회원이 되었다. 할레의 프리드리히대학은 브란덴부르크 선제후 프리드리히 3세(1701년부터는 프로이센 왕 프리드리히 1세)의 37세 생일을 맞아 1694년 개교하였으며, 이런 연유로 '프리데리키아나(Friderciana)'라는 이름으로 불린다. 개교 27주년에 28회(개교일도 개교기념일로 산정) 개교기념일을 맞아 개교기념일 행사와 매년 교체되는 부총장 이취임식이 함께 거행되었다. 볼프는 27대 부총장이었으며 그의 후임은 신학부 교수 요아힘 랑에(Joachim Lange)였다. 책의 발행인은 요한 벤야민 안드레아에(Johann Benjamin Andreae)였으며, 이 출판사는 그의 매부이기도 한 파울 하인리히 호르트(Paul Heinrich Hort)가 초창기에 운영에 참여하였다.

서문(1726)

어린 시절부터 나는 명료한 방식으로 진리를 인식하려는 호기심에 불탔기 때문에[2] 수학자들이 사용하는 방법[3]의 논증근거를 탐구하여 이 방법을 철학의 분야들에 적용하기 위해 일찌감치 모든 노력을 다해왔다. 젊은 시절 내가 이러한 노력을 통해 어떤 진보를 이루어냈는가는 내 첫 번째 학문적 시험작인 「보편적 실천철학」[4]에 잘 나타나 있다. 이 글이 학자들[5]로부터 칭찬을 받았을 뿐만 아니라, 특히 사후에 커다란 명성을 누리고 있는 라이프니츠의 총애[6]를 내게 안겨주었기 때문에 이것은 오늘날에 이르기까지 나로 하여금 그런 노력을 계속하도록 고무

---

2 이 고백을 볼프는 그의 저서 여러 곳에서 언급하고 있다. 예를 들어 『수학 사전(*Mathematisches Lexicon*)』(WW I. Bd. 11) 서문의 첫 문장도 이 말로 시작하고 있다.

3 이에 대해서는 Heinrich Wuttke, *Christian Wolffs eigene Lebensbeschreibung*, Hrsg. mit einer Abhandlung über Wolff von Heinrich Wuttke, Leibzig 1841, p. 121 이하 참조.

4 「보편적 실천철학(Philosophia practica Universalis, Mathematica methodo conscripta)」, Leipzig 1703, In: Meletemata = WW II, Bd. 35, Sect. II, Num. I, pp. 189-223.

5 WW I, Bd. p. 390 이하, §136 참조.

6 이에 대해서는 Carl Immanuel Gerhardt (Hrsg.), *Briefwechsel zwischen Leibniz ind Chriatian Wolff*, Halle 1860 (2. Nachdr. Hildesheim, New York 1971), p. 8과 p. 15, 그리고 Walter Arnsperger, *Christian Wolff's Verhältnis zu Leibniz*, Weimar 1897, pp. 24-26 참조.

해주었다. 이 분야에서 내가 이룬 진보가 어떤 것인가에 대해서는 내 글들, 수학 분야의 글들과 철학적 글들을 주의 깊게 통독하고 이 방법에 대해 판단할 수 있는 능력을 지닌 사람들이 평가해야 할 것이다. 젊은 시절에 이미 나는 성숙한 나이가 되면 전적으로 실천철학을 다듬는 일[7]에 매진하기로 마음먹었는데, 이에 대해 나는 이미 여러 차례 언급한 바 있다. 하지만 이 어려운 작업에 착수했을 때 나는 이 방법을 위해서는 수학의 엄청난 진보가 필요하다는 것, 논증근거를 무엇보다도 심리학·존재론·자연신학으로부터 이끌어내야만 한다는 것, 하지만 동시에 올바르게 수행된 물리학 연구를 통해 관찰과 실험을 학문에 적용하는 능력과 자연스러운 행동을 규정하는 궁극적 원인에 대한 — 이는 도덕적 행동이 규정되어야만 하는 원인과 동일한 원인인데 — 지식을 획득해야만 한다는 것을 경험하였기 때문에 나는 모든 철학 연구가 수학 연구와 연결되어야만 한다는 것을 통찰하게 되었다. 이러한 목적으로 나는 수학을 깊이 있게 연구하는 일에 몰두했는데, 특히 신의 섭리에 따라 수학을 가르치는 일에 몸담게 되었고,[8] 철학 전체를 다듬는 일을 시작하게 되었기 때문에 더욱 그러했다. 내 노력의 근본 실마리는 독일어로 된 내 글들에서 찾아볼 수 있을 것이고, 이 실마리로 짜낸 직물 자체는 그럴 만한 여가가 생기는 대로 라틴어 저서로 완성할 예정이

---

7 이에 대해서는 *Ratio praelectionum* = WW II, Bd. 36, p. 191 이하, §3, 그리고 Friedrich Christian Baumeister, *Vita, Fata et Scripta Christiani Wolfii*, Leipzig u. Breslau 1739 (In: WW I, Bd. 10, p. 30), 또한 Carl Günther Ludovici, *Ausführlicher Entwurf einer vollständigen Historie der Wolffischen Philosophie*, 3Bde. Leipzig 1737-1738, Nachdruck Hildesheim 1977, hrsg. von Jean Ecole (WW III, Bd. 1), Bd. 2, p. 41 참조.

8 1706년 말에 볼프는 할레대학 수학(물리학 포함) 정교수가 되었다.

다. 나는 존재론에서 완전성의 개념을 보편적으로 전개하고,[9] 물리학에서 목적인[10]을 탐구하여 모든 존재자가 완전하다는 형이상학자들의 명제[11]를 수많은 시도[12]들을 통해 강화하였으며, 형이상학에서는[13] 전 우주 자체의 완전성을 통찰하였다. 그 후에 나는 자유로운 행동이 소우주의 완전성을 지향한다는 것에 대해 숙고하고, 이러한 소우주의 완전성이 자연법칙에 의해 지배되는 모든 것의 완벽한 일치에 따라 이루어지는 완전성과 상이하지 않다는 것 그리고 소우주의 완전성을 추구하는 이러한 지향이 대우주의 완전성도 추구한다는 것을 파악하게 되었다.[14] 그리하여 마침내 나는 자연법뿐만 아니라 품위[15] 자체의 첫

---

9 *Deutsche Metaphysik* = WW I, Bd. 2, p. 78 이하, §152 이하. 이에 대한 후기의 연구는 *Ontologia* = WW II, Bd. 3, p. 390 이하, §503 이하 참조.

10 이에 대해 볼프는 그의 물리학의 2부와 3부인 「독일 목적론(Deutsche Teleologie)」과 「독일 생리학(Deutsche Physiologie)」에서 논하였다. WW I, Bd. 7 u. 8. 볼프는 그의 물리학 1부에는 「독일 물리학(Deutsche Physik)」이라는 이름을 붙였는데 여기에서는 작용인에 대해 논하고 있다. WW I, Bd. 6.

11 "모든 존재자가 완전하다는 형이상학자들의 명제"에 대해서는 Ludovicus Carbo, *Compendium absolutissimum totius Summae Theologiae D. Thomae Aquinatis*, Köln 1609, p. 8 b: "Omne ens est actu, & idèo perfectum (…)" 참조. 이것은 토마스 아퀴나스의 『신학대전(*Summa Theologia*)』 I 5장 3절에서 따온 것이다.

12 세 권으로 된 저서 *Allerhand nützliche Versuche* = WW I, Bd. 20. 1-3을 가리킨다.

13 *Deutsche Metaphysik* = WW I, Bd. 2, p. 436 이하, §701 이하.

14 소우주는 인간을 가리키고 대우주는 인간을 둘러싼 세계 전체를 가리킨다. 이 두 가지가 동일한 원리와 법칙에 의거하여 작동한다는 것이 서양의 전통적 세계관이었는데, 볼프는 이러한 서양의 전통적 세계관을 '자연(natura)' 개념에 입각하여 재해석함으로써 동양의 유교 사상과 서양의 계몽주의 사상을 연결하였다. 이에 대해서는 역자주 29 참조.

15 '품위'는 '예의'로도 번역될 수 있는 라틴어 'decorum', 독일어 'Anständigkeit'를 이렇게 번역한 것이다. 이 단어는 근대 초 실천이성에 대한 논의에서 중요한 기본개념이었으며, 당시의 이상적 인간형과도 관련된다. 크리스티안 토마시우스(Christian Thomasius)는 그라시안(Gracián)의 이상인 'galanteria(예의)'와 프랑스의 'honnete

번째 근본명제도 인간의 행동이 소우주의 완전성과 더 나아가 결국 대우주 자체의 완전성을 지향하는 것임을 확신하게 되었다. 중국의 고전[16]을 주의 깊게 연구하면서 나는 고대의 중국인들, 특히 비록 혼란스럽고 불명료하여 그것을 파악한 오직 한 사람에 의해서만 인식되기는 했을지라도 동일한 것을 공자가 파악하고 있었다는 것을 확신할 수 있었다. 이 고전들에 나오는 가르침과 사실들의 보편적 근거를 인식하게 되면서 나는 중국인들의 행위가 내 행위에도 적합하다는 것을 알게 되었다. 하지만 중국인들의 지혜가 사람들이 그것을 얻기 위해 중국으로 여행[17]을 가야만 할 정도로 높이 평가되지는 않기 때문에 — 도덕적인 문제를 열성적으로 논하는 사람들의 판단에 따른다 해도 이는 마찬가지인데 — 나는 1721년에 부총장 직위를 후임자에게 물려주면서 관례에 따라 행하게 된 강연에서 중국 실천철학의 내적인 근거가 내 실천철학과 일치한다는 주제가 청중들에게 환영받으리라는 생각을 하게 되었다. 이 강연문을 내가 지금 책으로 발간하는 이유는 어떤 사람이 나도 모르게 내 뜻에 반하여 그리 정확하지 않은 이 강연의 필사본을 발

---

homme(교양인)'의 영향을 받아 'Decorum'에 대한 이론을 전개했는데, 이를 통해 이 단어는 당시 독일에서 빈번히 사용되는 외래어가 되었다. 이 단어는 경건성, 윤리성, 교양, 귀족적인 생활양식과 사교방식을 그 안에 결합한 개념이다. 이에 대해서는 Carl Heinrichs, *Preußentum und Pietismus. Der Pietismus in Brandenburg-Preußen als religiös-soiale Reformbewegung*, Göttingen 1971, pp. 354-362, p. 372 이하 참조. 그리고 Werner Schneiders, *Naturrecht und Liebesethik. Zur Geschichte der praktischen Philosophie im Hinblick auf Christian Thomsius* (Studien und Materialien zur Geschichte der Philosophie 3), Hildesheim, New York 1971, pp. 281-284 참조. 또한 볼프의 *Philosophia practica universalis*, Bd. 1 = WW II, Bd. 10, p. 154 이하, §194 참조.

16 노엘이 라틴어로 번역한 중국 고전을 말한다. 역주 21 참조.

17 볼프의 주 34 참조.

간하였기 때문이다. 게다가 그 사람은 1722년에 로마에 있는 종교재판관청의 검사와 인쇄허가를 받아 발간한 것처럼 꾸미는 경솔한 짓을 저질렀다. 그리고 트레부(Trévoux)에서는 예수회의 허가를 받아 적법한 왕립 출판사이자 왕립학술원의 출판사인 장 부도(Jean Boudot) 출판사가 1725년에 이것을 다시 책으로 발간했다. 나의 형이상학 체계에 도입된 라이프니츠의 명제[18]들과 관련하여 내가 신과 인간이 혐오하는 악덕들을 '명백한 해석'을 통해 보여주었다는 것, 덕을 학문 및 교육과 결합하려 한 주르날 드 트레부(Journal de Trévoux)의 필자들이 적절한 판단을 내려 라이프니츠가 분명하게 반박한 결론들을 그에게 귀속시키려 하는 것을 거부하였다는 것, 이 비교할 수 없이 위대한 인물의 신학과 예정조화설에 대한 찬양의 글에서 퐁트넬[19]이 라이프니츠의 적들과는 다른 판단을 내리고 있다는 것, 그리고 나 또한 다른 글에서 철학적 가설들이 어느 정도로 용인될 수 있는가에 대해 이야기하면서 로마 교황청이 코페르니쿠스 체계의 적용을 명제로서는 비난하였지만 가설로서는 용인[20]하였다는 것을 제시한 바 있다는 것, 이런 것들을 선량한 윤리와

---

18 예정조화설을 말한다. 이에 대해서는 *Deutsche Metaphysik* = WW I, Bd. 2, p. 478 이하, p. 645 이하, § 765 이하, 1950-1952.

19 Bernard Le Bovier de Fontenelle, *Eloge de Leibniz*(1717), In: Fontenelle, *Oeuvres compléte*, éditées par Georges-Bernhard Depping. Bd. 1. Paris 1818 (Nachdruck Genf 1968), pp. 226-252. 예정조화설에 대해서는 p. 243, 신학자로서의 라이프니츠에 대해서는 p. 244 이하를 볼 것.

20 로마 교황청과 갈릴레이 사이의 갈등으로 인해 코페르니쿠스의 『천구의 회전에 관하여(*De rvolrutionibus orbium coelestium*)』(1543)도 교황청 금서목록에 들어갔지만, 완전히 금서가 된 것은 아니고 내용의 일부 삭제와 추가를 통해 이론의 '가설적'인 성격을 확실히 하면 다시 출판될 수 있다는 전제가 달려 있었다. 여기에서 볼프는 이러한 사실을 지적하고 있다. 하지만 개정이 요구되는 부분에 대한 목록은 1620년에야

는 거리가 먼 그 익명의 출판자는 밝히려 하지 않았다. 나는 보다 많은 독자들이 이용할 수 있도록 하기 위해 강연에 적합한 길이로 서술했던 것에 상세한 주석을 달아 설명했다. 중국의 고전들을 인용하면서 나는 노엘[21]의 번역이 아니라 쿠플레(Couplet)[22]와 그의 동료들의 번역을 사용하였는데, 그 이유는 후자가 전자보다 더 풍부한 자료들을 제공하고 있기 때문이다. 역사적 자료는 대부분 「중국황조 편년사」와 「서론」에서

나왔고, 실제로 이 책은 오랫동안 금서목록에 들어 있다가 1758년에야 금서목록에서 풀려났다.

21 프랑수아 노엘(François Noël, 1651~1729)은 벨기에 출신의 예수회 신부로서 중국에서 선교활동을 하였다. 그가 중국 고전들을 라틴어로 번역하여 1711년 프라하에서 간행한 『중화제국의 육경(*Sinensis imperii libri classici sex: nimirum Adultorum schola, Immutabile medium, Liber sententiarum, Mencius, Filialis observantia, Parvulorum schola, e Sinico idiomate in latinum traducti*)』은 중국의 철학사상을 서양 지식인들에게 소개하는 데 지대한 역할을 하였다. 그가 번역한 중국의 육경은 『대학』, 『논어』, 『중용』, 『맹자』, 『효경』, 『소학』으로, 크리스티안 볼프가 이 강연에서 사용한 중국에 대한 지식은 노엘이 번역한 이 중국 고전들에 의거한 것이다. 이하의 역주에서 노엘의 위의 저술은 'Noël'로 표시하고 그 다음에 쪽수를 표기한다.

22 필립 쿠플레(Phillipe Couplet, 1624~1692)는 벨기에 출신의 예수회 신부로서 강서, 복건, 절강, 상해 등지에서 중국 선교사로 활동했으며 중국어와 라틴어 저술, 번역 등을 통해 동서 사상교류에 커다란 공적을 남겼다. 쿠플레 신부는 중국의 경서들을 예수회의 동료 선교사들과 함께 번역하여 중국 선교 중 유럽으로 돌아와 체류하던 1687년 파리에서 『서문사서직해(西文四書直解)』를 출간하였는데, 이 책의 라틴어 서명이 『라틴어로 번역한 중국 철학자 공자 혹은 중국 학문(*Confucius Sinarum philosophus, sive Scientia sinensis latine exposita*)』이다(이하 본문과 역주에서 『중국 철학자 공자』 혹은 더 간략하게 『공자』는 이 책을 가리킨다). 태양왕 루이 14세에 헌정된 이 책은 「공자의 생애」, 『대학(大學)』 『중용(中庸)』 『논어(論語)』의 역주로 구성되어 있으며, 책 앞쪽에는 방대한 서론이, 그리고 책 뒤쪽에는 『중국황조 편년사』가 붙어 있다. 이 저술은 공자와 중국의 유교사상에 대한 유럽 최초의 연구서로서 유럽 전역에서 커다란 반향을 불러일으켰다. 위에서 밝히고 있듯이 볼프는 강연의 주석을 집필할 때는 쿠플레의 이 저서를 주로 사용했다. 이하의 역주에서 쿠플레의 위의 저술은 'Couplet'로 표시하고 그 뒤에 쪽수를 표기한다.

취해 왔다. 편년사는 쿠플레가 『공자』의 뒤쪽에 덧붙인 것이고, 서론은 이 책의 앞쪽에 서술되어 있다. 편년사에 대한 연구는 하지 않았는데, 그 이유는 이것이 지금 나의 의도에 부합되지 않기 때문이었다. 나는 내 논증에 적합한 사실들에 만족하기로 하였다. 이 연구 분야에 매우 정통한 학자인 데 비뇰레(des Vignoles)[23]가 약속한 대로 그가 중국의 편년사에 밝은 조명을 가하여 여러 가지 어려운 문제들을 야기하는 연대기적 혼란들을 해결해 주리라고 확신한다. 아직까지 충분히 이해되고 있지 못한 공자의 실천철학의 근본명제에 대한 것 그리고 이것이 나의 명제와 일치한다는 것 외에 나는 주석에서 자연과 은총의 차이[24]에 대한 난해한 이론이 우리의 상징적 고전과 신학자들의 견해에 모순되지 않는다는 사실을 증명해주는 명증한 명제를 제시하려 하였다. 내 연구가 마음에 들지 않는 사람이 있다면 나는 그에게 이것을 더 낫게 개선하라고 당부하고 싶다. 하지만 진리를 파악하기에 너무 둔감한 사람에 대해서는, 충분히 숙고되지 않은 그의 판단을 거부할 것이다. 요컨대 이하의 글은 어리석은 수다쟁이들을 위한 것도 아니고 내가 적극 권하는 공자의 진실성과 거리가 먼 독선가들을 위한 것도 아니다.

1726년 1월 19일 마르부르크에서

---

23 Alphonse des Vignoles, *De Cyclis Sinensium Sexagenariis*, In: Miscellanea Berolinensia 4 (Berlin 1734), pp. 24-53.

24 자연과 은총의 차이에 대해 볼프는 이 강연에 대한 주 53, 181, 182에서 상세하게 논하고 있다.

중국의 실천철학에 대한 강연(1721)

중국 철학의 오랜 연륜과 명성

신분과 위엄을 갖춘 존경하는 청중 여러분, 태곳적 이래로(1) 중국의 지혜가 칭송을 받아왔고 국가를 경영함에 있어(2) 이들이 보여준 특별한 현명함도 이에 못지않게 찬양을 받아왔지만, 이 두 가지 점에 대해 공히 널리 퍼져 있는 다음과 같은 점은 그리 특별하지도 않고 그리 탁월하지도 않은 지적으로 보일 것입니다(3). 공자는 이처럼 중요한 지혜의 창시자로 우리에게 칭송을 받아왔습니다(4). 하지만 이런 판단을 내리는 이는 중국에 대한 전문적 소양이 부족한 사람으로 여겨져야 합니다(5).

공자는 중국 철학의 창시자가 아니다

공자가 나타나기 오래 전부터 이미 중국은 최상의 법률제도를 갖춘 훌륭한 나라였습니다. 제후들은 말과 모범을 통해 백성들에게 최고의 완전성을 가늠하는 전달자 역할을 했습니다. 스승과 교사들이 아이들을—황제와 왕과 귀족들의 아이들뿐만 아니라 최하층 백성의 아이들까지도—아주 어린 나이부터 윤리적 선으로 이끌었고, 성인들에게는 선과 악에 대한 올바른 인식을 강화시켰으며, 제후와 그 백성이 덕의 명예를 놓고 서로 경쟁했습니다(6). 중국의 옛 황제들과 왕들은 동시에 철학자이기도 했습니다. 철학자가 다스리고 왕들이 철학을 하는 이 나라가—플라톤의 명제에 따라[25]—행복한 나라라는 것이 어찌 놀라운 일이겠습니까?

중국 철학의 창시자들

철학자 왕들 중 첫 번째 인물은 복희씨(伏羲氏)(7)였습니다. 중국인들은 그를 중화제국 학문의 창시자로서 공경하고 있습니다. 그에 뒤이어 신농씨(神農氏)(8), 황제(黃帝)(9), 요(堯)(10), 순(舜)(11)이 등장하여 최초의 황제 복희씨가 시작했던 것을 계속 완성하여,[26] 마침내 하(夏), 상(商), 주(周)(12) 가문이 정치와 법률을 가장 높은 수준으로 완성하기에 이르렀던 것입니다.

---

25 플라톤이 『국가』에서 그려보인 철학자 왕이 다스리는 이상국에 중국을 비유하고 있다. Platon, *Politeia* 473 c–e.

26 삼황오제(三皇五帝) 시대를 가리킨다. Noël, p. 2 이하. 노엘의 삼황오제 시대에 대한 서술은 주희(주자)가 『대학』에 붙인 서문에 기초한 것이다.

중국의 국정이 몰락하다

인간적인 모든 것은 그야말로 얼마나 많은 변화를 겪을 수밖에 없는 것일까요![27] 국정을 운영하는 중국의 지혜와 현명함이 높은 수준에 이르자 동시에 이 두 가지 역량이 점차로 다시 축소되어 거의 몰락하기에 이르렀습니다. 그 이유는 제후들이 도덕에서 벗어나 그들의 선조들이 애써 확립한 법규를 경시하고, 학교의 교육자들이 자신들의 의무에 더 이상 충실하지 않으며, 백성들이 전반적으로 타락한 윤리에 경도되어 악덕의 주변을 맴돌게 되었기 때문입니다(13). 당시 중화제국의 상황은 그야말로 한탄스러웠습니다! 존경하는 청중 여러분, 관료계층이 자신들에게 최상의 것인 덕과 현명함을 잃어버리고 모든 사람의 보편적 안녕을 담보해주는 법률이 짓밟히고, 부드러운 정서가 최상의 윤리를 통해 실현되게 하고 어른들이 공경받을 만한 정도를 가게 해주던 학교가 거의 완전히 몰락하고, 결국 민족 전체가 게으름과 향락에 물들어 잘못된 길로 빠져들게 된 것을 한탄하지 않을 사람이 누가 있겠습니까? 하지만 중국이 이처럼 혼란스러운 상황에 빠져들었을 때, 공자(14)가 나타난 것입니다.

---

27 이 표현에 대해서는 Terenz, *Eunuchus* 276, In: *Térence* Tome I Texte étabil et truduit par Jules Marouzeau, Paris 1967, p. 241 참조.

공자가 타락한 중국을 다시 일으켜 세우다

덕과 뛰어난 학식을 지닌(15) 공자는 신의 섭리가 중국에 베푼 은총에 힘입어(16) 타락한 상황을 바로잡기 시작했습니다. 비록 공자 자신은 국가에 유익한 법률을 제정하고 제정된 법률을 공포하고 공포된 법률을 다른 법률과 연결하는 왕의 권위를 부여받지 못하고(17), 그저 빈손으로 오직 교육자의 역할만을(18) 힘껏 수행할 수밖에 없었습니다. 그런 이유로 그가 자신이 원하는 바를 행할 수 없었을 때에도 그는 자신이 할 수 있는 바를 행하고 자신의 재능에서 나온 것을 포기하지 않음으로써 그저 교육자의 직책을 수행했던 것이 아니라 이 직책에 영예를 부여했습니다.

중국의 오래 된 근본적인 가르침

당시 중국인들의 마음에는 하나의 가르침이 깊이 뿌리박혀 있었습니다. 이 가르침은 황제나 제후이기도 했던 고대 철학자들에 의해 탁월한 방식으로 확립되어 황제와 왕이 모범을 보인 것을 백성들이 그들의 행동 규범의 원칙으로 삼도록 하는 것이었습니다. 가장 오래 된 고대의 황제와 왕들은 이 가르침을 자신들의 삶과 정치의 표준으로 삼았고 다른 사람들은 이를 모범으로 삼았기 때문에 황제와 왕들은 윤리의 자애로움과 유덕함으로 인해, 그리고 정치에 있어 이들이 보여준 극히 뛰어난 현명함으로 인해 항상 모든 사람들의 칭송을 받았습니다.

공자는 그의 가르침을 어디에서 길어왔는가

이에 따라 공자는 고대 황제와 왕들의 편년사를(19) 매우 자세하게 공부했습니다. 사람들이 어떻게 살아야 하고 어떻게 통치해야 하는가라는 규준에 관해 이들이 규정하였던 것 그리고 모범을 통해 강화하였던 것을 공자는 찾아내려 했습니다. 온갖 노력을 기울여 찾아낸 것을 공자는 거듭 면밀하게 성찰했습니다. 그리하여 마침내 그가 충분히 절차탁마하여 자신의 것으로 만든 것을(20) 공자는 제자들에게 전수하여 이들이 이것을 후세에 전하게 했습니다. 공자가 중국 지혜의 창시자가 아니라 재건자라는(21) 것을 제자들은 알고 있었습니다! 이 철학자가 비록 사람들이 어떻게 살아야 하고 어떻게 통치해야 하는가에 대해 새로운 규준을 마련한 것은 아니라고 할지라도(22) 그는 나름의 창조적 재능을 발휘하여(23) 허명의 탐욕에 사로잡히지 않고(24) 자기 민족의 행복을 추구했습니다(25).

공자의 명성

그럼에도 불구하고 당시 공자의 명성은 대단했으며, 이는 오늘날에도 마찬가지입니다. 당시 그가 교육자의 직책을 맡았을 때 3천 명의 제자가 그의 가르침을 받기 위해 몰려들었습니다(26). 오늘날 중국인들에게(27) 공자는 유대인들의 모세(28), 터키인들의 마호메트(29), 심지어 우리의 그리스도에(30) 비견될 수 있는 존재입니다. 우리가 예수 그리스도를 신께서 우리에게 보내주신 예언자나 스승으로(31)

공경한다면 말입니다.

공자의 가르침의 운명

공자는 중국에 훌륭한 정치와 훌륭한 윤리가 꽃피우는 결과를 지속적으로 가져다주지는 못했습니다. 공자 이전과 마찬가지로 공자 이후에도 중국은 중간적 시기에 머물러 있었습니다. 즉, 가르치는 자들은 공자의 지적 역량과 창조적 재능과는 거리가 멀어 이 위대한 철학자의 가르침이 지닌 숭고함과 깊이에 이르지 못했고, 황제와 왕들은 고대의 영웅들이 보여준 모범에—공자의 창조적 재능이 밝은 빛을 비춰 밝혀준 이 모범에—대해 알려고 하지 않았으며, 결국 민족 전체는 넓은 시야와 예견력을 지닌 지도자(32) 공자가 제시한 길을 계속해서 가지 않고 이와 다른 길을 걸어갔습니다. 하지만 여기에서는 이러한 변천의 사례들을 고찰하지는 않겠습니다(33).

저자의 의도

존경하는 청중 여러분, 보다 고귀한 과업을 시작하고 여러분의 주목에 값할 만한 것을 내놓기 위해 우리는 중국 **철학**의 비밀을 보다 철저하게 고찰하여 윤리와 정치의 감춰진 궁극적 원칙을 모든 사람이 다가갈 수는 없는(34) 그런 깊이에서 길어내고자 합니다. 길어낸 것에 우리는 빛을 비출 것입니다. 빛을 비춘 것에 대해 우리는 판정을 내리고자 합니다.

주의와 호의를 부탁함

존경하는 청중 여러분, 강연자에게 호의를 베풀어 선의의 귀를 기울여 주시기 바랍니다. 그리고 여러분께서 만일 내 재능이 이렇게 어려운 과업을 수행할 수 있을 것인가에 대해 신뢰할 수 없다면 내게 호의의 모범을 보여주시어 이를 통해 내 편에서도 모든 호의를 가지고 여러분을 대할 의무가 있다는 것을 깨닫게 해주시기 바랍니다. 우리가 지금 강연하고 있는 대상은 자연스러운 아름다움에서 기쁨을 누립니다. 우리 강연의 대상은 이러한 자연스러운 아름다움을 통해 숭고한 것에 호기심을 갖는 마음에 기쁨을 줄 것입니다(35). 이 대상은 마음이 함께 하지 않는 사람의 귀에 아첨하기 위해 미사여구를 필요로 하는 그런 것이 아닙니다. 그러니 내가 일상적인 강연방식을 취하더라도 나를 관대하게 받아들여 주시기 바랍니다. 요컨대 나는 조각가를 모방하고자 합니다. 돌로 우아한 여인의 모습을 조각하여 나신의 모습으로 보여줌으로써, 그리고 자연이 지혜의 형상으로 팽팽하게 당겨놓은 현줄,[28] 자연을 닮으려 애쓰는 예술이 부지런한 모방을 통해 팽팽하게 당겨놓은 현줄을 서로 묶어서 보여줌으로써 이를 통해 마침내 서로 다른 시각에서 바라

---

28 '현줄'의 비유는 볼프가 그의 저서 『독일 생리학』(WW I, Bd. 8)의 제목 아래 붙인 그림과 관련이 있는 것으로 보인다. 이 그림은 하나의 음이 어떻게 자연과 연결되어 있는지를 보여줌으로써 신을 찬양하고 있다.

보는 눈길들에 자양분을 주고 달콤한 위무의 만족감으로 마음을 채워주며 충족시켜주는 조각가를 모방하고자 합니다.

중국 지혜의 시금석

존경하는 청중 여러분, 중국 지혜의 원칙(36), 수많은 세기에 걸쳐 모든 사람들이 입을 모아 칭송해온 이 원칙을 신중하게 검증하기 위해서는 참된 것을 참되지 않은 것과 구분하고, 모든 것을 그 가치에 따라 평가하게 해주는 시금석이 필요합니다. 지혜란 행복에 관한 학문 외에 다름 아니고(37), 그러한 행복의 기쁨을 누리기 위해서는 최상의 국가에서 최상의 윤리를 지니고 살아야 한다는 것을(38) 여러분은 잘 알고 계실 것입니다. 인간 정신에 주어진 자연과 일치하는 지혜의 원칙이 참된 원칙이고, 이에 반해 인간 정신에 주어진 자연과 모순되는 것은 참되지 못한 것으로 비난받아 마땅하다는 것을 의심하는 사람이 누가 있겠습니까(39)? 요컨대 사물에 내재하거나 혹은 그 어떤 방식으로 이로부터 생겨난 모든 것의 근거를 그것의 본질과 자연적 본성[29]으로부터 도출해야 하듯이(40) 우리의 정신 자체의 자연적 본

29 라틴어 'natura', 독일어 'Natur'는 인간 내부의 본성과 인간 외부의 자연 모두를 가리킨다. '소우주'와 '대우주'로도 지칭되는 이 두 가지가 동일한 원리에 기초하고 있다는 것이 서양의 전통적 세계관이었으며, 이것은 이론이성과 실천이성을 연결하려 하였던 볼프의 노력을 이끈 핵심사상이기도 했다. 중국 선교사들은 성리학의 '성(性)'을 'natura'로 번역했는데, 이것을 다시 우리말로 번역하는 경우 이것이 인간 외부의 세계 전체를 가리킬 때는 '자연', 인간의 내면을 가리킬 때는 '본성'으로 각각 번역할 수 있을 것이다. 하지만 이렇게 번역하면 이것이 동일한 단어의 번역이라는

성 외에는 그 어떤 곳도 우리의 정신에 속한 것의 근거로 제시해서는 안 될 것입니다. 그리하여 누군가가 인간의 정신으로 볼 때 그 근거가 명확하지 않은 행위를 하라고 명령을 내린다면 우리는 행할 수 없는 일을 그가 인간에게 부과한다고 말해야만 합니다.

반론에 대한 답변

초인간적인 지혜를 지닌 사람들이—우리는 이들을 신학자라는 이름으로 부르며 존경을 표합니다(41)—신의 은총에(42) 힘입은 사람은 자연의 능력을 명백히 뛰어넘는 것을(43) 행할 수 있다고 주장하는 것에 나름의 타당한 근거가 있다는 것을 나는 잘 알고 있습니다. 신의 빛을 받은 사람들이(44) 인식한 것이 사태의 진리와 전적으로 일치한다고 할지라도(45) 이것이 나의 주장과 모순되는 것은 결코 아닙니다(46). 요컨대 인간의 영혼은 신의 은총도 받아들일 수 있기 때문에(47)—그렇지 않고 이 둘이 서로 대립하는 것이라면 인간의 영혼은 신의 은총을 받아들일 수 없을 것입니다(48)—인간의 영혼은 그것이 어떤 것이든지 간에 신의 은총을 받아들일 수 있는 근거를 자신의 본질과 자연적 본성에 두고 있어야만 합니다(49). 따라서 자연의 힘[30]이 은총의 힘을 통해 더 확장되고 더 높은 단계로 고양된다는 것

사실이 가려지는 문제점이 있어 여기에서는 'natura'가 인간 외부의 세계, 즉 대우주를 가리킬 때는 '자연'으로, 인간의 내면세계, 즉 소우주를 가리킬 때는 '자연적 본성'으로 각각 번역하였다.

30 이하에서 볼프가 거듭 사용하고 있는 '자연의 힘'이라는 개념은 넓게는 인간의 정신

은 인간의 자연적 본성에 적합한 것입니다(50). 그러므로 지혜의 원칙이 인간 정신의 자연적 본성과 일치하는 것으로 판단하여 이 원칙의 시금석을 세우거나 정립하는 것을 방해하는 것은 아무것도 없습니다. 따라서 우리는 그 근거가 인간 정신의 자연적 본성에서 나온 것을 참된 것으로 받아들이고, 그 안에 근거를 두고 있지 않은 것을 참되지 않은 것으로 비난할 수 있습니다. 중국 지혜의 원칙은 이러한 시금석에 철저하게 일치합니다.

중국 철학의 제1 원칙

첫 번째로 강조되어야 할 것은 다음과 같은 것입니다. 중국인들은 인간의 정신과 탁월하게 일치하는 것임을 통찰한 것 외에는 인간의 행위와 관련하여 그 어떤 것도 규정하지 않았고, 덕과 윤리의 실행과 관련하여 그 어떤 것도 확정하지 않았습니다. 따라서 그들의 노력이 거둔 성공은 결코 놀라운 일이 아닙니다. 그들은 자연에 모순되는 것은 결코 시도하지 않았기 때문입니다. 도덕적인 것에 대해 깊이 고찰한 사람이라면 인간 행동의 동기가 법칙과 일치한다고 할지라도 다양한 양상으로 나타날 수 있다는 사실을 잘 알고 있을 것입니다.

능력 일반을 가리키고, 좁게는 인간 정신이 지닌 이성적 능력을 가리킨다.

유덕한 행동과 덕의 종류에 나타나는 차이

정신은 행동의 결과로 나타나는 인간의 내적 상태와 외적 상태의 변화를 생각하거나 최고 신성의 속성과 섭리, 심지어 그 권위를 동기로 삼을 수 있습니다. 또는 자연의 증거와 부합되지 않는 신의 개입에 의해 계시된 진리가 동기가 될 수도 있습니다. 우리 종교의 토대인 인류의 구원자 그리스도로 인해 우리가 믿고 있는 진리가 그런 것입니다. 자신의 행동을 그 결과에 따라 판단하는 사람은 자신의 행동을 오로지 이성의 지도를 통해 제어하고, 그가 수련하는 덕을 오로지 자연의 힘에 귀속시킵니다(51). 오로지 이성의 빛에 의거하여 신의 속성과 신성의 섭리를 고찰하여 행동하는 사람의 덕은 자연종교에 그 근원을 두고 있습니다(52). 끝으로 자연의 증거와 부합되지 않는 신의 개입에 의해 계시된 진리를 행동의 동력으로 삼고 있는 사람은 자신의 덕을 은총의 힘에 귀속시킵니다(53).

중국인들의 덕은 가장 낮은 단계의 것이다

여기에서 강연 주제로 삼고 있는 고대 중국인들은 세계의 창조주를 알지 못했으며(54), 자연종교도 갖고 있지 않았습니다. 신의 계시를 알고 있었다는 증거는 더더욱 없습니다. 따라서 그들은 오로지 자연의 힘만을—그것도 모든 종교와 무관한 자연의 힘만을(55)—사용하여 덕의 실천을 독려했습니다(56). 그럼에도 불구하고 그들이 이 힘을 가장 성공적인 방식으로 사용했다는 것을 우리는 곧 분명히 확인하게 될 것입니다(57).

중국인들이 덕의 실천을 독려한 방식

중국인들은 악덕과 불경과 부끄러운 행위가 샘솟듯이 생겨나는 인간 정신의 불완전성을 고려하지 않고, 인간 정신의 완전성에 그들의 시선을 향하게 함으로써 자연이 준 힘을 인식하여 이 힘에 다가갈 수 있는 경지에 도달하였습니다(58). 아마도 이에 대해 다음과 같이 비난하는 사람들도 있을 것입니다(59). 중국인들이 인간의 불완전성에 전혀 주목하지 않고, 영혼의 질병을 치유하여 악덕을 삼가는 것에(60) 마음을 쓰지 않았다고 말입니다.

반론에 대한 답변

하지만 영혼은 육체와 전적으로 다른 속성을 지니고 있기 때문에 육체의 질병에서 영혼의 약점을 추론하는 것이 항상(61) 확실한 방법은 아닙니다. 덕을 배우는 사람은 이러한 노력을 통해 악덕을 배우지 않게 됩니다. 요컨대 덕은 악덕과 대립적 관계에 있어 이 둘은 동시에 나타날 수 없습니다(62). 덕이 나타나는 곳에서는 이에 대립하는 악덕이 나타날 수 없으며 덕에 대한 지식이 항상 이익을 가져오는 데 반해 이에 대한 무지는 항상 해악을 가져오고(63), 이와 반대로 악덕에 대한 무지는 늘 이익을 가져오는 데 반해 이에 대한 지식은 대개

해악을 가져옵니다(64).

중국인들이 악덕을 삼가는 것보다 덕을 추구하는 것에 더 많은 관심을 쏟은 이유

중국인들은 악덕의 저열함에 별로 관심을 두지 않고 덕의 추구가 만개하는 것에 주력하였으며, 반면에 모든 사람들이 악덕에 대해서는 거의 무지한 상태에 있었기 때문에 그들은 진리의 길에서 벗어나지 않았습니다. 이 점에서 중국인들은 선입견을 방지하는 것에 마음을 쓰기보다는 지성의 힘을 추구하여 이것을 진리의 탐구에 사용하는 데 진력하는 통찰력 있는 논리학자를 따르고 있습니다. 이러한 논리학자들은 참된 것과 그릇된 것을 정확하게 구분하는 곳에서는 선입견이 지배할 수 없다는 것, 이에 반해 진리를 인식하는 힘이 제대로 작동하지 못하는 곳에서는(65) 선입견을 삼가라는 요구가 헛수고일 뿐이라는 것을 잘 알고 있습니다. 내 생각에 인간의 영혼이 선한 행동을 수행하고 이에 대립하는 악한 행동을 억제하는 몇 가지(66) 힘을 지니고 있다는 것에 대해 의심하는 사람은 아무도 없을 것입니다(67).

자연의 힘이란 무엇인가

영혼의 자연적 본성이 선하다고 여기는 것만 갈망하고 악하다고 여기는 것만 꺼려한다는 사실은 보편적으로 널리 알려져 있습니다(68).

이에 따라 다음과 같은 사실이 다른 사람들에 의해 이미 지적되어 왔습니다. 즉, 악을 선택하는 경우 (유감스럽게도 이런 경우는 매우 자주 일어나는데), 그 이유는 그것이 선한 것으로 보이기 때문이고 선이 거부되는 경우, 그 이유는 그것이 악한 것처럼 보이기 때문이라는 것입니다. 요컨대 감각의 판단에 매어 있는 사람들은 선을 쾌감의 충족에 따라 판단하고, 악을 그것이 가하는 고통과 불쾌감에 따라 판단한다는 것을 우리는 잘 알고 있습니다. 감각지각은 오로지 현존하는 것만 눈앞에 보고, 미래의 것은 멀리 떨어져 있기 때문에 그러한 사람들은 무상한 것을 항상적인 것과 혼동하고 피상적인 선을 참된 선보다 선호하며 대체로 참된 선에 대해 알려고도 하지 않습니다. 참된 선은 나중에 가서야 비로소 쾌감(69)을 가져다주는데, 지금은 그것이 쾌감으로 보이지 않기 때문입니다. 이러한 모래톱과 암초에서 벗어나려 하는 사람은 미래를 내다보고 인간과 관련된 행동과 사물의 가치를 이에 의거하여 판단해야만 합니다(70). 정신에는 악으로부터 선을 구분하고, 선으로부터 악을 구분하며, 감각이 정신에 드리우는 안개를 걷어낼 수 있는 능력이 내재합니다(71). 요컨대 행동은 그것이 우리의 상태에 이런 저런 변화를 가져옴에 따라 선하거나 악한 것이 됩니다(72). 잘 훈련된 이성은(73) 우리가 행하거나 억제한 행동이 초래하는 그러한 변화를 미리 내다볼 수 있습니다.

윤리적 행동의 원칙

선한 것은 우리의 상태를 불안에 빠트리지 않고 평온하고 평화롭게 유지해줍니다. 이에 반해 악한 것은 모든 것을 혼란에 빠트리고 최상의 것을 최하의 것으로 돌려놓으며 심지어 지속적인 무질서를 초래합니다. 그리하여 우리가 이성적 판단을 유지하는 한, 이 두 가지를 내다보는 정신은 선한 행동에서 만족을 느끼고 악한 행동을 싫어하게 됩니다. 따라서 우리는 선하다고 인식한 것을 행하고, 해롭다고 인식한 악을 피하도록 고무됩니다(74). 우리가 의도를 기억하고 이를 고수하는 것은 서로 친밀한 유대관계를 맺고 있는 기억과 이성의 힘을 결코 넘어서는 것이 아닙니다. 이에 대해 나는 다른 곳에서 상세하게 설명한 바 있습니다(75). 그러므로 자연이 준 능력을 사용하는 인간은 선을 악으로부터 구분하고 선의 감미로움을 누릴 줄 알며 악의 쓰라린 맛을 거부하고 의도를 기억할 줄 알기 때문에, 나로서는 몇 가지(76) 자연의 힘이 덕의 실행(77)과 악의 회피에 이르게 한다는 것을 부인하는 뻔뻔스러운 사람이 있으리라고는 생각할 수 없습니다. 어느 누구에게도 못지않게 이 힘을 그런 방식으로 사용할 줄 알았던 중국인들은 그들의 덕과 현명함으로 인해 명성을 얻었으며, 이러한 모범을 통해 이 힘의 사용이 성공적인 결과를 가져다준다는 것을 완벽하게 보여주었습니다(78).

덕에 한계가 주어져 있는가

진리를 탐구함에 있어 인간의 지성에 한계를 설정하는 것이 무분별하고 무모하며 위험한 것으로 여겨지듯이(79), 선을 실행하는 자연의 힘에 한계를 설정하려 하는 사람도 무모하고 무분별하다는 질책을 피할 수 없을 것입니다(80). 요컨대 우리가 심오한 지식에 — 특히 인간의 정신에 대한 심오한 지식에 — 도달한다면(81) 우리는 중국인들이 이것을 어느 정도로 성취했는지를 보여줄 수 있을 것입니다. 왜냐하면 우리는 가장 오래 된 고대 황제와 왕들의 행위와 행동을 기록한 편년사(82)를 주의 깊게 연구할 수 있기 때문입니다. 하지만 이들이 궁극적인 목표에 결코 도달하지 못했다는 것은 분명합니다(83). 그들이 도달한 곳에 우리가 머물러야 한다고 주장하려는 사람이 어디 있겠습니까? 그러니 많은 노력을 기울여 우리가 어디까지 나아갈 수 있는가에 대해 물음을 제기하는 대신에 당면한 주제로 넘어가서 차라리 우리가 나아갈 수 있는 곳까지 가보도록 합시다! 이는 고대 중국인들의 관습에도 적합한 방식입니다(84). 고대 중국인들은 선조들의 모범을 유사한 사례들에서 뿐만 아니라 유사하지 않은 사례들에서도 모방하고, 최고의 완전성(85) 외에는 그 어느 곳에도 결코 머물지 말라고 가르쳤습니다. 존경하는 청중 여러분, 여기에서 여러분은 당시 중국인들이 그들의 지혜와 현명함의 시냇물을 끌어온 원천을 찾아볼 수 있습니다. 하지만 이제 우리는 또한 (이것이야말로 우리의 의도인데) 이 시냇물을 관찰함으로써 그 안에 흐르는 물이 얼마나 청정한지 알게 될 것입니다!

윤리적 행위의 중요한 원칙

영혼의 상위 영역과 하위 영역을 구분하는 것은 덕과 관련하여 매우 커다란 중요성을 지닙니다(86). 이는 충분히 이해되고 설명되는 수준까지 이르지는 못했을지라도 몇몇 옛 사람들도 이미 알고 있었던 것입니다. 하위 영역에 속하는 것으로는(87) 감각, 상상력, 마음의 움직임이 있는데, 이것들은 혼란된 상태로 지각에 나타나며 이처럼 혼란된 상태로 존재하는 한 지각에 예속되어 있습니다(88). 이에 반해 상위 영역에 속하는 것으로는 지성(이것을 사람들은 '순수 지성'[31]이라고 부르기도 하는데, 이는 이 단어의 불안정성에서 생겨나는 애매성을 제거하기 위한 것입니다(89)), 이성, 자유의지가 있는데, 한 마디로 말해 이것들은 지각에서 명백하게 발견되는 것들과 이로부터 생겨나는 것들입니다.

덕으로 오인되는 선한 행동의 습관은 어디에서 유래하는가

사물에 대한 혼란된 인식에 만족하여 철학자들이 감각적인 것이라고 부르는 것을 통해서, 그리고 이로부터 생겨난 마음의 움직임을 통해서 행동하는 것 외에는 행동의 동인이 되는 다른 어떤 노력도 하지 않는 사람은 순전히 습관에 의해서만 올바른 행동을 합니다. 이러한 습관은 그럴 기회가 주어졌을 때 그에 반대되는 것에 의해 상쇄되지 않기 위해서는 주로 윗사람에 대한 공포를 통해 유지될 수밖에 없습

31 '순수 지성'은 라틴어 'intellectus purus', 독일어 'der reine Verstand'를 이렇게 번역한 것이다. 라틴어 'ratio', 독일어 'Vernunft'는 '이성'으로 번역하였다. 여기에서 볼프가 영혼의 하위 영역과 상위 영역을 구분한 것은 데카르트가 인간의 정신능력을 '순수 지성(intellectus purus)'과 '비순수 지성(intellectus impurus)'으로 구분한 것에 의거하고 있다. 볼프의 '순수 지성' 개념에 대해서는 Deutsche Metaphysik = WW I, Bd. 2, p. 155, §282, 그리고 Psychologia empirica = WW II, Bd. 5, p. 228 이하, §313 이하 참조.

니다(90). 이러한 상태의 인간은 자연이 이성의 사용을 허용하지 않고 지각 및 이로부터 생겨나는 욕구만 부여한 동물과 구분되지 않습니다. 이성이 없는 동물이 특정한 행동을 하는 습관을 갖도록 길들여지듯이 이러한 상태의 인간 또한 자의(恣意)에 의해 수행되는 행동의 습관을 갖도록 길들여진 것입니다.

참된 덕은 어디에서 유래하는가

정신을 사물에 대한 명료한 인식으로 고양하여 철학자들이 이성적이라고 부르는 노력을 통해 선을 행하는 사람은 자유의지에 의해 선한 행동을 하며 선을 유지하기 위해 주인을 필요로 하지 않습니다. 왜냐하면 그는 선과 악의 내적 차이를 인식하고 있으며 그럴 필요가 있는 경우에는 다른 사람들에게 이 차이에 대해 충분히 설명할 수 있기 때문입니다. 인간의 윤리를 교육함에 있어 이에 관해 중국인들보다 더 많은 주의를 기울였던 인간을 나는 실로 알지 못합니다(91).

윤리 교육을 위한 중국인들의 두 학교

내가 앞에서 언급한 황제들의 치하에서 중국이 번성했을 때 중화제국의 모든 곳에는 두 종류의 학교[32]가 있었습니다(92). 그 하나는 '소인학교'(93)로서, 이는 영혼의 하위 영역을 토대로 삼고 있습니다. 다른 하나는 '대인학교'(94)로서, 이는 전적으로 영혼의 상위 영역에 관련됩니다. 이러한 이유로 8세에서 15세까지의(95) 어린이들은 소인학교를 다녔습니다. 이들은 이성을 사용할 수 없으므로 감각의 도움을 받아 지도받고 계도되어야 하기 때문입니다. 이에 반해 대인학교에는 15세의 연령에 도달한 사람들만 다닐 수 있어, 이들이 이성의 사용을 연습함으로써 보다 높은 단계를 추구하도록 했습니다. 같은 이유로 소인학교에는 황제와 왕과 상류층의 자제들, 심지어 최하층 민중의 자제들에 이르기까지 모든 어린아이들이 함께 다녔는데, 이에 반해 대인학교는 황제와 왕과 상류층의 자제들에게만 개방되고 백성들 중에서는 오직 창조적 능력과 판단력과 근면함이 다른 이들을 능가하는 자에게만 입학이 허용되었습니다.

대인학교의 필요성과 근거

소인학교의 어린이들은 선한 윤리가 습관이 되도록 하는 훈육을 받았지만 이곳에서 배운 선한 습관은 윗사람에 대한 두려움 없이는 유지될 수 없는 것이었기 때문에, 이들이 그곳에서 배운 것은 언젠가 제국을 다스려야 하는 사람들 혹은 마음으로부터 복종하지 않는 사

---

32 '두 종류의 학교'는 이하에서 언급되고 있는 '소인학교'와 '대인학교'를 가리킨다. 소인학교는 라틴어 'schola parvulorum', 독일어 'Schule der Kleineren', '대인학교'는 라틴어 'schola adultorum'을 각각 이렇게 번역한 것이다. 여기에서 소인학교는 중국 경전 『소학』의 가르침에 입각한 학교, 대인학교는 『대학』의 가르침에 입각한 학교를 가리킨다. 이 강연에서 볼프는 경전 『소학』과 『대학』도 같은 용어로 지칭하고 있는데, 이 책에서는 이 용어들이 학교를 뜻할 때는 '소인학교'와 '대인학교', 경전을 의미할 때는 『소학』과 『대학』으로 각각 번역하였다.

람들에게는 충분한 것이 못 되었습니다. 요컨대 제국을 다스려야 하는 사람들은 그 뜻을 따라야 할 윗사람이 없고(96), 마음으로부터 복종하지 않는 사람들은 다른 사람의 명령보다는 자신의 성향에 의해 다스려지기를 원합니다(97). 그리하여 대인학교에서는 칭찬받을 만한 일을 스스로 행하고(98), 수치스러운 짓으로 비난받을 만한 일을 스스로 삼가도록(99) 자기 자신을 다스리는 법을 가르치기 때문에 이 학교는 다른 사람의 지배에 복종하는 것이 아니라 언젠가 다른 사람들을 다스려야 할 사람 혹은 다른 사람의 지배하에서 군주에 의해 규정되었거나 규정되어야 할 것을 스스로 행해야 하는 사람들에게 윤리를 교육하는 데 적합합니다. 이에 반해 다른 사람을 섬겨야 하는 사람들은 이 학교에 다닐 수 없었습니다. 왜냐하면 이들은 자신들의 몽매함으로 인해 규정된 것을 파악하여 스스로를 다스리는 능력이 없거나 다른 사람의 지배하에 살아야 하는 사람으로서 복종하는 성향을 지니고 있어 스스로를 다스릴 필요가 없기 때문입니다(100). 중국인들의 모든 노력은 선한 정치를 목표로 하였으며(101), 이를 통해 훌륭한 질서를 갖춘 국가에서 모든 사람들이 행복을 누리게 하는 데 있었습니다(102).

두 학교에서의 수업

이에 따라 소인학교에서는 복종을 배우고 대인학교에서는 다스림을 배웠는데, 앞에서 이미 언급했듯이 그 목적은 섬겨야 하는 사람들이 다스리는 사람에게 복종하게 하고, 다스리는 사람들은 유익한 법륜을 반포하여 스스로 모범을 보임으로써 통치에서 배제된 사람들과 백성에 속한 현명한 사람들이 군주의 명령에 자발적으로 순응하여 행동하도록 하는 데 있었습니다. 그리하여 소인학교에서는 특히 부모와 노인과 군주에 대한 공경(103)을 가르치는 데 치중하여 온화한 영혼이 겸손과 겸양의 규범에 친숙해지도록 하였습니다. 이와 달리 대인학교에서는 사물의 근거(104)가 드러나게 하고 자기 자신과 다른 사람을 다스리는 유익한 규칙을 매개하는 데 치중하였습니다. 이 두 학교에서 학생들로 하여금 학습하도록 요구한 것은 무엇이 삶에(105) 유익한가 하는 것이었습니다. 이 두 학교에서 학생들이 노력해서 배워야 했던 것은 그들이 추구해야 할 것을 잘 이해하는 것뿐만 아니라 개개인이 지치지 않는 근면성을 가지고 육체와 정신의 모든 힘을 다해 자신이 인식한 것을 실행으로 옮기는 것이었습니다(106). 그리하여 이 두 학교는 중국의 황금시대에 이 나라가 문화적으로 만개하고, 통치자와 신민들이 모두 자신들의 직책과 의무를 완수하게 하는 데 기여하였습니다(107).

중국의 칭송할 만한 치적들

내가 보기에 중국인들은 모든 교육제도를 하나의 특정한 목적에 연관시키고, 이에 있어 오로지 이 목적으로 이끄는 것만을 허용했다는 점에서 많은 칭송을 받아 마땅합니다(108). 내가 보기에 중국인들은 이 교육제도를 삶과 연관시키고, 이에 있어 오로지 행복에 도달하는 데 기여하는 것만을 허용했다는 점에서도 또한 칭송을 받아 마땅합니다(109). 이 나라가 최고로 번성했던 시대에 재능과 생활환경이 허용하는 한 공부에 몰두하지 않았던 사람이 중국 전체에 단 한 사람도 없었던 것은 바로 여기에 기인합니다(110). 내가 보기에 중국인들은 윤리적 가르침을 전했을 뿐만 아니라 학생들이 덕을 추구하고 윤리를 수양했다는 점에서도 칭송을 받아 마땅합니다(111). 이들이 선의 인식과 실행을 어느 정도로 이루어냈는지 조금 더 고찰해 봅시다! 경탄과 존경을 받아 마땅한 예수회 신부 프랑수아 노엘, 박학다식함으로 유명하고(112) 특출한 생애를 살아온 이 신부는 20년 넘게 비상한 근면함을 발휘하여 중화제국의 고전들을 철저히 연구한 후 마침내 이를 라틴어로 번역하여(113) 약 10년 전에 프라하에서(114) 발간했습니다. 공자에 의해 편찬된 무한한 가치를 지닌 소책자가(115) 이 고전들 중 제1권으로 나왔는데 성인들이 헌신해야 할 가르침이 이 책의 내용이기 때문에 그 제목이 '대학'이라고 되어 있습니다.

중국인들의 실천적 원칙

위에서 나는 공자가 새로운 것을 창시한 것이 아니라 옛 것을 새롭게 했다고 말한 바 있습니다. 따라서 우리는 이 책 『대학』에서 중국 지혜의 순수한 원칙을 발견할 수 있습니다. 중국인들은 무엇보다도 먼저 이성을 올바르게 수양하는 일에 전력을 다했습니다. 왜냐하면 군주에 대한 두려움이나 그에게서 상을 받을 희망이 없어도 덕에 헌신하기 위해서는(116) 선과 악에 대한 명료한 인식에 도달해야만 하기 때문입니다. 하지만 사물의 속성이나 근거를 탐구하지 않고는 선과 악에 대한 완전한 인식에 결코 도달할 수 없습니다. 공자의 탁월했던 제자들 중 한 사람인 증자는 황제들의 편년사에(117) 의거하여 이성을 매일매일(118) 더욱 더 완전하게 하려고 노력한 결과가 지혜의 영웅들이라는 사실을 입증한 바 있습니다.

그 이유

이들이 이렇게 했던 데에는 충분한 이유가 있습니다. 요컨대 그들은 다음과 같은 사실을 잘 인식하고 있었습니다. 자유롭게 행동하는 사람, 즉 다른 사람의 지배하에 놓여있지 않거나 자신의 의지에 반해 복종시키려 하면 결코 그 지배에 복종하려 하지 않는 사람은 육체의 움직임에 상응하여 마음의 움직임과 정신의 노력에 미리 질서를 갖추지 못하면 선을 행하고 악을 피할 수 없다는 것입니다(119). 인간이 선에 대한 진정한 사랑과 악에 대한 진정한 미움을 확고하게 갖고 있지 못하면 마음의 움직임과 정신의 노력이 육체 속에 질서를 갖추지 못한다는 것입니다(120). 정신의 이성적 추론을 통해 선과 악에 대한 완전한 지식에 도달하지 못하면 선에 대한 완전한 사랑과 악에 대한 완전한 미움을 갖추지 못한다는 것입니다(121). 사물의 속성과 근거를 탐구하지 않고는 정신의 이성적 추론에 의거한 선과 악에 대한 완전한 지식에 결코 도달할 수 없다는 것입니다(122).

중국인들의 증명방식

중국인들은 사물에 대한 명료한 인식을 얻는 방법을 습득하지 못했기 때문에 논증의 긴 연쇄를 통해 이러한 것을 증명하지는 못했습니다. — 대부분의 중국인들에게 있어 이는 오늘날에도 마찬가지입니다(123). 하지만 이들은 오랜 경험을 믿고 이를 통해 통찰한 것을 주장했습니다. 중국인들은 명료한 지적 능력을 가지고 덕으로 명성을 떨친 영웅들의 모범에 대해 숙고했습니다(124). 중국인들이 이를 통해 스스로(125) 배운 것은 이 영웅들이 스스로 덕의 길을 달려갔다는 사실이었습니다.

중국인들의 원칙의 확실성

오랫동안 다양한 검증을 통해 확인된 것을 의심할 사람이 누가 있겠습니까? 특히 내가 이미 앞에서 제시하였듯이 모든 민족들 중에서 중국인들에게서보다 더 확실하게(126) 이 문제에 대한 검증이 이루어진 곳은 그 어디에도 없습니다. 고대 중국인들에게는 종교가 — 자연종교도 계시종교도 — 없었으며(127), 이들은 결코 외적인 동기에 의존하지 않았습니다. 이들에게는 오로지 인간 행동의 속성에서 비롯된 내적 동기만 있었기 때문에 동기가 얼마나 많은 능력을 지니고 있는가 하는 것이 행동하는 사람의 사례 자체를 통해 분명히 확인됩니다.

이 분야에서 강연자가 행한 노력

예전에 나는 중국의 지혜에 대해 전혀 알지 못하고(128) 그저 자연적 본성에 따라 인류의 행복에 마음을 쏟았습니다.[33] 당시 나는 아직 젊은 나이로(129), 비록 재능은 전혀 없었지만(130) (허풍은 나와는 거리가 먼 단어입니다) 도덕의 문제에 대해 깊은 주의를 기울여 숙고했습니다. 오래 전에(131) 내가 여기에서 멀지 않은 저 유명한 뮤즈의 도시에서(132) '보편적 실천철학'에 대한 습작(133)을 가지고 적절한 겸양의 마음으로 학자들의 공개 질의에 임했던 일이 이에 대한 증거가 되어줄 것입니다. 다소 성숙한 나이에 이르렀을 때, 나는 보다 성숙한 판단과 보다 높은 수준의 지적 능력에 도달하여(134) 이 문제에 대해 보다 정확하게 탐구함으로써 인간의 행동을 지혜로운 방향으로 이끄는 것을 인간 정신의 가장 깊은 곳으로부터 도출해냈습니다(135). 중국인들의 가르침을 알지 못했기 때문에 이것이 내 발견에 도움을 주지는 못했지만 나의 창의력에 의해 도달한 이 발견은 중국인들의 가르침을 보다 깊이 이해하는 데 도움이 되었습니다(136).

강연자에게 중국인들의 가르침이 번역자와 다르게 보이는 이유

위에서 언급한 중화제국 고전 번역자는 명료한 지적 능력과 판단력

---

33 이에 대해서는 *Deutsche Metaphysik* = WW I, Bd. 2, 초판 서문 p. 2 참조.

을 가지고 20년이 넘게 땀 흘려가며 부지런히 이 고전들을 연구하여 그 참된 의미를 (그가 고백하였듯이 그는 이것을 지성을 통해서는 쉽게 찾아낼 수 없었다고 합니다) 올바르게 통찰한 후에 마침내 번역한 글의 앞에 실은 서문[34]에서 다음과 같이 말하고 있습니다. 이 안에는 비밀스럽고 숭고한 내용이 아니라 그저 관습적 윤리, 미풍양속의 질서, 가정에 대한 가르침, 올바른 정치에 대한 가르침이 들어 있을 뿐이며, 중국 선교가 시작된 이래로 백년이 넘는 시간 동안(137) 다른 사람들이 몇 차례에 걸쳐 번역을 시도했지만 끝을 보지 못한(138) 이 번역에 그가 착수하게 된 동기는 논증과 소재 자체의 탁월함보다는 오히려 이 일에 매달렸던 수많은 사람들이었다는 것입니다. 이와 달리 나는 이 책들을 대략 훑어보는 동안에 이미 그것을 찾아내기 위해서는 재능이 필요하지만 그 안에 비밀스러운 지혜가 숨어 있다는 것을 발견했습니다(139). 요컨대 나는 다음과 같은 사실을 통찰했습니다. 즉, 그 안에 무질서하게 서술되어 있는 것처럼 보이는 것들이 정확하게 관찰하면 서로 지극히 아름다운 연관을 맺고 있으며(140), 근거가 분명하지 않고 무모하게 주장된 것으로 보이는 것들이 신중하게 검증하면(141) 최고의 근거에 의거하여 언급되고 있다는 것을 알아낼 수 있다는 것입니다. 또 한 가지 내가 발견한 것은 옛 사람들의 다음과 같은 주장이 옳다는 것이었습니다. 즉, 우리가 자연의 힘을 믿고 습관이나 윗사람에 대한 두려움이 아니라 자유의지에(142) 의거하여 기꺼이 덕의 수련에 힘쓰려 한다면 지성의 훈련부터 시작해야만 한다는 것

---

34 이하의 언급은 Noël, p. 2에 서술된 내용을 가리킨다.

입니다. 나는 인간의 정신에 대해 깊이 숙고함으로써 이러한 진리에 도달한 바 있습니다. 내가 완전히 착각한 것이 아니라면 나는 이미 앞에서(143) 이러한 진리가 도덕적 진리의 시금석이라는 것을 온전히 입증한 바 있습니다. 요컨대 덕 있는 행동은 육체에서 완수되지만 덕은 육체가 아니라 정신에 근거하고 있습니다(144). 외적 행동은 영혼이 추구하는 것과 일치합니다(145). 추구는 동기에서 생겨납니다. 주어진 사례의 동기는 선과 악에 대한 명료한 인식에 근거를 두고 있습니다. 선과 악은 이것의 결과로 나타나는 우리 상태의 완전성과 불완전성을 통해 구분됩니다. 완전성의 느낌은 쾌감을 주고, 불완전성의 느낌은 불쾌감을 초래합니다. 선을 통해 쾌감을 느끼는 사람은 선을 사랑합니다. 악으로 인해 불쾌감으로 가득 찬 사람은 증오에 의해 악을 따라갑니다.

의지는 어떻게 완전하게 되는가

결국 모든 것이 선과 악에 대한 명료한 인식에서 생겨나고 의지는 지성의 명료함에 의해 완성된다는 것을 모르는 사람이 누가 있겠습니까? 이는 정신의 속성에도 일치합니다(146). 이는 중국인들의 원칙에도 상응하며(147) 중국인들이 탁월한 검증을 통해 확인한 것이기도 합니다(148). 이는 모든 사람들에 의해 받아들여지고 있는 것은 아닌데(149), 그 이유는 영혼의 상위 영역이 하위 영역과 충분히 구분되지 않는 경우가 흔하기 때문입니다. 이와 달리 중국인들은 이러한 구분에 매우 정확하게 주의를 기울였습니다(150).

덕의 단련에 있어 의무의 단계

집안의 가장이 되기 전에 우선 자신의 윤리와 삶을 바로 세우고, 정치에 들어가기 전에 우선 자신의 집안을 바로잡는 일에 중국인들은 많은 노력을 기울였습니다(151). 내 생각에 이것은 올바른 노력이었습니다. 자기 자신도 올바로 세우기 전에 어찌 자신의 집안을 올바로 세울 수 있겠습니까? 자기 자신과 자신의 집안, 즉 자신이 잘 아는 소수의 사람도 잘 다스릴 줄 모르면서 어찌 다른 많은 사람들을 다스리는 법을 알 수 있겠습니까? 게다가 다른 사람을 다스리고자 하는 사람은 규정이 실행 가능한 것이고 더 나아가 이런 규정이 생긴 것은 이것이 행복에 도달할 수 있는 수단이기 때문이라는 것을 모범(152)을 통해 가르쳐야 합니다.

다른 사람을 개선하려는 중국인들의 노력

모든 노력을 다해 스스로 덕의 정도를 가고 악덕의 사도에 빠지지 않으려 힘쓰는 것만으로 중국인들은 만족하지 않았습니다. 그들은 다른 사람들도 자신과 마찬가지로 정도를 가고 사도에 빠지지 않도록 만들기 위해 모든 노력을 기울여야 한다고 생각했습니다. 그리하여 선에 있어 진보를 이루면 다른 사람들도 유사하게 만들기 위해 힘을 다하는 것은 중국 지혜의 원칙 중에서 끄트머리에 놓인 것이 결코 아니었습니다(153). 그들 자신이 도달한 것과 동일한 지적 능력을 다른 사람들도 가지게 하는 것을 중국인들은 매우 중요하게 여겼습니다.

자신에게 기쁨을 주는 선과 악에 대한 인식을 다른 사람들도 배우도록 하기 위해 그들은 많은 노력을 기울였습니다. 그들은 자신이 누리는 것과 같은 기쁨을 다른 사람들도 누리기를 소망했습니다. 그들 자신이 사랑하고 미워하는 것을 다른 사람들도 사랑하고 미워하도록 만들기 위해 그들은 애썼습니다. 또한 그들을 빛나게 한 덕의 명성이 다른 사람들에게도 빛을 보내도록 하기 위해 그들은 최고의 노력을 기울였습니다. 그리하여 황제와 왕은 자신의 백성에게(154), 가장은 자신의 가족에게, 부모는 자신의 아이들에게 모범이 되어(155) 이성의 다스림에 복종할 능력이 없는 사람들에게 도움을 주려 했습니다(156).

중국인들의 궁극목적

중국인들이 가장 중점을 두고 가르친 것은 사람은 — 자기 자신을 개선하는 것이건 다른 사람을 개선하는 것이건 간에 — 한 곳에 머물러서는 안 된다는 것이었습니다. 예외가 있다면 완전성에 머무는 경우뿐인데(157), 그 의미는 결국 — 인간은 완전성에 도달할 수 없기 때문에(158) — 어디에도 결코 머물러서는 안 된다는 것입니다. 인간은 부단히 앞으로 나아감으로써 자기 자신과 다른 사람을 매일매일(159) 더 높은 덕의 단계로 끌어올려야 한다는 것입니다. 그리하여 중국인들은 자신들의 행동 전체가 최고의 완전성을 — 자신과 타인의 완전성을 — 지향하게 하는 것을 궁극목적으로 삼았습니다(160). 행동의 이러한 지향에 자연법 전체의 총괄개념이(161) 들어 있고 더 나아가 — 그 이름을 뭐라고 부르든 간에(162) — 우리의 행동에 있어 칭송할 만한 모든 것이 들어 있다는 것을 나는 이미 오래 전에 논증한 바 있습니다(163). 중국인들은 이러한 완전성에 대한 명료한 개념을 갖고 있지 않았던 것으로 보입니다(164). 그들은 인간 상태의 완전성을 목표로 하는 행동들을 통해 서로 연결된 저 자매관계, 내가(165) 이미 조명한 바 있는 저 관계에 대해 전혀 모르고 있었기 때문입니다. 중국인들은 완전성을 단지 덕의 단계로만 여겼던 것으로 보입니다(166). 하지만 그들 고전의 여러 곳에서 등장하는 도덕적 규범과 사례들을 신중하게 고찰하면 적어도 이에 대한 애매한 표상은 그들에게 없지 않았던 것으로 보입니다(167). 그러나 이는 그리 놀라운 일은 아닙니다. 왜냐하면 내가 이미 상세하게 제시한 바 있듯이 이들은 그 외에도 매우 애매한 개념들을 많이 가지고 있었기 때문입니다. 번역자[35]가 오랜 세월에 걸친 수고를 했음에도 중국 철학자들의 말에 숨어 있는 것을 제대로 통찰하지 못했던 이유가 바로 여기에 있습니다. 그저 말을 고찰하는 것만으로는 어떤 애매한 개념들이 그 말과 결합되어 있는지 분명히 드러나지 않기 때문입니다(168). 하지만 이 개념들을 혼란한 상황에서 끌어내면 애매한 개념들이 추론을 통해 명료한 개념들과 일치하게 됩니다(169).

---

35 노엘을 가리킨다.

중국인들의 최고선

인간의 최고선이 매일매일 보다 커다란 완전성을 향해 부단히 나아가는 데 있다는 것을(170) 나는 다른 곳에서(171) 증명한 바 있습니다. 완전성의 최고 단계에 도달하지 못했다면(172) 덕의 길로 부단히 나아가야 하고, 그 어떤 단계에도 머물러서는 안 되지만 그 누구도 최고의 단계에 도달할 수는 없다고(173) 중국인들은 항상 준엄하게 가르쳤기 때문에 중국 철학자들 또한 인간이 매일매일 보다 커다란 완전성을 향해 나아가지 않는다면 결코 더 행복해질 수 없다는 확신으로 가득 차 있었다는 것이 내 생각입니다.

중국인들의 동기

중국인들은 이 목표를 보다 열성적으로 추구하기 위해 학자들이 학문의 모든 분야에서 뛰어난 성과를 이루도록 이들을 고무하는 것과 같은 종류의 격려, 즉 선한 행동이 가져다주는 명성에 의지했습니다(174). 이것이 그들로 하여금 어려움을 감수할 수 있게 하는 힘이 되었습니다. 그리하여 중국인들은 규범 대신에(175) 황제와 철학자들의 훌륭한 모범을 제시함으로써 다른 사람들이 이와 유사한 것을 성취하도록 자극했다는 것을 우리는 확인할 수 있습니다. 요컨대 명성에 의해 격려를 받는 사람은 공적에 의해 칭송을 받는 다른 사람들과 같은 일을 성취하려 하거나 심지어 이들을 뛰어넘는 일을 하려 노력하게 됩니다(176).

동기를 가르치는 특별한 방식

나는 중국 철학자들이 자신들의 제자들에게 훌륭한 행동을 모방하도록 격려하기 위해 사용하는 특별한 방식에 주목하게 되었습니다(177). 이들은 많은 공적을 이룬 인물들에 대해 제자들에게 이야기할 때 겉보기에 터무니없어 보이는 예를 들어 제자들이 놀라움과 경탄을 느끼며 도대체 무엇이 이들로 하여금 그런 일을 하게 했는지 궁금해 하게 만들었습니다. 제자들이 아무리 오랫동안 애를 써서 그 이유를 찾아도 결국 찾아내지 못하면, 이들은 마침내 그 이유를 제시하여 유사한 경우에 처했을 때 이를 모방하도록 제자들을 격려했습니다.

중국인들은 덕을 지니고 있었는가

엄격한 윤리심판관들이(178) 다음과 같이 불평하는 것을 나는 들은 적이 있습니다. 중국인들은 공명심에서 덕의 외양을 행했을 뿐이며(179) 참된 덕은 이들과 거리가 멀다는 것입니다(180). 이들의 행동이 화려한 악덕(181)의 오점으로 더렵혀져 있다고 말해도, 이는 완전히 정당한 일이라는 것입니다. 내가 이들에 동의하지 못하는 것에 대해 이 선량한 사람들의 용서를 빕니다(182). 공명심과 명예를 혼동해서는 안 됩니다. 이 둘이 하늘과 땅만큼 다르다는 것을 나는 다른 곳에서 증명한 바 있습니다(183). 나는 다음과 같이 묻고자 합니다. 선한 행동을 한 사람이 선행을 의식하며 기뻐한다고 해서 이를 비난할 사람이 누가 있겠습니까(184)? 행동의 지향에 모든 주의를 기울여 악의를 지닌 사람들이 비난할 만한 것을 조금도 찾아내지 못하게 하고, 다른 사람들이 칭송하고 모방할 만한 것을 찾아내게 하는 일을 비난할 사람이 누가 있겠습니까(185)? 더 나아가 덕이 그 본래의 아름다움으로 인해 우리에게 만족을 주어 우리가 덕을 갖추었을 때 이를 칭송할 만하다고 여기고, 이것을 지니지 못했을 때 이를 못마땅해하는 것을 비난할 사람이 누가 있겠습니까(186)? 이에서 더 나아가 행동에 내적인 선이 있다는 것을 모르는 사람이 누가 있겠습니까? 행동이 그 내적인 선에 의거하여 애호되고, 평가되고, 수행되는 한(187) 거기에 오점이 있을 수 없다는 것을 모르는 사람이 누가 있겠습니까? 내가 앞에서 이미 제시한 바 있듯이 중국인들은 내적인 선을 정확하게 통찰했기 때문에 선한 행동을 부지런히 행하였습니다. 그리하여 나는 사람들이 이들을 비난하는 정당한 근거를 찾아내지 못하겠습니다(188). 요컨대 내가 앞에서 이미 제시한 바 있듯이 중국인들은 행동의 결과로 나타나는 상태의 변화 외에 다른 어떤 동기도 가지고 있지 않았습니다(189). 신께서 특정한 행동을 허용하고 다른 행동을 금지하였을 때, 이와 동일한 것을 의도하였다는 것을 의심할 사람이 누가 있겠습니까(190)? 이러한 의미를 아는 사람으로서 가장 지혜롭고 선한 신께서 어떤 행동을 허용하고 어떤 행동을 금지한 것과 동일한 이유에서 어떤 사람이 이런 행동은 실행하고 다른 행동은 억제하였다고 해서 그 사람이 비난받아야 한다고 주장하면서 부끄러움에 얼굴을 붉히지 않을 사람이 누가 있겠습니까(191)?

덕의 수양에 있어 관습의 이로움

중국의 지혜에는 또 하나의 특별한 원칙이 있는데, 나는 이에 대해서도 다루고자 합니다. 당시 중국인들은 관습에 커다란 만족감을 느껴 이를 넘치도록 갖고 있었고, 이를 제국 전체의 모든 주민들이 다니던 소인학교에서 가르치게 하였습니다. 이에 따라 옛 성현이 남긴 다섯 권의 고전 중에—이는 노엘이 번역한 것과 다른 책입니다—'관습에 관한 책'(192)이 오늘날에도 남아 있습니다.[36] 이 책은 라틴어로 번역된 고전들 안에서도 자주 인용되고 있습니다. 중국 서적들의 번역자가 이 책을 번역하지 않은 것으로 보아, 그는 이 책을 그리 중요하게 여기지 않은 것 같습니다. 하지만 나는 이 책의 번역본이 나오기를 바랍니다. (속담에도 있듯이) 어린아이들이 콩에서 찾아내는 것[37]을 나는 찾아내지 못할 수도 있다고 확신하기 때문입니다. 덕의 실행에 있어 관습이 얼마나 유익한가에 대해 나는 다른 곳에서(193) 햇빛 아래서 보는 것보다도 훨씬 더 명료하게 제시한 바 있습니다. 내가 이 문제에 대해 서술한 것을 꼼꼼하게 고찰한 사람이라면 이것을 알고 있을 것입니다. 라틴어로 번역된 서적 여러 곳에서 등장하는 예들은 중국의 관습이 중국의 지혜에 적합한 근거들을(194) 갖고 있다는 증거

---

36 여기에서 '관습에 관한 책'이란 중국 경전 『예기(禮記)』를 가리킨다.

37 "어린아이들이 콩에서 찾아내는 것"은 로마의 속담에서 차용해 온 것으로서 작고 사소한 것을 가리킨다. August Otto, *Die Sprichwörter und sprichwörtlichen Redensarten der Römer*, Leipzig 1890 (Nachdruck Hildesheim 1962), p. 128, Nr. 620 참조. 또한 Plautus, *Aulularia* 818, In: Plaute. Tome I, Texte étabil et truduit par Alfred Ernout, Paris 1970 (초판은 1932), p. 197과 주 참조.

를 보여줍니다. 몇 가지 예를 드는 것만으로도 이를 충분히 확인할 수 있습니다. 중화제국이 크게 번영하였을 당시 임신한 여성[38]은 결코 수치스러운 것을 보거나 음란한 말을 들으면 안 되었습니다(195). 밤에는 음을 잘 구분할 수 있는(196) 맹인 음악가[39]가 노래집에서 올바른 가정살림을 주제로 한 송가 두 곡을 부르고, 임신한 여성은 이 노래를 들었으며(197), 음악가는 유덕한 것들에 대한 이야기를 들려주었습니다. 이렇게 하는 목적은 뛰어난 재능을 지닌 아이가 태어나게 하기 위한 것이었습니다. 이것이 의미 있는 결과를 낳는다는 증거를 유향은 여성들을 위한 가르침을 편찬하여 후세에 물려준 그의 책[40]에서 제시한 바 있습니다(198). 나는 이를 조명함으로써 관습에 확고한 근거가 있다는 것을 보여주고자 합니다(199). 존경하는 청중 여러분, 여러분께서는 정신과 육체 사이에 얼마나 커다란 일치점이 있는지(200) 알고 있을 것입니다. 또한 어머니 몸속에서 태아가 성장할 때 정신과 밀접한 연관을 맺고 있는 기관들이 형성되는 과정에서 육체

---

38 동양의 태교에 대한 이러한 언급은 Noël, p. 488에 의거한 것이다. 서양에서 태교는 20세기 후반에 와서야 학문적인 관심의 대상이 되었다. 1971년 〈국제 태아 심리학 연구협회(Internationale Studiengemeinschaft für pränatale Psychologie, ISPP)〉가 조직된 후 1980년대에 들어와 이 협회의 학술대회에서 발표된 논문들을 모은 학술서적이 발간되었다. Geburt. *Eintritt in eine neue Welt. Beiträge zu einer Ökologie der perinatalen Situation*, hrsg. von Sepp Schindler. Göttingen, Toronto, Zürich 1982, Pränatale und perinatale Psychosomatik, Richtungen, Probleme, Ergebnisse, hrsg. von Theodor F. Hau u. Sepp Schindler, Stuttgart 1982, Ökologie der Perinatalzeit hrsg. von Sepp Schindler u. Hans Zimprich, Stuttgart 1983.

39 여기에서 볼프가 맹인 음악가에 대해 서술한 것은 Noël, p. 173에 의거한 것이다.

40 기원전 1세기 전한 말기 사람 유향(劉向)이 『시경』과 『서경』에 나타난 여인들 중 모범과 경계로 삼을 만한 사례를 모아 저술한 『열녀전(列女傳)』을 가리킨다.

의 변화와 일치하여 그 결과로서 생겨나는 정신의 변화 없이는 그 어떤 변화도 있을 수 없다는 것을(201) 여러분은 잘 알고 있을 것입니다. 어머니와 태아가 공유하는 혈액순환 때문에 태아의 체액 운동이 어머니의 체액 운동과 일치한다는 것도 잘 알려진 사실입니다. 두뇌에서 일어나는 정신의 비물질적인 표상이 특정한 물질적 표상과 일치하고, 이 표상이 특정한 속도로 두뇌의 신경관(202)을 따라 움직이는 신경체액의 운동으로 이루어진다는 사실, 그리고 정신의 추구가 지각에서 생겨나듯이 이러한 추구에 상응하는 기관의 운동도 육체 안의 물질적 표상에서 생겨난다는 사실(203) 또한 의문의 여지가 없습니다. 결국 임신 중에 어머니의 두뇌에서 일어나는 물질적 표상을 통해 태아의 두뇌에도 거의 유사한 표상이 생겨난다는 것(204), 그리고 어머니에게서 일어나는 것과 유사한 운동이 태아의 두뇌에도 일어난다는 것은 명백합니다. 한때 각인된 표상이 이를 다시 불러내는 소질을 두뇌에 부여하기 때문에 결과적으로 이에 예속된 운동도 생겨나게 됩니다. 특정한 표상과 이에 예속된 육체의 운동 및 정신의 추구를 불러일으키는 소질이 이와 동일한 방식으로 태아의 두뇌에 부여된다는 것을 통찰하지 못할 사람이 누가 있겠습니까? 그 밖에도 말보다는 음악과 노래를 통해 표상이 두뇌에 더 확고하게 각인된다는 것 또한 명백한 사실입니다(205). 당시 중국인들이 임신 중인 여성에게 규정한 관습이 이성과 일치한다는 사실을 의심할 사람이 누가 있겠습니까?

맺음말

존경하는 청중 여러분, 나는 여러분께 고대 중국(206) 지혜의 원리에 대해 설명했습니다. 이것이 나의 철학의 원리와 원칙에 일치한다는 것을 나는 다른 곳에서 공표한 바 있으며(207), 이 귀한 축연에서도 어느 정도 상세히(208) 제시했습니다. 이 원칙을 나는 지금까지 부총장[41]으로 재직하면서 가능한 한 나를 인도하는 별(209)로 삼았습니다. 이 대학의 부총장이 임의의 생각에 의해서가 아니라 법과 규정에 따라, 그리고 대개는 동료들의 뜻에 따라 대학 내의 시민들을 대해야 한다는 것을 여러분은 잘 알고 있을 것입니다. 내 행동들 중에서 몇몇 사람이 동의하지 않는 일에 대해 나 스스로도 동의하지 않을 이유가 어디 있겠습니까! 하지만 그렇다고 해서 내가 했던 일을 후회한다는 뜻은 아닙니다. 왜냐하면 나는 대부분의 사람들이 만족하도록 직무를 수행해 왔고 내가 재직하는 동안 대학이 다행스러운 경험을 했기 때문입니다. 요컨대 우리 모두가 알고 있듯이(210) 내가 재직하는 동안 대학의 시민[42] 수가 7백이 넘어 다른 어느 부총장이 재직했을 때보다 많은 학생이 대학에 등록했습니다. 만물의 주재자 신께 지극히 겸손한 마음으로 감사를 드립니다. 내가 부총장으로 재직하는 동

---

41 대학이 창립된 이래로 부총장은 할레대학의 실질적 최고위 직책이었다. 브란덴부르크-프로이센 왕가의 일원에게 부여된 총장식은 명예칭호에 불과했다.

42 대학생을 가리킨다. 당시 대학은 독자적인 법과 규정에 따라 운영되고 학생에 대한 재판권과 징벌권도 가지고 있는 독립적인 사회였으며 이에 따라 대학생은 사회의 법과 규정에 대해 치외법권의 특권을 누리고 있었는데, 대학의 시민이란 당시의 이런 상황을 반영한 표현이다.

안 나 자신과 대학이 경험한 훌륭한 일들은 모두 신의 은총 덕분입니다. 또한 프로이센의 위대한 왕이시자 우리의 자애로운 군주께서 올해 프리드리히대학과 제게 내려주신 후의에도 감사와 칭송을 올립니다(211). 지선하신 신께서 왕과 왕가를 지켜주시어 그 통치하에서 이 대학이 매일 새로이 성장하기를 기원합니다! 끝으로 어떤 이름으로 불러야 할지 모르겠지만 내가 재직하는 동안 조언과 행동으로 나를 도와주신 모든 분들, 그리고 더 나아가 적대감을 통해 덕을 실천할 기회를 주신 분들께도 감사를 전합니다. 또한 출신과 정신적 재능에서 모두 탁월한 젊은이들, 내가 부총장직을 어렵고 힘들지 않게 수행할 수 있도록 애써준 이 최고의 젊은이들에게도 인사를 하지 않고 지나갈 수는 없습니다. 이들이 올바른 길에서 일탈했을 때 그들은 내 말에 따라주고 쉽사리 다시 올바른 길로 돌아와줌으로써 나는 이들에게서 힘든 일을 거의 겪지 않았습니다. 한두 번의 예외는 있었겠지만 이는 학생들의 수를 고려할 때 그리 기이한 일은 아닐 것입니다. 대학생에게 어울리는 고상한 윤리를 갖추지 못하고 사람을 기만한 몇몇 학생들이 소란을 불러일으킨 일이 있었지만(212) 여러분이 알다시피, 나는 애정 외에는 일체의 감정의 동요 없이 단지 말의 힘만으로 이들의 흥분을 즉시 가라앉힐 수 있었습니다(213). 다른 불쾌한 일들에 대해서는 한탄하고 싶지 않습니다. 왜냐하면 나는 내가 겪은 모든 일들을 유익한 경험으로 받아들여 현저한 진보를 이룰 수 있는 기회로 삼았기 때문입니다(214). 의무가 내게 부과한 일을 전혀 부담으로 여기지 않았기에 나는 아무런 불편함도 느끼지 않았습니다. 이 직책이 내 후임자에게 나보다 더 많은 어려움을 안겨주지 않기를 바랍니다.

신임 부총장께 드리는 인사말

위대한 왕이시자 우리의 자애로운 군주께서 명을 내리시어(215) 높은 위엄과 학식을 지닌 신학 박사이자 다작[43]으로도 유명한 요아힘 랑에[44] 교수께 오늘부로 부총장직을 인계하게 되었습니다. 랑에 교수는 동료들의 만장일치 의결에 따라 향후 1년간 재직할 부총장으로 선출되어(216) 우리의 소망에 따라 이 직책을 받아들이기로 약속하였고, 우리의 자애로운 군주이신 위대한 프로이센 왕께서 이 선거 결과를 승인하고 서명하셨습니다. 하지만 관례와 규정에 따라 부총장은 자신의 취임에 즈음하여 그가 자신의 뜻에 반해 이 관직에 취임하

---

43 라틴어 'Polygraphum', 독일어 'Polygraph'는 문자 그대로 번역하면 '다작을 하는 사람'을 의미한다. 볼프는 이·취임식에 어울리는 칭송의 의미로 이 단어를 사용했으나 그의 후임자 랑에는 이것이 그를 비꼬는 것으로 여겨 이를 불쾌해 했으며, 볼프의 이 강연이 야기한 갈등과 소란에서 이 문제도 논란거리가 되었다고 한다. 이에 대한 자세한 보고는 Michael Albrecht의 Christian Wolf, *Oratio de Sinarum philosophia practica, Rede über die praktische Philosophie der Chinesen*, übersetzt, eingeleitet und hrsg. v. Michael Albrecht, Hamburg, 1985, p. 276 이하의 주 참조. 이하에서 위의 책은 'Albrecht'로 표기한다.

44 볼프의 후임 요아힘 랑에(Jochim Lange, 1670-1744)는 어린 시절부터 경건주의의 창시자 프랑케(Francke)와 슈페너(Spener)에게 깊은 영향을 받았으며, 1698년 베를린의 프리드리히스베르더 김나지움 교장이 되었고, 1699년에는 프리드리히슈타트 교회의 목사직을 겸하였다. 1709년 그는 할레대학 신학부 정교수가 되어 죽을 때까지 봉직하였다. 그는 아우구스트 헤르만 프랑케의 열렬한 추종자로서 그가 경건주의의 적이라고 여긴 로마 가톨릭, 토마시우스, 볼프와 필생의 싸움을 벌였다. 1백 권에 달하는 그의 저서 중에서 가장 커다란 성공을 거둔 것은 26판까지 나온 라틴어 문법서였다. 1720년대 이후로 저술가와 학자로서의 그의 명성은 점차 볼프의 그늘에 가리게 되었다. 그의 삶과 학문에 대해서는 *Realenzyklopädie für protestantische Theologie und Kirche*, 3. Aufl., hrsg. von Albert Hauck, Bd. 11. Leipzig 1902, pp. 261-264 참조.

는 것이 아니라는 것을 공개적으로 공표해야 합니다. 그리하여 나는 이 축연에서 높은 위엄과 능력과 학식을 지닌 신학박사이자 저명한 학자 요아힘 랑에 교수께, 귀하께서 교수회의에서 향후 1년 간 이 대학의 직책을 받아들이겠노라고 우리에게 선언하였듯이 그 뜻을 여전히 품고 있는지 묻습니다. 귀하의 마음이 결정한 것을 지금 이 자리에 참석한 모든 사람들 앞에서 공표해 주실 것을 부탁드립니다.

여기에서 랑에 교수는 부총장 직책을 받아들인다는 선언을 하였다.

부총장 취임

귀하께서 프리드리히대학 부총장 직위에 오르기로 확고히 결심하였다는 것을 기쁜 마음으로 확인하였습니다. 축하합니다! 이것이 귀하의 뜻에 따라 이루어졌음을 선언합니다! 이제 이 단상으로 올라와 축연의 관례에 따라 이 중요한 직책에 취임하십시오!

지금까지 프리드리히대학 부총장이었던 나, 크리스티안 볼프는 귀하의 취임을 선언하고, 고지하고, 공표합니다! 이 일이 행복과 행운을 가져다주고 프리드리히대학의 명성과 공익에 도움이 되기를 기원합니다! 신학박사 요아힘 랑에 교수, 귀하께서는 우리의 자애로운 군주이신 위대한 프로이센 왕의 명령과 분부에 따라, 그리고 동료들의 만장일치 결의에 의거하여 프리드리히대학의 고귀한 부총장 직위에 취임하고 모든 사람들에 의해 부총장으로 받아들여지며, 특히 우리 대학 내의 시민들이 적법하게 관직에 오른 귀하께 복종과 존경을 표할 것을 지금의 업무와 관련해 국왕께서 내게 부여하신 권위에 의거하여 소망하고 명합니다. 이 대학의 존경하는 부총장께 인사를 드립니다. 어떤 이름으로 처음 귀하를 부르는 것이 좋을지 모르겠지만 부총장의 권위가 이제 내게서 귀하께 위임되었다는 것을 모든 사람들이 인식하고 귀하께 항상 행운이 함께 하기를 기원합니다. 또한 나의 예가 다른 사람들에게 도움이 되기를 바랍니다. 이로써 기꺼이 나의 의무인 복종과 존경을 바칠 것을 약속합니다. 이제 존경하는 귀하께 부총장의 책임을 넘겨드리고 자포(紫袍)를 내 어깨에서 벗겨내어 이제 귀하께서 향후 1년간 맡게 될 고귀한 관직의 표시로 귀하의 어깨에 걸쳐드립니다. 이는 귀하께서 이 고귀한 관직에 취임하였다는 것을 사람들이 인식하게 하기 위함입니다. 이는 또한 귀하께서 지금 오르신 이 무거운 직위를 지혜와 온정으로 수행함으로써 그 권위가 실추되지 않게 하고 또한 귀하의 모든 동료들이 규정에 따라 이 관직의 권위와 고귀함에 위배되는 행위를 하는 일이 없도록 주의해야 한다는 것을 인식하게 하기 위함입니다. 이 직위의 영광을 강조하기 위해 귀하의 머리에 부총장 모자를 씌워드립니다. 귀하께서는 이것을 보며 귀하의 재능을 통해 이 직위의 권위를 드높이는 방식으로 법규를 공포하는 것이 이 대학의 위대한 설립자께서 지혜롭게 마련한 규정이라는 것을 기억하시기 바랍니다. 귀하께 넘겨드리는 이 두 개의 상징을 받으십시오. 이것은 대학 내의 시민들에게 법규를 공포할 권한이 귀하께 부여되었다는, 높은 권위를 진실로 상징하는 것으로서 이를 통해 귀하께서는 이 권위가 누구에게서 부여되었는가를 기억하기 바랍니다. 그리하여 귀하께서는 임의의 생각이 아니라 우리의 위대한 국왕께서 정하신 법규와 규정에 따라 정의롭게 업무를 수행하기 바랍니다. 이러한 목적을 이루기 위해 여기에서 나는 귀하께 법규와 규정과 자유를 넘겨드리고 이것들이 고도로 소중하게 지켜지고 고려되도록 귀하의 신중함에 맡깁니다. 귀하께서는 이것들을 밤낮없이 연구하여 모든 사안들이 이로부터 조금도 벗어나지 않도록 하기 바랍니다. 누가 귀하께 복종해야 하고, 누가 대학의 법규 아래에 있는가를 귀하께서 알도록 하기 위해 대학 내의 시민과 학생들의 이름이 세세하게 등록된 대학명부를 귀하께 건네드립니다. 학업을 위해 이곳에 체류하면서 그 이름이 귀하께 알려지지 않은 사람이 있다면 결코 징계를 받지 않고 넘어가는 일이 없도록 해야 합니다. 이제 인장을 받으십시오. 귀하의 이름과 대학평의회의 이름으로 공포된 모든 의결과 문서에 이 인장을 찍어야 합니다. 끝으로 나는 귀하께 열쇠를 넘겨드립니다. 이를 통해 나는 귀하께 강의실 그리고 필요한 경우에는 감옥을 열 수 있는 권리를 넘겨드리니 경고만으로는 생활의 변화와 개선을 이룰 수 없는 완고한 자들이 있다면 귀하께서는 이것으로 징벌을 내리기 바랍니다. 대학의 고귀한 부총장님, 이제 남은 것은 높은 직위에 오른 귀하께 행운을 빌고 최고신께 소원을 비는 일뿐입니다. 귀하의 치하에서 우리 프리드리히대학이 번영하기를 기원합니다!

주석(1726)

(1) 중국인들이 모든 민족들 중에서 가장 오래된 민족이라는 것은 이론의 여지가 없는 확실한 사실이다. 제국을 창건한 복희씨는 기원전 2952년에 등극했으며, 이때부터 그를 차례로 계승한 황제들이 순서대로 전승되고 있다. 이는 「중국황조 편년사」[45]에 의거하여 그 신빙성을 확인할 수 있다. 1683년까지 이어지고 있는 이 편년사는 저 고귀한 필립 쿠플레 신부가 중국어 문헌을 라틴어로 번역하여 1686년에 파리에서 발간한 『라틴어로 번역한 중국 철학자 공자 또는 중국 학문』에 들어 있다. 이 번역 작업에는 예수회 소속 신부들인 프로스페로 인토르체타,[46] 크리스티안 헤르트리히,[47] 프랑수아 루제몽,[48] 필

---

45 이하의 주에서 볼프 자신이 설명하고 있듯이 쿠플레가 『중국 철학자 공자』에 붙인 중국 편년사를 가리킨다. 이 편년사에는 서문, 중국 연대표, 이에 대한 주석, 지도 등이 들어 있다. *Tabula chronologica Monarchiae Sinicae juxta cyclos annorum LX. Ab anno ante Christum 2952. ad annum post Christum 1683. Auctore R. P. Philippo Couplet* (…) Parisiis 1686. 이하 볼프의 주에서 「편년사」는 이를 가리킨다. 이하의 역주에서는 'Couplet, 편년사'로 표시한다.

46 프로스페로 인토르체타(Prospero Intorcetta, 1625-1696)는 이탈리아 시칠리아 출신의 예수회 신부로서 중국 선교사로 파견되어 강서, 북경, 광동 등 중국의 여러 곳에서

립 쿠플레가 참여하였다. 국가와 도덕에 대한 중국인들의 가르침의 기원은 제국의 초기로 거슬러 올라가며, 그때부터 지금까지 4677년의 시간[49]이 흘렀다. 중국의 연대기는 복희씨보다 훨씬 전으로 거슬러 올라가는데, 쿠플레는 「편년사」 서문 §1의 3쪽에서 몇몇 역사가들이 이 시대 이전 시기에 대해 이야기하고 있는 것은 중국의 학자들과 중요한 역사가들도 허위이거나 신빙성이 없는 것으로 거부하고 있다고 말하고 있다. 하지만 중국 학문의 연령을 복희씨를 넘어 그 이전으로 연장하는 것은 불필요한 일이기도 하다. 쿠플레 신부가 수많은 논증을 통해 옹호하고 있는 「편년사」의 정당성을 인정하는 것만으로도 중국 철학보다 더 오래 된 철학은 없다는 것이 입증되기 때문이다.

(2) 오래 전부터 전해져 내려와 오늘날까지 관습적으로 운위되는 이 민족의 다음과 같은 속담은 여기에서 굳이 인용할 필요가 없을 정도로 잘 알려져 있다. "중국인들만이 두 개의 눈을 가지고 있으며 그 외의 다른 인간은 모두 장님이다." 쿠플레는 『공자』 서론[50]의 11쪽과 12쪽에서 말하기를 선교사들이 엄청난 노력과 끈기를 발휘하여 중국의 언어와 학문에 대한 지식을 습득하여 생각을 문자로 표현할 수 있

수차례 박해를 받으며 선교활동을 펼쳤고 의례논쟁 때에는 예수회의 입장을 변호하였다.

47 크리스티안 헤르트리히(Christian Herdtrich, 1625-1684)는 오스트리아 출신의 예수회 신부로서 상해, 북경, 강서 등지에서 중국 선교사로 활동했다.

48 프랑수아 루제몽(François de Rougemont, 1624-1676)은 벨기에 출신의 예수회 신부로서 마카오, 항주, 상해 등지에서 중국 선교사로 활동했다.

49 역주 76 참조.

50 쿠플레의 『중국 철학자 공자』 서론을 말한다. Proemialis Declartio, IX-CXIV. 이하의 역주에서 이 글은 'Couplet, 서론'으로 표시한다.

게 된 후에야 중국인들은 마침내 유럽에서 온 사람들도 한 개의 눈을 가지고 있다고 인정했다고 한다. 중국인들은 글을 쓸 때 음을 표기하는 알파벳이 아니라 사태 자체를 직접 표기하는 글자, 그 하나하나가 특정한 음으로 발음되는 글자를 사용한다. 앞의 책 11쪽에서 쿠플레는 그 문자의 수가 너무 많아 중국인 다수가 여섯 살 때부터 글자를 배우기 시작하여 평생 이것으로 시간을 보내지만 모든 글자를 다 기억하는 중국인은 하나도 없다고 확언하고 있다. 파리에 소재를 두고 있는 왕립 문자학술원의 회원인 저 유명한 푸르몽[51]은 1722년 〈주르날 드 트레부〉 1577쪽 이하에 실려 있는 중국 문자에 대한 논문[52]에서 중국의 문자가 8만 자에 달한다고 계산하고 있다. 그는 황이라는 중국인이 파리에서 그 작업을 시작하였고, 그가 죽은 후에는 그 자신이 계속 작업을 진행하고 있는 『중국어 사전(*Lexica Sinica*)』[53]에서 이 문자에 대해 설명할 계획이다. 중국인들은 문자를 만들 때 철학적, 기하학적 질서를 준수하고 있고 이 발명과 비견될 만한 것이 지금까지

---

51 푸르몽(Étienne Fourmont, 1683-1745)은 프랑스 루이 14세의 고문을 지낸 당대 프랑스 한학(漢學)의 대가로서 『중국어 문법(*Grammatica Sinica*)』 편찬 작업에 참여하는 등 프랑스 한학 연구를 주도하였다.

52 Etienne Foermont, *Dissertation sur la Litterature Chinoise*, In: Mémoires pour servir à l'histoire des sciences & des beaux arts (Journal de Trévoux) 22 (1722; Nachdruck Genf 1968), pp. 1575-1580.

53 예수회 선교사들을 따라 프랑스로 건너간 중국인 황은 'Arcadius Hoang'이라는 이름으로 불리며, 당시 유럽에서 커다란 주목과 관심을 받았으며 루이 14세의 명에 따라 파리에서 사전편찬 작업을 수행했다. 이 작업은 그의 사후 푸르몽에 의해 계속되었으나 결국 완성되지 못했다. 중국인 황과 푸르몽의 관계 및 사전편찬 작업에 대해서는 Johann Heinrich Zedler, *Grosses vollständiges Universal-Lexicon Aller Wissenschaften und Künste*, 64 Bde. u. 4 Suppl. Bde. Halle und Leipzig (Suppl. Bde. Leipzig) 1732-1754 (Nachdruck Graz 1961-1964) 참조.

인간의 정신에 의해 고안된 적이 없으며 이 문자만큼 자연에 대한 포괄적인 인식을 담고 있는 물리적 체계도 없기 때문에 우리는 이 문자에서 중국의 지혜와 학문에 대한 탁월한 증거를 발견하게 된다고 그는 고백한 바 있다. 게다가 이 문자는 지극히 오래 전에 발명되었다. 쿠플레는 「편년사」 말미인 20쪽에서[54] 중화 제국의 창건자인 복희씨가 이 문자의 여섯 가지 원칙을 세웠다고 말하고 있다(그 이전에는 끈을 사용했다고 한다). 「편년사」에 달린 주에서 쿠플레는 기원전 2697년에 최고의 지위에 오른 황제(皇帝)인 황제(黃帝) 치하에서 이 문자가 발명되었다고 밝히고 있다.

(3) 중국의 과학은 서양에 충분하고 분명하게 알려지지 않고 있다. 「중국황조 편년사」에 따르면[55] 중국인들이 연도를 세는 데 사용하는 60년 주기[56]는 복희씨에 의해 고안되었고, 기원전 2697년에 황제(黃帝)에 의해 완성되었다고 한다. 충분한 천문학적 지식이 없었다면 이것이 고안될 수도 완성될 수도 없었다는 것은 쉽게 확인할 수 있다. 대수학과 기하학 없이는 천문학이 성립할 수 없다는 사실은 잘 알려져 있다. 따라서 가장 오래 된 고대의 중국인들이 대수학과 기하학에서도 탁월한 진보를 이루었으리라는 것은 분명하다. 더 나아가 이를 통해 황제가 천문학에 학문의 형태를 부여했다는 것도 확인된다. 물론 고대 중국의 천문학에 대해 우리에게 전해진 것은 아무것도 없다.

마르티니(Martini)[57]가 이에 대해 보고하고 있는 것을 헤벨리우스

---

54 Couplet, 편년사, XX.

55 Couplet, 편년사, I.

56 Couplet, 편년사, XII 이하. Cambridge Encyclopedia p. 392 이하 참조.

57 Martino Martini(Martinus Martinius, 1614-1661)는 트리엔트 출신의 예수회 신부로서

는 『천체기계』[58] 1권 서문에서 언급한 바 있다. 이러한 보고는 중국인들에게 있어 이 학문 분야가 얼마나 오래 되었는가를 보여준다. 하지만 이러한 보고는 중국인들이 이 분야에서 이룩한 진보에 대해서는 아무것도 명료하게 알려주지 않고 있다. 탁월한 천문학자인 도미니쿠스 카시니[59]는 선교사들로부터 이에 관한 보다 분명한 지식을 얻기 바랐지만 이 소망은 이루어지지 않았다. 이 위대한 인물은 「천문학의 기원과 발전」이라는 논문에서 이에 대해 명백하게 언급한 바 있는데, 뉘른베르크의 위대한 천문학자 요한 레온하르트 로스트는 이 논문을 프랑스어에서 라틴어로 번역하여 그가 편찬한 『천문학 편람』 맨 앞에 실은 바 있다.[60] 수학자들은 대수학과 기하학이 없이는 천문

중국 선교에 참여했다. 중국명은 衛匡國. 중국의 지리를 체계적으로 관찰하여 『신 중국 지도(*Novus Atlas Sinesis*)』를 펴냈다. *Novus Atlas Sinesis*, Amsterdam 1655. 위에서 "마르티니가 이에 대해 보고하고 있는 것"은 이 책의 서문 1a, 62b, 그리고 그의 또 다른 저서 *Sinicae Historiae decas prima*, München 1658, p. 15 이하, p. 21 이하, p. 25, p. 26, p. 43 이하를 가리킨다.

58 헤벨리우스(Hevelius, 1611-1687)는 폴란드 단치히(오늘날의 그단스크) 출생의 독일 천문학자. 독일명 'Johann Hewel', 폴란드명 'Jan Heweliusz'. 여기에 언급된 저서는 Johannes Hevelius, *Machina coelestis*, Bd. 1. Danzig 1673 (Nachdruck Osnabrück 1969 = Milliaria 15). 마르티니를 인용하여 중국 천문학에 대해 언급하고 있는 곳은 이 책 pp. 13-16.

59 도미니쿠스 카시니(Dominicus Cassini, 1625~1712)는 이탈리아계 프랑스 천문학자 프랑스식 이름은 Jean Dominique Cassini. 토성의 4위성을 발견했고, 토성의 고리에서 간극을 발견하여 여기에 카시니간극이라는 이름이 붙여졌다. 파리 초대 천문대장을 역임했다.

60 Johann Leonhard Rost, *Astronomisches Hand-Buch. Worinnen des Herrn Cassini Tracta* (…) *deßgleichen Hundert Astronomische Problemata* (…) *anzutreffen*, Nürnberg 1718, pp. 1-40: "I. Theil. Vom Ursprung, Fortgang und Aufnehmen der Astronomie (…) Durch den Herrn Dominicum Cassini, verfasset"[1693]. 중국에 대한 것은 이 책 p. 6과 p. 40에 나와 있는데, 여기에 볼프가 언급한 내용은 들어 있지 않다.

학이 성립할 수 없다는 것을 잘 알고 있다. 따라서 고대 중국인들이 대수학과 기하학에서도 진보를 이루었다는 것은 명백하다. 더 나아가 황제(黃帝)가 대수표를 발명했고,[61] 이를 분명 천문학에 사용했으리라는 것을 통해서도 그러한 사실이 명백하게 확인된다. 하지만 이들의 대수학과 기하학이 어떤 것이었는지 유럽인들은 오늘날까지 전혀 모르고 있다. 복희씨는 음악의 기초도 세웠다고 하는데,[62] 이는 그의 후계자들에 의해 계속 발전되었다. 중국의 응용수학에 관해서는 언급하지 않고 넘어가고자 한다. 이에 대해 일반적인 추정은 할 수 있겠지만 이 분야에서 이룩한 진보에 대해 명백하게 알려진 것은 전혀 없다. 「편년사」에 따르면 기원전 2637년에 황제는 진맥의 의술에 관한 여러 권의 책을 저술했는데, 이는 오늘날까지 사용되고 있다. 이 책들을 저술할 때 기백(岐伯), 소유(少兪), 뇌공(雷公) 등이 황제를 도왔다고 한다. 하지만 우리는 이에 관해서도 아무것도 알고 있지 못하므로 이에 대해 아무런 판단도 내릴 수 없다. 앞에서 나는 문자의 발명이 얼마나 어려운 일인가에 대해 환기한 바 있다. 하지만 이 발명에 대한 명료한 설명을 우리는 아직까지도 여전히 기다리고 있다. 앞에서(주 1) 언급한 선교사가 『중국 철학자 공자』에서, 그리고 저 고귀한 신부 프랑수아 노엘이 『중화제국의 고전』[63]에서 전해주고 있는 도덕과 국가에 대한 중국인들의 가르침을 우리 유럽인들은 오늘날에도 전혀 알지 못하고 있다. 이 저서들은 매우 희귀하며 소수의 사람

61 Couplet, 편년사, p. 1.

62 Couplet, 편년사, XX.

63 『중화제국의 육경』을 가리킨다. 역주 21 참조.

들에게만 알려져 있다. 이로 인해 학자들은 『중국 철학자 공자』에 들어 있지 않은 것은 거의 알지 못한다. 이 저술에 공자라는 이름이 붙어 있기는 하지만 공자의 저술에서 일부 단편들만이 그 안에 들어 있음에 틀림없다. 타타르족의 침입을 막기 위해 저 경이로운 만리장성을 쌓게 한 진시황은 학자들의 숙적으로서 대부분의 학자들을 산 채로 매장하고 기원전 212년에 의학과 법학 서적을 제외한 모든 서적을 불 속에 던지게 하였다.[64] 그리하여 고대의 철학자들과 왕들의 저술이 소멸되었고 공자와 그의 해석자들의 저술도 같은 운명에 처하게 되었다. 이 비극적인 분서사건이 일어난 후 거의 한 세기가 지난 기원전 139년에 전술적 능력과 높은 학식으로 유명한 무제(武帝)[65]가 분서에서 살아남은 단편들과 잔재들을 모아들이라는 명을 내리지 않았다면 이 문헌들에 대한 기억조차 완전히 사라져버렸을 것이다.[66] 그리하여 쿠플레가 「서론」 23쪽에서[67] 보고하고 있듯이 반쯤 탄 서적들, 그리고 벽속과 땅속에 숨겨두었던 저술들이 절반은 훼손된 상태로나마 빛을 보게 되었던 것이다. 이러한 일부 단편들과 잔재들로부터 중화제국의 경전들이 재구성되었으며, 쿠플레는 그 일부를 동료들과 함께 번역하고, 노엘은 이 경전 전체를 번역하였던 것이다. 하지만 완전한 지식을 갖춘 건축가가 아니면 건물의 파편을 가지고 건축물 전체에 대한 판단을 내릴 수 없고 그런 건축가라고 할지라도 이 어려운 작업을 해내기 위해서는 많은 주의를 기울여야 하듯이 도덕

64 Couplet, 편년사, p. 16 이하.

65 한무제(漢武帝, BC 156-87)를 가리킨다.

66 Couplet, 편년사, p. 18.

67 Couplet, 서론, XXIII. 또한 Couplet, 편년사 p. 18에도 이에 대해 서술되어 있다.

과 국가에 대한 가르침의 내부를 정확하게 꿰뚫어보지 못하고 이를 탐구할 때 지력과 근면성을 다하지 않는 사람은 이 가르침의 체계에 대해 판단을 내릴 수 없을 것이다.

(4) 이러한 확신은 물론 공자의 저술과 발언과 행위가 거대한 중화제국에서 오늘날에도 여전히 가르침의 원칙이 되고 있다는 것에 근거를 두고 있다.

(5) 공자의 가르침이 손수 만들어낸 것이 아니라 선현들로부터 전수받은 가르침이라는 사실은 중국에서는 매우 잘 알려져 있다. 쿠플레의 저술 3권[68] 4부 36쪽[69]에서 공자 자신이 이를 고백하고 있다. 여기에서 공자는 자신이 "가르침의 선포자이지 창시자가 아니라"고 말하고 있으며, 이에 덧붙여 자신은 옛것을 사랑하고 옛 저술에서 자신의 뜻과 합치하는 것을 찾는 사람이라고 말하고 있다. 쿠플레가 저술한 「공자의 생애」[70] 117, 118쪽을 참조하라.[71] 공자에 따르면 그는 "15세의 어린 나이에 옛 사람들의 저술에 완전히 헌신하기 시작했으

---

68 쿠플레의 『라틴어로 번역한 중국 철학자 공자 혹은 중국 학문(*Confucius Sinarum philosophus, sive Scientia sinensis latine exposita*)』의 3권을 가리킨다. 라틴어 제목은 Scientiae sinicae liber tertius. 이 제목의 의미는 '중국 학문 3권'인데, 『논어』를 번역하고 주해한 것이다. 3권은 1부(pars prima)와 2부에서 10부(pars secunda … pars decima)로 나누어져 있어, 이를 인용할 때는 'Lib. IIIa'와 'Lib. IIIb'로 지칭하는 것이 서양의 관례인데 여기에서는 독자들의 편의를 위해 'Couplet, 논어a', 'Couplet, 논어b'로 각각 표시한다. 1권(Scientiae sinicae liber primus)은 『대학』을, 2권(Scientiae sinicae liber secundus)은 『중용』을 각각 번역하고 주해한 것이다. 이하에서 이 책들에 대한 지칭은 'Couplet, 대학', 'Couplet, 중용'으로 각각 표시한다.

69 Couplet, 논어b, p. 36.

70 역주 22 참조. 쿠플레의 『중국 철학자 공자』에 들어 있는 글로서 라틴어 제목은 Confucii Vita. 이하에서는 'Couplet, 공자의 생애'로 표시한다.

71 Couplet, 공자의 생애, CXVII 이하.

며 그리 유익하게 보이지 않는 것들을 내버리고 최고의 가르침을 선택하여 자신의 태도를 통해 이를 표현하였으며, 그 후에 다른 사람들이 이를 모방하도록 몸소 제시하였다." 공자는 진리를 향한 강렬한 욕구를 지니고 있었다. 이를 위해 그는 증명의 근거가 확실하지 않을 때에는 실험적 시도를 행하였으며 다른 사람에게 가르치려 하는 것을 스스로에게 실험함으로써 다른 사람들에게 확고하고 신뢰할 만한 가르침을 전하기 위한 확실한 길을 가려 하였다. 같은 이유로 공자는 몇 차례 관직에 올라 실험을 통해 정치에 관한 가르침을 확인하려 하였다.

(6) 내가 여기에서 언급한 것은 노엘이 고전들을 라틴어로 번역한 텍스트 앞쪽에 서론으로 저술한 논변에 의거하고 있다.[72] 이하에서 역사적 신빙성을 지닌 전거로서 제시한 것들도 중국인 해석자들이 고전 앞에 붙인 서론 외에는 모두 같은 원전에서 취해온 것이다.

(7) 복희씨는 기원전 2952년에 제국을 창건하였다.[73] 중국의 모든 학문의 토대가 그에게서 나온 것이기 때문에 이 철학자 왕의 정신적 특성을 인식할 수 있게 해주는 몇 가지 점을 지적해두는 것이 도움이 될 것으로 보인다. 복희씨는 제국 전체를 하나의 가족으로 파악하고 관리와 백성 사이의 관계가 부모와 자식 사이의 관계와 같은 것이 되기를 바랐다.[74] 이런 관계야말로 제국의 모든 것이 뿌리를 두고 있는 확고한 척도였다. 하지만 그는 새로운 것을 만들어내는 기술에

---

72 Noël, pp. 6-25.

73 Couplet, 편년사, III.

74 Couplet, 편년사, LIX, LXVII 이하 참조.

있어 경험적으로 커다란 가치를 지니는 **환원의 원칙**[75]을 사용함으로써 하늘과 땅을 관찰하여 백성과 국가를 올바르게 다스리기 위한 규준을 마련했다. 이에 대해 쿠플레는 그의 「서론」 76쪽[76]에서 전하고 있다. 쿠플레가 같은 책 34쪽과 37쪽에서 언급하고 있는 것에서 명백하게 알 수 있듯이 복희씨는 하늘과 땅의 질서와 항상성에 경탄하여 이를 철저하고 열성적으로 모방하려 했다. 이에 대해 주의 깊게 고찰한 사람이라면 복희씨가 보여준 기대 이상의 철저함을 경이롭게 여기리라는 것을 나는 믿어 의심치 않는다. 복희씨가 천문학에 많은 경험을 쌓았다는 것은 명백한 사실로 보이는데, 이를 통해 그는 별들이 지속적인 운동을 통해 회전하고 있으며 이 운동에서 질서와 항상성을 관찰할 수 있다는 것을 알아냈다. 별들은 불규칙하게 돌고 있는 것이 아니고 하늘에도 법칙이 존재한다는 것을 우리의 경우에는 저 뛰어난 지적 능력을 지닌 케플러가 지난 세기에야 비로소 발견했는데,[77] 그러한 어떤 것이 존재한다는 것을 복희씨가 추정은 했다고 해도 그가 그것을 명백하게 알았는지는 의문으로 남는다. 각각의 행성들은 다양한 회전주기를 지니고 있으며, 이 주기는 확고하게 정해져 있는데, 이는 이 주기가 확고한 법칙에 의해 규정되어 있기 때문이다. 모든 것이 동일한 법칙에 의해 지배되기 때문에 다양성 안에서도 만족할 만한 일치가 발견되며, 따라서 운동의 체계는 완전하다. 복희

---

75 환원의 원칙에 대해서는 *Deutsche Metaphysik* = WW I, Bd. 2, pp. 221-223, §364 이하 그리고 *Psychologia empirica* = WW II, Bd. 5, p. 365, §472 참조.

76 Couplet, 서론, LXXXVI.

77 케플러(Johannes Kepler, 1571-1630)가 발견한 행성의 운동에 관한 세 가지 법칙, 타원궤도(楕圓軌道) 법칙, 면적속도(面積速度) 일정의 법칙, 조화의 법칙을 가리킨다.

씨는 제국의 제도를 하늘의 규준에 따라 세우려 했기 때문에 전체가 하나의 조화로운 체계로 나아가야 한다고 그는 생각했다. 모든 인간의 모든 행동이 하나의 확고한 법칙에 따라 규정된다면 이것을 달성할 수 있다고 그는 믿었다. 그리하여 그는 다음과 같은 것을 최고의 법으로 삼았다. 윗사람과 아랫사람, 노인과 청년, 통치자와 백성, 최고 지배자와 제국 전체 사이의 관계가 부모와 자식 사이의 관계와 같은 것이어야 한다는 것이다. 따라서 중국 철학에서 나타나는 노인에 대한 청년의 의무, 손위 형제에 대한 손아래 형제의 의무, 윗사람에 대한 아랫사람의 의무, 통치자에 대한 백성의 의무, 황제에 대한 제후의 의무 등 엄격하게 규정된 의무들을 서로 비교해 볼 때 내가 오해한 것이 아니라면 이는 바로 앞에서 말한 관계에서 도출된 것임을 분명히 알 수 있다. 새로운 것을 창안해내는 재능과 지적 능력에서 탁월함을 보여준 복희씨의 훌륭한 의도에 대해 내가 인용한 것 외에는 중국의 도덕철학과 국가철학에 대한 기록이 거의 전해지지 않고 있지만 바로 그렇기 때문에 면밀한 지식을 정확한 방법과 결합할 줄 아는 사람이라면 그것만으로도 중국의 도덕철학과 국가철학을 재구성하기에 충분하다는 것을 부인하지 않을 것이다. 비록 해석자들의 설명이 의미를 중의적으로 나타나게 하고 노엘이 쿠플레 및 그의 동료들의 견해에 동의하지 않을 때가 있기는 하지만 그것만으로도 중국인들의 참된 가르침을 잘못된 것으로부터 구분하기에 충분하다. 여기에서 언급한 것이 신빙성이 있다는 것을 보여주기 위해 나는 나중에 이에 대한 예를 제시할 것이다.[78]

---

78 볼프의 주 85 참조.

입법자로서 복희씨는 아버지의 역할을 행하여 아버지와의 관계에서 법을 이끌어냈다. 이 법은 오늘날까지 4677년 동안 5,900만에 가까운 주민이 살고 있는 것으로 산정되는 이 거대한 제국을 결속시켰다. 이에 대해서는 쿠플레의 「편년사」 말미의 105쪽을 보라.[79] 이러한 성공적 결과는 입법자가 입법을 행함에 있어 아버지의 역할을 하면 그 법이 얼마나 커다란 힘과 효력을 지니게 되는지 입증해 보여준다. 그러므로 몇몇 똑똑한 척하는 사람들과 스스로 지혜롭다고 내세우는 많은 사람들, 어떤 사람을 비난할 거리를 찾아내기 위해 다음과 같이 오만하게 주장하는 사람들은 하품 나게 하고 졸린 지혜와 더불어 사라져주기 바란다! 이들의 주장에 따르면 입법자가 아버지의 역할을 하게 되면 그 이름에 적합한 법이라는 것이 더 이상 존재하지 않게 된다고 한다. 그리하여 윤리에 대한 모든 존경심이 소멸되어 국가 전체가 타락하게 된다는 것이다. 오호라, 하지만 이들은 정치학과 윤리학에 관련된 문제들에 있어 공자를 따르기로 결심하지 못하는 자들이고 실험을 통해 판단에 이르기 전에는 근거의 경중을 실증하지 못하는 자들일 뿐이다!

(8) 신농씨는 부드러운 감성, 지극한 온화함, 뛰어난 지적 능력을 지닌 인물로서 복희씨를 계승해 나라를 다스렸다.[80] 그는 복희씨에 이어 나라를 강고하게 하는 데 요구되는 정신적 재능을 지니고 있었

---

79 Couplet, 편년사, p. 105에서 중국의 주민 수는 58,916,783명이고, p. 106에서 중국의 역사는 기원전 2952년에서 서기 1683년까지 4635년이라고 서술하고 있다. 위에서 볼프가 "4677년"이라고 적은 것은 쿠플레가 책을 펴낸 1683년에서 자신이 이 글을 집필하던 1725년까지의 기간 42년을 더한 것이다.

80 Couplet, 편년사, XX.

다. 그는 복희씨와 혈연관계가 아니었기 때문에 아마도 왕국 시조의 현명한 결단에 따라 후계자로 임명된 것으로 보인다. 그런 개연성이 충분히 있다고 보이는 이유는 신농씨 이후 다섯 번째 후계자인 요임금도 같은 결정을 내려 자신의 아홉 아들을 제쳐두고 순임금을 오로지 그가 지닌 덕만을 고려하여 후계자로 삼았기 때문이다.[81] 이러한 제도를 비난할 수는 없다. 최초의 황제들이 가장 마음에 두었던 것은 제국을 가능한 한 최상의 방식으로 다스리는 것이었으며 검증된 것에 대해서만 규정을 내려 어떤 일도 정도를 벗어나지 않도록 하였기 때문에, 이들 중 어느 누구도 자신의 후계자가 자신과 같은 생각을 하고 그러한 노력을 할 수 있을 만큼 성숙했다는 확신이 없이 그들이 추구한 목표에 도달하는 것은 불가능한 일이었다.

(9) 황제(黃帝)는 제국이 복희씨와 신농씨에 의해 공고한 기반을 갖춘 기원전 2697년에 나라를 다스리기 시작했으며 창시자들이 걸어온 길을 따라 학문과 예술과 교역의 발전에 많은 노력을 기울였다. 그는 12세의 나이에 제후들 중에서 황제로 선정되었으며 100년 동안 나라를 다스렸다.[82]

(10) 중국의 5대 황제인 요임금은 기원전 2357년부터 나라를 다스렸다. 요임금 이전인 기원전 2597년부터 곡(嚳)이 죽은 2365년까지 제국의 정상에서 나라를 다스린 소호(少昊), 전욱(顓頊), 곡도 나라를 개선하기 위해 모든 노력을 다했는데, 다음과 같은 일들 외에 이들이 최상의 질서를 부여한 다른 일들은 언급하지 않고 넘어가고자

81 볼프의 주 11 참조.

82 Couplet, 편년사, p. 1 이하.

한다. 소호는 도시들을 건설하여 성벽으로 둘러쌌고, 전욱은 이 아득한 태고시대에 이미 월력을 만들었으며, 곡은 상호 통합과 덕의 추구를 장려하기 위해 백성을 가르치는 교육자를 임명하고 합창음악을 도입했다. 하지만 요임금은 그의 전임자들이 최상의 질서를 마련한 나라를 최상의 법을 통해 더욱 공고하게 만들기 위해 특별히 전력을 다했다. 그는 오늘날까지도 존속되고 있는 육부제도를 창시하고 범죄에서 기쁨을 느끼는 우매한 자들에게 두려움을 느끼게 하기 위해 입법자로서 다섯 종류의 형벌제도를 도입하였다. 이에 대해서는 「편년사」 2, 3쪽을 보라.[83]

(11) 자신을 닮은 후계자가 필요하다는 것을 잘 알고 있었기 때문에 요임금은 순종적 태도로 커다란 명성을 얻은 순을 농촌에서 불러와 우선 태수의 관직을 맡아보게 했다. 3년에 걸친 시험기간을 통해 순의 정신적 자질과 빛나는 재능을 잘 알게 된 후 요임금은 그에게 정사를 맡기고 그를 후계자로 임명했다. 순임금은 요임금이 걸어온 길을 따랐으며 거기에 새로이 필요한 여러 법령을 추가했다. 중화제국의 창시자들과 황제들은 법령 제정을 서두르지 않았으며 여러 차례의 실험을 통해 검증되지 않은 법령은 결코 제정하지 않았다. 따라서 입법자 자신도 치외법권을 누리려하지 않았고 백성들에게 법을 반포하기 전에 이를 자신의 행동의 규준으로 삼았다. 그리하여 중국 최초의 입법자인 요임금과 순임금은 이후의 모든 제후들의 규준과 모범이 되었고 오늘날에도 존경을 받고 있으며, 특히 공자는 이들

---

83 Couplet, 편년사, p. 2 이하.

의 말과 행동에 의거하여 자신의 철학을 세웠다. 이에 대해서는 「편년사」 3쪽[84]과 「공자의 생애」 120쪽[85]을 보라.

(12) 쿠플레는 주석을 단 연대표[86]를 통해 하(夏)·상(商)·주(周) 세 왕가의 계보를 제시하고 있는데, 이 세 왕조는 통치기간, 행복을 가져다준 정사(政事), 칭송받았던 덕행 등에 있어 그 뒤를 이은 모든 왕조를 훨씬 능가했다. 이에 대해서는 「연대표」 8쪽[87]을 보라. 이 시대의 황제들이 통치와 법령을 최고로 완성했다는 것을 나는 노엘에 의거하여(주6) 주장한 바 있는데, 「편년사」에서도 이를 뒷받침하는 증거들을 찾아볼 수 있다.[88] 하왕조는 '대왕'이라는 별칭이 붙는 우(禹)임금에 의해 창건되었는데, 그는 다섯 번째 부족인 창의(昌意)의 후손으로서 순임금이 자신의 아들들을 제쳐두고 그를 후계자로 선정했다. 이 왕가는 기원전 2207년부터 1766년까지 나라를 다스렸다. 상왕조는 초대 황제인 황제(黃帝)의 17대손 성탕(成湯)에 의해 창건되었다. 이 두 번째 왕조는 기원전 1211년까지 존속되었다. 기원전 254년까지 제국을 통치한 세 번째 왕조의 시조는 무왕(武王)이다. 하왕조의 탁월한 왕으로는 우왕 외에 소강(少康)이 있다. 상왕조의 탁월한 왕으로는 국가를 창건한 성탕 외에 태갑(太甲), 조을(祖乙), 반경(盤庚) 그

---

84 Couplet, 편년사, p. 3 이하.

85 Couplet, 공자의 생애, CXX.

86 쿠플레가 「편년사」에 붙인 중국 황가 연대표를 가리킨다. Tabula genealogica trium familiarum Monarchiae Sinicae à Hoam Ti primo gentis Imperatore per 86. successores, annos 2457. ante Christum. E Sinico Latinè exhibita à R.P. Philippo Couplet (…) o.O.o.J. 이하에서는 'Couplet, 연대표'로 표시한다.

87 Couplet, 연대표, p. 8.

88 Couplet, 편년사, pp. 4-11, p. 13.

리고 특히 무정(武丁)이 있다. 세 번째 왕조의 탁월한 왕으로는 국가를 창건한 무왕 외에 성왕(成王), 강왕(康王), 선왕(宣王), 양왕(襄王)이 있다. 이들의 탁월한 행적은 특히 선왕의 실정으로 인해 점차로 몰락해가던 국가를 재건한 데에서 찾아볼 수 있다.

(13) 제국을 처음 창건한 복희씨 이후 첫 황제가문의 창시자에 이르기까지 745년[89]의 세월이 흘렀다. 이 기간은 결코 서두르지 않고 제국의 질서와 토대를 다지는 데 소요되었다. 여기에서 가장 유익했던 일은 황제들이 오랫동안 살았으며, 이들이 그러한 어려운 과업을 수행할 만큼 충분히 성숙했다는 것을 확인한 인물들을 자신의 후계자로 임명했다는 것이다. 하지만 제국이 안정된 기반을 갖추었을 때 우임금이 정한 후계자 대신에 제후들이 우임금의 아들 계(啓)를 왕으로 선정하여 왕위 상속이 도입된 후로는 수많은 황제들이 이전의 윤리에서 일탈하였고 백성들도 이 예를 모방하게 되었다. 그리하여 「편년사」 4쪽에[90] 기록되어 있듯이 기의 아들인 태강(太康)은 사치와 사냥에만 몰두하여 국사를 소홀히 하였다. 타락한 군주 상(相)은 제국의 통치를 후예(后羿)에게 넘겨주고, 후예는 이를 다시 한착(寒浞)에게 넘겨주었으며, 결국 그에게 살해당하고 말았다. 망(芒)은 게으름과 음탕함에 빠져 정사를 신하들에게 내맡겼다. 근(廑), 공갑(孔甲), 고(皐)도 이와 동일한 몸가짐을 보여주었다. 하왕조의 마지막 왕인 걸(桀)은 방탕한 데다가 잔인하기까지 하였다. 두 번째 왕조의 소신(小

89 745라는 숫자는 볼프의 주 7에 언급된 기원전 2952년에서 2207년까지를 계산한 것이다.

90 Couplet, 편년사, p. 4.

辛)은 게으름과 방탕함에 전적으로 빠져들었고 그의 동생 소을(小乙)도 형보다 전혀 나을 것이 없었다. 조갑(祖甲)과 그의 아들 늠신(廩辛)은 악한 몸가짐으로 악명을 떨쳤으며, 무을(武乙)은 심지어 천신(天神)을 모독하고 모욕하는 불경한 자였다. 제신(帝辛)은 향락과 잔인함을 일삼았다. 그는 상왕조의 마지막 황제였다. 세 번째 왕조의 4대 황제 소왕(昭王)은 사냥에 빠져 국사를 소홀히 하였으며, 의왕(懿王)도 마찬가지로 거의 국사를 돌보지 않았다. 여왕(厲王)은 잔인하고 오만하고 방탕하여 마침내 분노한 백성들이 반란을 일으키자 이들의 손에 폭력을 당하는 것이 두려워 도주해야 했다. 유왕(幽王)은 타락하고 향락적인 군주였다. 이때부터 내부의 분쟁으로 인해 국가의 결속력이 근본적으로 흔들렸다. 장왕(莊王) 치하에서 전통 윤리의 가르침을 파괴하는 사상적 분파들이 생겨났다. 그리하여 묵자(墨子)는 중국인들이 현명하게 쌓아올린 의무의 단계를 폐지하고 모든 사람에게 아무런 차이를 두지 않고—심지어 부모에 대해서도—동일한 사랑을 베풀라고 가르쳤고, 이에 반해 양주(楊朱)는 오로지 자기 자신만을 위하라고 가르쳤다.[91] 바로 이 시대에 공자가 태어났다. 「편년사」 5~13쪽을[92] 보면 황제들의 윤리와 행적이 간략하게 제시되어 있다. 중국 연대기를 기록한 편년사[93]가 지금 내 앞에 있다면 내가 이 강연에서 노엘에 의거하여 언급한 것을 예를 들어 설명하고 전문적으로 확인할 수 있다는 것을 나는 추호도 의심하지 않는다. 쿠플레는 공자

91 쿠플레는 맹자가 묵자를 평준화를 꾀하는 자, 양주를 이기주의자라고 각각 비판하였다고 언급하고 있다. Couplet, 편년사, p. 13.

92 Couplet, 편년사, pp. 4-6, pp. 8-11, p. 13.

93 쿠플레의 「편년사」가 아니라 라틴어로 번역되지 않은 사마천의 『사기』를 가리킨다.

의 생애에 대해 기록하여 이를 『중국 학문』 앞쪽의 117쪽 이하[94]에 실어 놓았다. 그는 기원전 551년에 산동지방에서 태어났다. 그의 부친 숙량흘(叔梁紇)은 추읍(郰邑)의 태수로서 70세의 나이에 그를 낳았다. 공자는 세 살 때 부친을 여의었다. 여섯 살의 나이에 공자는 어린 아이들의 모든 놀이를 그만두었으며, 15세의 나이에 책을 읽는 데 전념했다(주 5 참조). 서민의 관습을 익힌 후 그는 19세 혹은 20세의 나이에 결혼하여 다음 해에 첫 아들을 낳았는데, 이 아이는 아버지보다 일찍 죽었다. 그는 여러 곳에서 관직을 맡아 커다란 칭송을 받았다. 여러 사람들이 그에게 위해를 가하려 하기도 하고 때로는 심각한 곤궁을 겪으면서도 그는 지치지 않고 가르침을 널리 전파했다. 그는 다음과 같은 덕을 지닌 사람으로 칭송되고 있다. 진지함, 자제력, 성실, 평정심, 뛰어나게 부드러운 심성, 부와 명예에 대한 경멸, 가르침을 전하려는 부단한 노력, 탁월한 겸양, 자신의 잘못을 고치려는 각성의 자세 등이 그것이다. 그는 73세의 나이에 7일 동안 잠을 자다가 세상을 떠났다. 그의 외모는 키가 크고 날씬했으며, 얼굴은 넓고, 눈은 매우 크고, 목소리는 천둥처럼 깊이 울렸다고 한다.

(15) 공자의 유덕함은 그의 가르침이 들어 있고 그의 수많은 행적을 담고 있는 고전을 주의 깊게 읽도록 만들었다. 여기에서 내가 이에 대해 이야기하고 기록에 의거하여 이를 증명하려 한다면 훨씬 많은 글을 써야 할 것이다. 아마도 다른 때를 빌어 이 텍스트를 보다 더 적합하게 완성할 수 있는 기회가 있을 것이다.

---

94 Couplet, 공자의 생애, CXVII 이하.

(16) 나는 신의 섭리가 타락한 중국을 다시 일으켜 세우기 위해 중국인들에게 보내준 선물이 바로 공자라는 사실에 대해 추호의 의심도 없이 확신한다. 나는 『신, 영혼, 세계 그리고 보편적 존재자에 대한 형이상학적 사상』의 우주론[95]에 대한 장에서 세상의 모든 것이 작용인에 의해서뿐만 아니라 목적인에 의해서도 서로 연결되어 있다는 것을 보여준 바 있다. 그리고 『자연신학』[96]에서 나는 신이 이것을 자신에 복속시켰으며, 피조물의 죄에 의해 생겨난 악조차도 신이 기뻐하는 최상의 지혜에 따라 선한 목적으로 인도한다는 것을 입증한 바 있다. 신은 악을 승인하지는 않을지라도 이를 허용한다. 공자가 세상에 태어난 시대는 황제와 백성의 타락한 윤리가 제국의 몰락을 위협하고, 양주와 묵자가 실천철학의 토대를 손상시켜 사악한 윤리를 지향하는 가르침을 퍼뜨리던 시대였다(주 13). 그런 이유로 나는 부차적 원인에서 제1 원인으로 연속적으로 상승하여 사물의 지혜로운 결합에서 만족감을 느끼며, 이 뛰어난 정신적 능력을 지닌 인물의 탄생에 경의를 표한다. 그의 탄생은 시대정신이 재건자를 요구한 데서 나온 것으로서 결국 신의 섭리의 결과이다.

(17) 공자는 중국 초대 황제인 황제(黃帝)의 직계 후손이다. 그로부터 세 황제가문이 유래했다는 것에 대해서는 이미 앞에서 이야기한 바 있다(주 12). 이러한 사실은 세 황제가문의 연대표에 나와 있으며, 특히 두 번째 왕가인 상의 연대표에 근거를 두고 있다(4쪽). 이 도표에 대한 5쪽의 주에서 쿠플레는 공자의 아들과 그 후손들도 오늘

95 Deutsche Metaphysik = WW I, Bd. 2, p. 62 이하, p. 632 이하.

96 Deutsche Metaphysik = WW I, Bd. 2, p. 650 이하, §1056 이하.

날에 이르기까지 가문의 영광을 유지하고 있다고 말하고 있다.[97] 쿠플레가 이 저술을 집필하고 있던 1683년에 공자의 67대손은 공작의 작위를 지니고, 모든 세금을 면제받으며 산동성의 곡부(연태)에서 살고 있다고 한다. 「공자의 생애」 118쪽[98]에서 쿠플레는 공자의 가문이 커다란 부와 명성을 누려 왔으며 그 후손은 오늘날까지 끊임없이 이어지고 있다고 전한다. 편년사에 따르면 공자의 부친이 누렸던 태수의 직위는 중국인들에게 특별한 것으로서 황제가 자신의 아들과 형제들에게만 부여했던 직위라고 한다. 하지만 공자는 복희씨나 요임금이나 순임금처럼 제국을 다스리며 권위를 가지고 그가 유익하다고 생각한 것을 명령하지는 못했다.

(18) 공자가 전력을 다해 완수하려 한 일은 교육자의 역할 외에 다른 어떤 것이 아니었다. 그리하여 그는 관직을 얻었을 때에도 극복하기 어려운 방해로 인해 공동의 행복을 만들 수 없고 국가에 유일한 가르침을 펼칠 수 없다고 생각되는 경우에는 몇 차례나 관직을 스스로 내려놓았다. 노(魯)나라에서 공자가 국정을 돌볼 당시 왕이 쾌락에 빠져 있었을 때 그는 이러한 빛나는 예를 보여준 바 있는데, 쿠플레는 「공자의 생애」 118쪽에서[99] 이에 대해 전하고 있다.

(19) 중국인들이 편년사 기록에 쏟은 노력은 대단히 비상한 것이다. 쿠플레는 「서론」의 2장 §4 69쪽에서[100] 사관(史官)들이 황제에 의해 직접 선임되며, 이들은 모든 사건을 그것이 일어나는 바로 그 시

---

97 이 주의 공자의 가문에 대한 서술은 Couplet, 연대표, p. 4 이하에서 인용한 것이다.

98 Couplet, 공자의 생애, CXIII.

99 Couplet, 공자의 생애, CXIII.

100 Couplet, 서론, LXIX.

간에 편년사에 기록한다고 전하고 있다. 이들이 사실을 기록함에 있어 상을 받으리라는 희망이나 형벌에 대한 두려움 같은 느낌에 예속되지 않도록 하기 위해 군왕의 가문이 소멸하기 전에는 이를 공개하지 않도록 하는 현명한 제도가 확고하게 지켜지고 있다. 그리하여 중국의 편년사는 대단히 믿을 만하며, 같은 이유로 중국인들에게 커다란 신뢰를 얻고 있다. 이는 또한 이 편년사가 우리에게 관행화된 계산과 잘 일치하지 않음에도 불구하고 쿠플레가 제국의 창건에 관한 중국 편년사의 신빙성을 옹호하는 이유가 되고 있다. 선교사들은 중국인들이 명백한 사실로 여기는 것을 의심하는 것이 중국인들에게 기독교를 전파하는 데 커다란 방해가 된다는 것을 경험하였다. 그 밖에도 우리가 칭송해 마지않는 중국인들의 뛰어난 주의력을 보여주는 이 편년사는 도덕과 국가에 대한 가르침에도 기여하고 있다. 왜냐하면 이 편년사를 통해 행동과 그 결과의 결합이 탁월한 방식으로 인식되기 때문이다. 이에 반해 일반적인 역사서에서는 그러한 결합이 기껏해야 추정을 통해서만 파악된다. 이를 통해 우리는 공자가 도덕론과 국가론을 고찰할 때 고대 편년사를 공부하는 데 많은 땀과 노력을 쏟은 이유도 알 수 있다. 게다가 복희씨, 신농씨, 황제, 소호, 전욱, 곡 그리고 특히 요임금과 순임금 등 제국을 창건하고 공고하게 한 인물들은[101] 덕의 모범과 국가를 다스리는 완전한 지혜의 모범을 보여주고 있어, 우리는 이들의 행적에 의거하여 도덕철학 및 국가철학에서 최상의 진보를 이룰 수 있다. 이는 특히 그것을 실현하는 일에 우리

101 볼프의 주 7-11 참조.

의 힘이 미치지 못하는 그런 이론을 무의미한 것으로 여기는 사람에게 유효하다.

(20) 쿠플레는 「공자의 생애」 119쪽에서[102] 이 철학자에 대해 다음과 같이 말하고 있다. "그가 글이나 말로 가르친 것을 그는 먼저 몸가짐과 생활의 변화를 통해 보여주었다. 이에 대한 가장 빛나는 증거는 그가 세운 학교에서 배움을 얻은 수많은 저명한 사람들 그리고 그가 행하고 말한 것을 직접 목격하고 이를 그리 중요하지 않은 것에 이르기까지 세세하게 후세에 전해준 사람들이다." 선교사들이 공자의 생애에 대한 완전한 서술을 유럽인들에게 숨긴 것이 아니라면 이들은 충분히 가치 있는 노고를 행한 것이다. 요컨대 공자의 생애가 그의 행동과 말을 완전히 서술한 것이라면 이는 도덕론 국가론의 보고(寶庫)로 여겨져야 하며, 이는 그리스 철학이 우리에게 전해주는 것과 비교될 수 없다. 그의 생애와 관련된 많은 것들은 고전에서 취해온 것이다.

(21) 앞에서(주 5) 언급한 것을 볼 것. 또한 「공자의 생애」 120쪽에는[103] 다음과 같은 사실이 언급되어 있다. 공자는 자신이 지혜를 가지고 태어났다는 몇몇 사람의 주장을 들으며 이를 달가워하지 않았으며 그가 전파한 것은 자신의 가르침이 아니라 옛 사람들의 가르침, 특히 그가 모든 사람들 중에서 가장 높이 평가한 요임금과 순임금의 가르침이라고 공언하였다.

(22) 우리의 철학자 공자는 옛것을 미리 검증하기 전에는 이를

102 Couplet, 공자의 생애, CXIX.

103 Couplet, 공자의 생애, CXX.

비난하지 않았고 그가 실험을 통해 확인한 것을 소중히 여기며 이를 제자들에게 가르쳤다는 점에서 칭송을 받아 마땅하다. 중국인들의 지각방식과 윤리에 대해 고찰하면 그럴 만한 특별한 이유들을 찾아볼 수 있다. 오래 된 연륜은 이들에게 높은 가치를 지닌다. 그리고 제국의 창시자와 입법자들은 이들에게 커다란 존경을 받고 있다. 새로운 것은 오직 이것이 옛것과 일치하는 한에서만 받아들여진다. 검증을 통해 그 확실성을 보완해야 하는 것보다 수많은 시도를 통해 그 신빙성이 이미 확인된 것이 중국인들에게는 더 커다란 힘을 준다. 철학의 자유를[104] 구실로 내세워 중국인들의 지각방식에 완전히 반대되는 윤리가 주장되고, 그 결과 옛것이 단지 새것이 아니라는 이유로 경멸받고 제대로 검증도 받지 못한 채 초보자들의 조소를 받는 세태, 그리하여 모든 젊은이들이 즉흥적으로 새로운 철학을 만들어내고 가능한 한 빨리 때 이르게 선생이 되려 하는 우리 주변의 세태를 보면 나는 우울함을 느낀다. 옛것의 효력을 결정하기 전에 이를 정확하게 검증해야 한다는 공자의 원칙, 옳다고 확인된 것을 내버릴 것이 아니라 유지하고 엄하게 가르쳐야 한다는 원칙, 새것은 오로지 그것이 옛 진리와 일치할 때만 받아들인다는 원칙은 내게 매우 흡족하게 여겨진다. 철학은 계속 갱신되어야 하는 것이 아니라 방법과 사태 자체를 고찰함으로써 개선되고 더 완전하게 되어야 한다. 이것이 수학자들의 원칙이며, 수학이라는 학문분야가 지속적으로 발전하는 이유도

---

104 볼프가 여기에서 언급하고 있는 "철학의 자유"는 스피노자의 『신학정치론(*Tractatus theologico-politicus*)』(1670) 이래로 유럽에서 많은 사람들에 의해 거듭 논의되어온 문제였다.

바로 여기에 있다.

(23) 우리의 철학자 공자의 확실한 판단력은 그가 말한 격언을 통해 입증된다. 예지(銳智)와 결합된 창조적 재능[105]은 그에게 고유한, 비유적이고 재치 있는 격언을 통해 그리고 첫눈에는 그의 격언과 유사하지 않아 보이는 다른 사람의 것을 모방한 격언을 통해 입증된다. 내가 다른 곳에서[106] 제시하였듯이 그의 창조적 재능은 유사성을 찾아내는 능력에서 확인된다. 이러한 유사성이 눈에 띄지 않아 숨어 있는 것을 찾아내는 지성의 판단력이 필요한 경우에는 항상 창조적 재능이 예지와 결합된다. 이처럼 창조적 재능이 예지와 결합되는 경우에는 확실한 판단력이 나타나지 않을 수 없다. 공자의 판단력과 창조적 재능을 보여주는 여러 예들은 나중에 제시하고자 한다. 여기에서 만족을 얻지 못하는 사람은 노엘의 『중화제국의 육경』을 연구하거나 이 책을 손에 넣지 못하면 선교사들이 번역한 『중국 철학자 공자』(주 1)를 보기 바란다.

(24) 쿠플레는 「공자의 생애」 119쪽에서[107] 다음과 같이 전하고 있다. 우리의 철학자 공자는 "지극히 겸손한 마음을 지니고 있어 그는 자신과 자신의 일에 대해 항상 겸손하게 말했을 뿐만 아니라 이에서 더 나아가 그가 배움에 있어 꾸준하지 못하고, 가르침에 있어 지속적이지 못했으며, 자신의 잘못을 바로잡는 적절한 각성과 덕의 추구 및 실행에 노력이 부족했다고 자신을 질책했다." 그는 자신의 가

---

105 "예지(銳智)와 결합된 창조적 재능"은 라틴어 "ingenium cum acumine junctum", 독일어 "die mit Scharfsinn verbundene Erfindungsgabe"를 번역한 것이다.

106 Deutsche Metaphysik = WW I, Bd. 2, p. 223, p. 532 이하, §366, 858 이하.

107 Couplet, 공자의 생애, CXIX 이하.

르침에 대한 칭송을 바라지 않았으며, 심지어 그가 전파하는 가르침의 창시자가 자신이 아니라고 공개적으로 고백했다(주 5). 자신의 가르침을 다른 사람에게 전하기 전에 먼저 자신의 몸가짐으로 이를 보여주려 노력했던 것도(주 20) 그의 겸양을 증명해 준다. 거칠고 교양 없는 민족들 사이에서 살게 되고 이들이 덕의 가치를 판단할 줄 모른다고 할지라도 단 한 순간도 덕의 추구를 포기해서는 안 된다고 그는 가르쳤다. 『중국 학문』 3권 7장 95쪽[108]을 보라. 이와 관련된 다른 예들에 대해서는 글이 길어지는 것을 피하기 위해 여기에서는 언급하지 않고 넘어가고자 한다. 한 가지만 덧붙이면 공자는 부적절한 칭송을 듣는 것을 기꺼워하지 않았기 때문에 그가 완전하고 완성된 덕의 단계에 도달할 수 있다는 것을 명시적으로 부인했다. 쿠플레의 「공자의 생애」 120쪽을[109] 보기 바란다.

(25) 공자는 황제 가문에서 출생했기 때문에(주 17) 제국의 높은 지위에 올라 즐거움을 누리며 인생을 보내는 것이 그에게는 그리 어려운 일이 아니었을 것이다. 쿠플레가 「공자의 생애」 118쪽에서[110] 전하고 있듯이 실제로 그는 커다란 공적을 이루어 몇 차례 관직에 오른 바 있지만 이는 오로지 모든 사람들을 위해 공익을 추구하고 그의 가르침을 전파하려는 희망에서 그렇게 한 것이었다. 그리하여 그는 제거해야 할 장애물을 극복하지 못하여 자신이 추구한 목적을 이룰 수 없는 경우에는 관직을 스스로 내려놓았다. 쿠플레는 매우 신뢰할 만한

---

108 Couplet, 논어b, p. 95.

109 Couplet, 공자의 생애, CXX.

110 Couplet, 공자의 생애, CXVIII.

(주 19) 중국의 편년사에 의거하여 다음과 같은 사실을 증언하고 있다. "유익한 가르침을 제국 전체에 전파하려는 열정적이고 지칠 줄 모르는 노력을 그는 마지막 숨을 내쉬는 순간까지 계속했다." 그는 또한 "그의 열정이 조국의 국경에 의해 제한되는 것을 고통스럽게 여겼기 때문에 바다로 나가 먼 나라로 여행하려는 계획을 여러 차례 세웠다." 지금까지 든 예를 통해서도 공자가 백성의 행복을 진정으로 추구하는 마음을 갖고 있었다는 사실을 확신하지 못하는 사람이 있다면 중국 고전에서 전하고 있는 공자의 수많은 말과 행동을 거듭 주의 깊게 연구하기 바란다. 이것만으로도 나는 공자가 백성의 행복을 추구하는 마음을 진정으로 갖고 있었다는 것을 충분히 확신할 수 있을 뿐만 아니라 더 나아가 이는 공자가 인류 전체에 대해서도 같은 생각을 품고 있었다는 것을 내게 증언해준다. 중국인들이 다른 모든 민족은 야만인이어서 이들 모두에게서 진리의 빛이라고는 찾아볼 수 없다고 여기고 있음을(주 2) 고려할 때, 우리의 철학자 공자가 먼 나라로 여행하려 했다는 것은 나의 확신이 옳다는 것을 분명히 증명해준다.

(26) 공자를 따르는 제자의 수는 고전에 나와 있으며 우리에게도 잘 알려져 있다. 쿠플레는 「공자의 생애」 119쪽에서[111] 덧붙이기를 이들 중에서 5백 명의 제자가 여러 나라에서 관직에 올랐으며 덕과 학식에 있어 다른 사람들보다 뛰어난 제자들은 72명이고, 이들 중에서 특히 열 명을 수제자로 꼽을 수 있다고 한다.

111 Couplet, 공자의 생애, CXIX.

(27) 중국인들이 공자에게 바치는 존경심은 오늘날에도 대단하며 이론의 여지없이 분명하다. 「서론」 13쪽에서[112] 쿠플레는 다음과 같이 전하고 있다. "유럽의 어떤 철학자도, 심지어 고대 델포이 신전의 아폴론의 신탁조차도 중국에서 공자가 받고 있는 정도의 신뢰와 존경을 받은 적은 없다." 이에 덧붙여 그는 우리의 철학자 공자가 중국의 이웃국가들에서도 동일한 명망을 누리고 있다고 전하고 있다. 「공자의 생애」 121쪽에서[113] 그는 다음과 같이 전하고 있다. "크고 작은 모든 도시에 이 사람을 위한 학교가 세워져 그에게 봉헌되었다. 관직에 오른 학자계층의 사람들이 이 학교 문 앞을 지날 때면 이들은 이 민족의 관행에 따라 평소에 타고 다니는 높고 화려한 가마에서 즉시 내려와 경의를 표시하며 도보로 걸음을 옮긴다." 그는 또한 전하기를 이 학교에는 다음과 같은 황금색 굵은 글씨가 새겨진 현판이 붙어 있었다고 한다. "위대한 스승, 학자들의 왕, 성인에게 바침." 한, 수, 당, 송, 원 왕조의 황제들은 "인간에게 바칠 수 있는 모든 칭송을 넘어서는" 위치에 우리의 철학자 공자를 올려 세웠다고 한다. 쿠플레는 심지어 중국인들이 공자와 그의 제자들의 이름이 새겨진 현판 앞에서 무릎을 꿇는다고 전하고 있다. 주지하다시피 예수회와 도미니크회 선교사들 사이에서 공자에 대한 경배의 성격을 두고 논쟁이 벌어진 바 있다.[114] 도미니크회 선교사들은 중국인들이 공자에게 바치는 경배가 종교적인 성격을 띠고 있다고 주장하고, 예수회 선교사들은

---

112 Couplet, 서론, XIII.

113 Couplet, 공자의 생애, CXXI 이하.

114 이른바 '의례논쟁'을 가리킨다. 의례논쟁에 대해서는 볼프 자신이 주 54에서 상세하게 설명하고 있다.

이것이 세속적 성격을 지니고 있을 뿐이라는 입장을 단호히 견지하고 있다. 요한 프란츠 부데는 『철학사 개요(*Historiae philosophicae succincta delineatio*)』 6장 §41 93쪽에서 도미니크회 신부들의 편을 들어 다음과 같이 확언하고 있다.[115] "공자에게 바치는 존경은 오늘날에도 모든 사람들에게서 지극히 커서 이들은 제의를 통해 공자를 **신**처럼 받들고 있다." 이 논쟁을 해결하는 것은 나의 과제가 아니다. 우리는 이와 관련된 것을 직접 눈으로 확인할 수도 없고, 이것이 종교적 경배라는 주장을 펴는 도미니크회 선교사들의 논변이 그리 명료하지도 않기 때문이다. 이에 반해 쿠플레는 「공자의 생애」 122쪽[116]에서 이것이 단지 세속적 존경일 뿐이라는 입장을 피력하고 있는데, 이는 용인될 수 있는 견해로 보인다. 다음의 내용은 고전에 의거한 것이다. 공자는 윤리의 스승으로서 등장했으며 자신이 단지 전파자일 뿐이라고 말했다(주 5). 이 고전에 의거하여 분명히 확인되는 사실은 공자의 권위가 이미 당시부터 제자들에게 창시자의 대리자로 받아들여졌으며, 학식의 정도에 따라 공자의 말과 행동을 배우기 위해 세워진 학교는 중국인들이 오늘날에도 나라 전역에서 공자를 모두에게 공통된 스승으로 존경하고 있다는 것을 분명히 보여준다. 심지어 오늘날에도 공자의 말과 행동이 그의 권위의 토대가 되고 있어, 공자가 말한 것을 의심

---

115 요한 프란츠 부데(Johann Franz Buddeus, 1667~1729)는 프랑스계 독일의 루터파 신학자이자 철학자. 그의 이름은 Budde라고도 표기하며, 라틴어식 이름은 Johannes Franciscus Buddeus이다. 여기에 언급된 저서와 인용된 글의 쪽수는 Johann Franz Budde, *Elementa philosophiae instrumentalis, seu instutionum philosophiae eclecticae tomus primus*, 6. Aufl. Halle im Sächsischen 1717, p. 93. *Historiae philosophicae succincta delineatio*는 이 책 p. 1 이하에 들어 있다.

116 Couplet, 공자의 생애, CXXII 이하.

하거나 그의 제자들이 모범적 행동을 통해 보여준 것을 비난하는 것은 불경한 짓으로 여겨진다는 것에는 의문의 여지가 없다. 쿠플레가 「공자의 생애」 123쪽에서[117] 언급하고 있는 영락제의 다음과 같은 칙명도 이와 일치한다. "나는 공자를 황제와 군왕들의 스승으로서 존경한다. 황제와 군왕들은 백성들의 주군이다. 공자는 백성들에 대한 올바른 가르침을 펼쳤다. 요컨대 삼강오륜의 원칙과 중화제국의 조화와 질서가 그의 가르침이었다. 이 모든 것을 공자가 보여준 것은 이후의 모든 세대를 가르치기 위한 것이었다." 공자가 중국의 백성들에게 윤리와 정치에 대한 참된 가르침을 전하고 모범을 통해 이들을 선도함으로써 권위를 얻게 된 만백성의 무류(無謬)의 스승이라는 사실에는 의문의 여지가 없다. 이 점에서 공자는 유대인들의 모세, 터키인들의 마호메트에 비견되는 인물이다. 심지어 중국인들은 우리가 그리스도의 말과 행동에 부여하는 권위와 동일한 정도의 권위를 공자의 말과 행동에 부여하고 있다. 견강부회를 일삼는 자들은 내가 그리스도를 공자나 마호메트나 모세와 같은 존재로 평가했다는 수치스러운 악평을 퍼뜨리고 있다. 그렇다고 한다면 중국인들이 화려한 제의를 통해 공자를 신처럼 모신다고 말한 부데는 공자를 신과 같은 존재로 평가한 것이 될 것이다(신을 모독하는 것은 나와는 거리가 먼 일이다!). 요컨대 부데가 중국인들의 공자 숭배를 좋게 평가한 것은 아니지만 그렇다고 해서 그가 공자를 신과 동격의 존재로 여기는 것이 정당하다고 주장한 것은 더더욱 아니다. 나는 공자의 무류성(無謬性)을 믿지

117 Couplet, 공자의 생애, CXXIII 이하.

않으며 더욱이나 중국인들이 공자에게, 터키인들이 마호메트에게, 유대인들이 모세에게 보이는 존경심보다 그리스도에게 바치는 존경심이 더 커서는 안 된다는 견해를 주장하는 것은 결코 아니다.

(28) 성서에 따르면 모세가 유대인들에게 윤리적 가르침뿐만 아니라 민법도 전했으며 더 나아가 구약에서 신이 모세에게 바치라고 한 제의도 가르쳤다는 것을 확인할 수 있다. 그리하여 유대인들은 모세를 자신들의 스승으로 믿었으며, 그것도 그의 말과 행동에서 확인되는 유일하면서도 결코 오류를 범하지 않는 스승으로 여겼다. 또한 이들은 그와 다른 것을 가르치는 자에게 귀를 기울여서는 안 된다고 믿었다. 이 점에서 나는 중국인들이 유대인들과 같다고 보았는데, 이에 있어 중국인들에게 공자가 지니는 의미는 유대인들에게 모세가 지니는 의미에 비견된다고 주장했다고 해서 이것이 내가 진리에서 벗어났음을 의미하는 것은 아니다. 요컨대 두 민족은 모두 자신들의 스승이 그들에게 올바른 삶의 규준을 전했고 그의 말과 행동을 결코 비난해서는 안 되며 이와 어긋나는 것을 주장하는 사람에게 귀를 기울여서는 안 된다고 믿었다. 따라서 유대인들의 태도와 중국인들의 태도는 같은 것이었다. 내가 여기에서 말한 것은 태도에 대한 것이지, 이것이 정당하다는 것이 아니다. 나는 중국인들의 태도를 유대인들의 태도와 비교하였으며 이 두 태도가 동일한 성격을 지니고 있다고 믿었다. 나는 공자를 모세와 비교하거나 공자의 가르침과 행동을 모세의 가르침과 태도에 비교하지 않았다. 더욱이나 공자가 중국인들에게서 누리는 명망이 모세가 유대인들에게서 누리는 명망만큼 정당한 것이라는 주장은 결코 하지 않았다. 나는 묻고 싶다. 도대체 어떤 사람이 이것을 보지 못할 만큼 시력이 나쁜가?

(29) 터키인들은 마호메트가 신의 최후의 사자이자 가장 위대한 사자라고 여기고 있다. 그들은 마호메트가 모든 오류와 죄에서 벗어난 존재라고 믿고 있다. 그들은 마호메트가 자신의 시대 이전의 모든 법을 폐지하였으며 아담, 노아, 모세, 심지어 그리스도 등 그 이전의 모든 예언자들도 비록 가르침은 다를지라도 같은 종교를 지니고 있었다고 주장하고 있다. 뿐만 아니라 이들의 주장에 따르면 코란은 신이 하늘에서 마호메트에게 직접 내려준 것이기 때문에 그를 부정하거나 그가 한 말에서 단 하나라도 의심하는 사람이 있다면 그는 불신자로 간주되어야 마땅하다고 한다. 왜냐하면 신 자신이 코란에서 아무것도 덧붙이거나 뺄 것이 없도록 하겠다고 약속했기 때문이라는 것이다. 이에 대해서는 아랍문학의 탁월한 학자인 하드리아누스 렐란두스의 『마호메트의 종교에 대하여』 25, 27, 31, 37, 149쪽을 보라.[118] 따라서 터키인들이 마호메트를 유일한 스승이자 오류를 범하지 않은 스승이라고 믿고 있으며, 그의 말과 행동에 대해 중국인들이 공자의 말과 행동에 부여하는 것과 같은 존경심을 지니고 있다는 것은 분명한 사실이다. 여기에서도 나는 중국인들의 태도를 터키인들의 태도와 비교하고 이 둘이 동일한 성격을 지니고 있다고 주장하는 것일 뿐, 마호메트를 공자와 비교하거나 마호메트의 가르침과 행동을 공자의 가르침과 행동에 비교하고 있는 것이 결코 아니다.

(30) 우리는 그리스도의 지극히 신성한 가르침을 따르고 있으며

---

118 하드리아누스 렐란두스(Hadrianus Relandus, 1676-1718)는 네덜란드의 동양학자이자 문헌학자. 네덜란드 이름은 Adriaan Reland. 그가 펴낸 『마호메트의 종교에 대하여(*De religione Mohammedica libri duo*)』(Utrecht 1705, 1717)는 이슬람교에 대한 유럽 최초의 체계적 저술이다.

그리스도가 인간이 어떻게 살아야 하는가에 대한 가르침을 주었을 뿐만 아니라 인간이 영원한 구원에 이르는 길을 제시해준 우리의 유일한 스승이라고 믿고 있다. 그리스도가 모든 오류에서 벗어나 있고 그리스도의 행동에 아무런 오점이 없다는 것을 우리는 확신하고 있다. 우리가 그리스도의 말과 행동을 우리 행위의 규준으로 삼아 그리스도의 권위에 전적으로 의존한다는 점에서 공자를 숭배하는 중국인들은 우리와 동일하다고 할 수 있다. 하지만 우리는—소키누스의 신봉자들처럼[119]—그리스도를 우리에게 윤리적 가르침을 주고 덕의 모범을 제시한 스승으로 여기는 것에 그치는 것이 아니라, 더 나아가 그리스도가 구세주이자 인류의 구원자임을 믿고 그리스도를 진정한 신으로서 경건하게 숭배한다. 이러한 숭배는 유대인들의 모세, 터키인들의 마호메트, 중국인들의 공자에게는 바쳐지지 않는다. 이 불행한 민족들 모두는 세계의 구세주와 영원한 구원의 질서에 대해 아무것도 알지 못한다. 따라서 우리는 중국인들의 공자가 우리의 그리스도에 비견되는 것은 그리스도를 우리의 신이 우리에게 내려준 스승으로 존경하는 한에서만 그러하고, 우리가 그리스도를 신의 유일한

119 소키누스(Faustus Socinus, 1537-1604)는 이탈리아 출신의 신학자. 이탈리아 이름은 Fausto Sozzini. 이른바 소키니언파(Socinianism) 신학의 창시자로서 예수의 신성과 삼위일체를 부정하고, 예수 그리스도가 신이 아니라 신이 자신의 대리자로 선택한 완전히 신성한 인간일 뿐이라는 교리를 주장했다. 라이프니츠는 1669년에 이미 소키니언파와 논쟁을 벌인 바 있다. *Defensio Trinitatis contra Wissowatium*, In: Gottfried Wilhelm Leubniz, *Sämtliche Schriften und Briefe*, hrsg. von der Deutschen Akademie der Wissenschaften zu Berlin, Reihe 6, Bd. 1. Berlin, Hildesheim New York 1971, pp. 518-530. 그의 『변신론(*Essais de Théodicée*)』에도 이에 관한 여러 언급을 찾아볼 수 있다.

아들이자 우리의 구원자로서 경건하게 숭배하고 신앙을 바치는 한에서는 결코 그렇지 않다는 제한을 덧붙여야 한다.

(31) 내가 이러한 제한을 덧붙인 것은 그럴 필요가 있고 중국인들의 태도가 그 외에는 우리와 동일하지 않기 때문이며 또한 내가 무분별하게 소키니언파의 오류에[120] 빠져든 것으로 오인되지 않기 위해서다. 그 밖에도 내가 앞의 주에서 설명한 것 외에는 중국인들의 태도가 그 어떤 점에서도 유대인이나 마호메트교도나 우리의 경우와 비교될 수 없기 때문에 그 누구도 이러한 비교에서 자극을 받을 이유가 없다는 것이 내 생각이다. 하지만 아무런 근거 없이 여기에서 자극을 받는 사람이 있다면, 그는 우리의 태도나 유대인의 태도를 도외시하고 다만 마호메트교도들의 태도에만 눈길을 고정시키는 것이 좋을 것이다. 차라리 그는 이 모든 것에서 눈길을 돌리고 쿠플레가 그랬던 것처럼(주 25)[121] 그 어떤 민족의 철학자도 중국인들에게 공자가 차지하고 있는 의미에 비견될 수 있는 예는 결코 없었다는 말을 덧붙이는 것이 좋을 것이다. 나로서도 강연에서 이 말을 덧붙임으로써 악의적인 사람들에게 나를 비난할 근거를 제공하지 않았으면 좋았으리라는 생각이 든다. 내가 강연에서 행했듯이 말을 그렇게까지 적게 할 이유가 없었기에 단어들을 더 주워모아 강연하는 것이 더 좋았을지도 모르겠다. 탁월한 신학자인 하이네키우스[122]는 내가 강연을 할 때

---

120 예수가 신이 아니라 인간이라고 주장하는 것을 뜻한다. 위의 주 참조.

121 언급된 내용을 고려할 때 볼프의 주 25가 아니라 주 23으로 추정된다.

122 하이네키우스(Johann Michael Heinecius, 1674-1722)는 할레 성모교회(Frauenkirche)의 주임목사, 마그데부르크 공국의 교구감독이자 종교국 위원으로서 볼프의 고해목사이기도 했다. 위의 언급과 관련된 내용은 Christian Wolff, *Ausführliche*

그 자리에 있었는데, 그의 말에 따르면 열정의 폭풍에 휩쓸리지 않는 마음을 지닌 사람이라면 그 누구도 내가 했던 말에서 자극을 받지 않았을 것이라고 한다. 하지만 논쟁을 싫어하는 나로서는 차라리 진리를 인식하고 나 자신과 다른 사람들을 개선하는 데 내 시간을 할애하고 싶어 내가 했던 말에 이런 제한을 두고자 한다. 요컨대 여기에서 중요한 문제는 중국인들의 태도를 이런 저런 민족의 태도 혹은 그 어떤 민족의 태도와 비교하려는 것이 아니다.

(32) 공자가 넓은 시야와 예견력을 지니고 있었다는 것은, 그가 자신의 몸가짐을 통해 미리 보여준 것 외에는 다른 사람들에게 아무것도 말하지 않았다는 사실에서 분명히 드러난다(주 5).[123] 공자에 비견될 만한 스승은 실로 거의 찾아볼 수 없다! 실제로 우리 시대의 선생들은 그 유효성에 대해 판단해야 하는 것을 충분히 숙고하기도 전에 어려운 문제들에 대해 판단을 내리는 주제 넘는 짓을 한다. 이들은 심지어 논쟁적 사안에 대해 그 쟁점을 제대로 이해하기도 전에 이에 관해 결정을 내리는 심판관의 역할을 자임하기도 한다. 이는 다른 사람들에게 윤리를 가르치기 위해 말하고자 하는 것을 자기 자신을 통해 미리 검증하는 것과는 거리가 먼 일이다. 중화제국의 고전을 공부한 사람이라면 사람들이 공자를 넓은 시야와 예견력을 지닌 지도자로 칭송해 마지않는 여러 이유를 찾아낼 수 있을 것이다.

(33) 「편년사」는 이에 해당하는 몇 가지 이야기를 전해주고 있다.[124]

Beantwortung, In: *Gesammelte kleine Schriften*, BD. 4 = WW I, Bd. 21.4, p. 343 참조.

123 또한 볼프의 주 20도 참조할 것.

124 Couplet, 편년사, pp. 14-18.

여기에 나오는 예들을 몇 가지 소개하면 다음과 같다. 공자가 죽은 후 몇 년 지나지 않아 정정왕(貞定王)의 아들들이 권력을 잡으려고 서로 폭력적인 전쟁을 벌였다. 고왕(考王) 치하에서는 제후들 사이에 전쟁이 벌어져 거의 3백 년간 지속되었다. 잔혹할 뿐만 아니라 신하들의 간언을 전혀 듣지 않은 시황제는 20명 혹은 그 이상의 제후들을 살해하고 의학과 법률서적을 제외한 모든 서적들을 불태우게 하였으며 학자들에게 무서운 분노를 터뜨렸다. 혜제(惠帝)는 부주의하게도 정사를 어머니 여씨(呂氏)에게 맡겼으며 여씨는 나라를 제멋대로 다스렸다. 혜제가 죽은 후 법을 무시하고 태후에 즉위한 여씨는 관상가의 딸로서 잔혹하고 악의에 가득 찬 여인이었다. 공자 서거 후 학문과 제국의 재건자인 한무제에 이르기까지 거의 3백 년 동안 제국의 상황은 극히 혼란스러웠다. 『중국 학문』 2권 84쪽에서 공자는 왜 군주가 어리석으면 나라가 혼란에 빠지는지를 정확하게 가르치고 있다.[125] 따라서 우리는 국가의 상황에 의거하여 개인의 삶에 대한 판단을 내릴 수 있다.

(34) 나는 중국인들의 가르침이 대체로 그리 중요하지 않은 것, 일상적인 것으로 여겨지고 있다는 사실을 알고 있다. 어떤 사람들은 중국의 지혜에 대해 탐구하기 위해 중국으로 여행을 떠날 필요가 없으며 이곳의 철학 강의를 통해서도 이를 배울 수 있다는 당돌한 주장을 펴기도 한다. 하지만 이들이 전해주는 도덕론과 국가론을 주의 깊은 통찰력을 가지고 고찰해 보면 중국의 가르침에 비견될 만한 것을

125 Couplet, 중용, p. 84 이하.

나는 알지 못한다. 심지어 쿠플레는 「서론」 13쪽에서 공자를 소크라테스, 플라톤, 세네카, 플루타르크보다 뒷자리에 세우고 있는 것으로 보이며, 14쪽에서는 유럽의 세련됨과 우아함에 비교할 때 공자의 가르침은 거칠고 교양이 부족한 것으로 보인다고도 말하고 있다.[126] 하지만 방법론의 관점에서 볼 때 이러한 주장이 옳다고 해도 공자의 말과 행동이 지닌 보편적인 근거에 입각해서 보면 그의 가르침이 심오하다는 것을 알 수 있다. 요컨대 공자의 말과 행동은 보편적 규칙을 지향하고 있으며, 이를 통해 공자는 그가 『불변적 중심에 대한 책』[127]에서 가르친 것을 표현했던 것이다. 앞에서 언급한 것을 통해 중국인들이 이루고자 했던 것은 소우주가 대우주와 균형을 이루고 그들의 제국이 하늘과 땅의 질서에 따라 다스려지는 것에 있음을 알 수 있다[128] (주 7). 대우주에는 물체의 운동을 규정하는 규칙이 존재하고 이 규칙에는 보편적 원칙이 내재하고 있으며 그 궁극적 근거는 신의 지혜 및 다른 속성들 안에서 계시된다. 이것을 나는 다른 곳에서 다른 시간을 이용하여 명백히 입증할 것이다. 마찬가지로 소우주에도 규칙이 존재

126 Couplet, 서론, XIII 이하. 쿠플레는 공자를 후기 스토아학파의 에픽테토스와 비교하고 그를 중국의 에픽테토스라고 불렀다.

127 『중용(中庸)』을 가리킨다.

128 서양 사상전통의 소우주와 대우주 개념에 입각하여 중국의 세계관을 이해하려 한 서구의 중국관에 대해서는 Marcel Granet, *Das chinesische Denken*(1934), München 1971, p. 259 이하 참조. 또한 볼프의 주 84 참조. 볼프 이래로 독일의 대학에서 통용되어온 이러한 중국관은 하이너 뢰츠에 의해 비판받았다. Heiner Roetz, *Mensch und Natur im alten China. Zum Subjekt-Objekt-Gegensatz in der klassischen chinesischen Philosophie. Zugleich eine Kritik des Klischees vom chinesischen Universismus* (Europäische Hochschulschriften, Reihe XX: Philosophie, Bd. 136), Frankfurt am Main, Bern, New York 1894, 특히 pp. 1-15, p. 14 이하, p. 54 이하 참조.

하며 이성적 존재로서의 인간은 이를 통해 자신의 자유로운 행위를 규정해야 한다. 이 규칙을 우리는 '자연법'이라고 부른다. 여기에도 보편적 원칙이 내재하는데, 그 궁극적 근거는 그 최초의 가능성으로서의 신의 속성에서 인식된다. 이 근거를 우리는 언젠가 상세하게 제시해야 할 것이다. 중국인들은 이러한 원칙의 원천을 인식하지 못했고 보편적 원칙들로 파고 들어가지는 못했지만 이 원칙들 중 몇 가지를 조망하였다.

(35) 내가 여기에서 다루고 있는 것은 한 민족의 도덕철학과 국가철학의 원칙이라고 하는 커다란 중요성을 지닌 진리에 관한 것이다. 이 민족은 오늘날까지 존속하고 있는 모든 민족들 중에서 가장 오래 된 민족이고 태곳적부터 교양을 갖춘 민족이다. 이 민족은 외부의 다른 민족들과 교류가 없었기 때문에 특별한 윤리와 관습을 수많은 세기 동안 지켜올 수 있었으며 조국의 윤리가 타락하는 것을 막기 위해 당시에는 심지어 교류가 금지되어 있었다.

(36) 지금 내가 이 글을 집필하는 의도는 우리가 특수한 원칙으로까지 거슬러 올라가는 것을 허용하지 않기 때문에 여기에서 나는 일반적인 원칙만 다루고자 한다. 차후의 원칙에 관해서는 이 정도로 만족하고자 하는데, 그 이유는 한편으로는 중국인들이 매우 멀리 떨어져 있는 것에 대해서는 조망하지 못했기 때문이고, 다른 한편으로는 이에 대한 해석이 지금의 의도에 어긋나는 범위를 요구하기 때문이다.

(37) 라이프니츠는 『국제법 기록문헌』 서문에서 **지혜**는 행복에 관한 학문이라고 정의한 바 있다.[129] 나 또한 『보편적 실천철학』에 대

---

129 Gottfried Wilhelm Leibniz, *Codex juris gentium diplomaticus*, Wolfenbüttel 1747 (초판은 1693), p. 9. 재인쇄본은 Gottfried Wilhelm Leibniz, *Opera Omnia*, hrsg. von

해 다룬 박사학위 논문에서 궁극적 목적을 설정하고 이에 도달할 수 있는 확실한 최상의 수단을 지향하며, 중간의 목적들을 서로 조정함으로써 이것들이 궁극적 목적을 이루는 데 훌륭하게 작용할 수 있도록 하는 정신적 능력이 지혜라고 정의한 바 있다.[130] 나는 또한 독일어로 저술한 철학적 저술에서도 이 정의를 사용했는데, 그 이유는 이것이 철학적 증명을 위해 매우 합목적적이라고 생각했기 때문이다. 그리하여 나는 『도덕철학』 §325에서 라이프니츠의 정의가 나의 정의에서 도출될 수 있고 그 점에서 그의 정의는 나의 정의와 일치하며, 이 두 정의는 모두 진리와 일치한다는 것을 보여준 바 있다.[131]

(38) 내가 여기에서 말하고 있는 것은 국가의 목적인 시민의 행복에 관한 것이다. 쿠플레의 「서론」 72쪽에 따르면 중국인들은 그들의 육체와 영혼이 추구하는 세속적 행복 외에 다른 행복은 알지 못한다고 한다.[132]

(39) 스콜라주의자들이 '객관적 도덕성'이라고 불렀던 행동의 내적 진실함과 수치스러움은 고대 철학자들도 이미 알고 있었던 것이며 신학자들이 열성적으로 옹호하는 것이기도 하다. 이는 너무 잘 알려진 것이어서 굳이 예를 들어 증명할 필요도 없다. 실제로 객관적 도덕성이 행동의 이성적 본성 자체와의 일치 및 불일치를 통해 규정된다는 것은 분명한 사실이다. 그리하여 그로티우스는 그의 저서 1권

Louis Dutens. Bd. 4, Teil 3. Genf 1768, p. 295.

130 *Philosophia practica Universalis*. In: Meletemata = WW II, Bd. 35, Sect. II, p. 194, Definitio 13.

131 *Deutsche Ethik* = WW I, Bd. 4, p. 214 이하, §325.

132 Couplet, 서론, LXXII.

1장 §10에서 **자연법**은 "건전한 이성의 발언으로서, 이는 이성적 본성 자체와의 일치 및 불일치에 의거하여 어떤 행동에 도덕적 수치스러움이나 도덕적 필연성이 내재하는가를 보여주고 또한 결과적으로 그러한 행동이 자연의 창조주인 신에 의해 금지되는가 아니면 허용되는가를 보여준다"[133]고 정의한 바 있다. 이 건전한 견해에 나는 동의를 표하며, 이에 따라 윤리학에서 이성과 일치하는 것으로 규정된 것은 **인간의 자연적 본성과 일치하는 것**에 의거하여 판단된 것이라고 말한 바 있다. 중국인들의 도덕적 가르침은 이러한 시금석의 평가를 통과한 것이다. 공자 자신도 이성적 본성과의 일치가 행동의 규준이라는 것을 알고 있었다. 『중국 학문』의 2권 「중용」 40쪽에서 그는 다음과 같이 분명히 말하고 있다.[134] 이성적 본성과 일치하는 것이 규칙으로서, 행동은 이 규칙을 지향해야 한다. 이것이 이성에 부합되는 것으로서, 덕의 실행이란 우리가 우리 자신과 우리의 일을 이 규칙에 따라 제어하는 것이다. 따라서 나는 공자 자신이 권고하고 존중한 규준에 따라 중국의 실천철학의 원칙을 검증한 것이다. 공자는 옛 사람들이 규정하고 말하고 행동한 것을 시험해 본 후에 자신의 윤리를 통해 표현하였다.

(40) 본질이 사태의 제1 개념이고,[135] 그 사태에 내재하거나 내재할 수 있는 그 외의 모든 것의 근거가 이로부터 주어진다는 사실은 철학의 초보자들도 잘 알고 있다. 하지만 사물의 본질로부터 알 수

---

133 Hugo Grotius, *De jure belli ac pacis libri tres*. Amsterdam 1680(초판은 1625), p. 6, §X. 1.

134 Couplet, 중용, p. 40.

135 이에 대해서는 Deutsche Metaphysik = WW I, Bd. 2, p. 18 이하, §33 이하 참조.

있는 것은 필연적으로 항상 그것에 내재하거나 내재할 수 있는 것뿐이다. 그리하여 필연적이 아닌 방식으로 사물에 내재하는 것이 실제로 사물에 내재하는 이유를 찾으려 하는 경우에는 자연의 근거가, 다시 말해 고유한 규칙을 지니고 있어 이에 의거하여 변화를 이루어내는 활동적 힘의 근거가 필요하다. 따라서 육체의 본질은 그것의 구조 혹은 조합에 있으며, 이를 통해 육체에 일어나는 것을 통찰할 수 있다. 하지만 이를 통해 실제로 변화가 일어나는 경우, 사물의 힘이나 본성에 변화를 가져오는 운동 규칙의 근거가 필요하다. 정신에서 제1 개념을 파악하고, 이로부터 그것에 내재하고 내재할 수 있는 것의 근거를 제시할 수 있다는 것 또한 정신의 활동적 힘은 운동의 규칙과는 전적으로 상이한 규칙에 따라 변화를 가져온다는 것을 나는 『신, 영혼, 세계에 대한 사상』에서 제시한 바 있다.[136] 독일어를 읽지 못하거나 읽고 싶지 않은 사람은 튀미히의 『철학의 원리』 그중에서도 특히 합리적 심리학에 대해 다루고 있는 「심리학의 원리」와 형이상학 3장 §171 이하 그리고 160쪽 이하를 연구하기 바란다.[137] 인식능력을 제어하는 **법칙**을 우리는 **논리적** 법칙이라고 부른다. 욕구능력과 관련된 법칙을 우리는 **윤리적** 법칙 혹은 **도덕적** 법칙이라고 부른다. 하지만 여기에서 정신의 본질과 본성에서 선험적으로(a priori) 도출되는 것을 취해 올 필요는 없다. 보편적인 경험을 통해 후험적으로(a posteriori)

---

136 *Deutsche Metaphysik* = WW I, Bd. 2, p. 464, §744.

137 Ludwig Phillip Thümmig, *Institutiones Philosophiae Wolfianae*, Bd. 1. Frankfurt u. Leipzig 1725f. Nachdruck 1982 = WW III, Bd. 19.1, p. 160 이하. 후에 볼프는 자신의 합리적 심리학을 저술하였다. *Psychologia rationalis* (WW II, Bd. 6).

알려진 것, 앞에서 언급한 튀미히가 "경험심리학"[138]이라고 부른 것만으로도 충분하다.

(41) 신학자들이 존중받는 것이 매우 중요하다는 것, 따라서 통치자들은 신학자들이 이러한 존중에 합당한 모습을 보이도록 하는 일에 많은 주의를 기울여야 한다는 것을 나는 『정치학』 §367, 439에서 제시한 바 있다.[139]

(42) '신의 은총'이라는 말을 나는 인간의 영혼 속에서의 신의 작용으로, 이를 통해 인간의 지성이 빛을 얻고 인간의 의지가 신성하게 되는 것으로서 이해한다. 여기에서 은총은 '자연'이라는 이름 아래 나타나는 인간의 자연적 힘에 대립된다.

(43) 다음과 같은 예들을 들 수 있을 것이다. 거듭난[140] 인간이 신의 개입에 의해 계시된 진리, 하지만 이성적 증거에는 부합되지 않는 진리에 동의하는 것. 그리스도에 대한 신성한 믿음. 신학적 덕. 신을 흡족케 하는 선한 일 등등.

(44) 신의 계시에 일치하는 것은 진리에도 전적으로 일치한다. 그리하여 성서와 일치하는 은총에 대한 신학자들의 가르침은 진리에 속한다. 하지만 성서에 위배되는 것을 가르치는 자는 진리의 길에서 벗어난 것이다. 신의 은총을 입은 사람이 자연의 힘을 넘어서는 것을

---

138 Ludwig Phillip Thümmig, 위의 책, p. 116 이하. 후에 볼프는 자신의 경험적 심리학을 저술하였다. *Psychologia empirica* (WW II, Bd. 5).

139 *Deutsche Politik* = WW I, Bd. 5, pp. 324-326, pp. 466-470, §367, 439.

140 거듭남(Wiedergeburt)은 경건주의의 중심개념이다. 이에 대해서는 Martin Schmidt, *Speners Wiedergeburtslehre*(1951), In: Martin Greschat(Hrsg.), *Zur neueren Pietismusforschung*(Wege der Forschung, Bd. 440), Darmstadt 1977, pp. 9-33.

이룰 수 있다는 것은 신의 계시에 일치하며, 거듭난 사람의 행위는 이를 입증해준다. 이러한 주장이 진리와 일치한다는 것을 부정할 사람이 누가 있겠는가?

(46) 도덕의 원칙이 인간의 자연적 본성에 일치한다는 나의 주장은 이성에 부합되며, 따라서 진리에 어긋나는 것이 아니다. 이성과 계시 사이에는 아무런 모순도 존재하지 않는다. 왜냐하면 이성의 빛을 통해 드러난 것이건 아니면 신의 계시를 통해 드러난 것이건 간에 모든 진리는 신으로부터 나온 것이기 때문이다. 이는 이성이 신앙과 일치한다는 것을 설명한 모든 사람들이 이미 완벽하게 제시했던 것이다.

(47) 영혼은 지성을 지니고 있으므로 밝혀질 수 있다. 영혼은 의지를 지니고 있으므로 신성하게 될 수 있다. 이러한 능력을 지니지 못한 존재자는 결코 신의 은총을 받을 수 없다. 이러한 존재자는 이성을 지니지 못한 피조물이다. 이들에게는 은총의 제국에 자리가 마련되어 있지 않다.

(48) "영혼은 은총을 받아들인다"는 말을 나는 그 무엇보다 강조하고자 한다. 이는 이 말을 듣는 자가 내게 죄를 뒤집어씌우지 못하게 하기 위함이다. 영혼의 활동을 인정한 신앙고백을 했다고 해서 나는 펠라기우스파[141]라는 지탄을 받았다.

---

141 펠라기우스파(Pelagianismum, Pelagianismus)는 인간은 자신의 노력으로 구원되는 것이지 하느님의 은총은 필요하지 않다고 주장한 펠라기우스(354년경-418년경)에게서 유래한 기독교 교리로서, 아우구스티누스는 이 교리를 반박하기 위해 설교와 저술을 시작했다. 아우구스티누스의 교리가 공인되면서 펠라기우스파의 교리는 이단으로 단죄되었다.

(49) 영혼이 은총을 받아들일 수 있는 보편적 근거를 나는 앞에서 이미 제시한 바 있다(주 47). 하지만 은총의 작용을 영혼의 능력과 비교하려면 특수한 근거를 명확히 밝혀야 한다. 영혼에 본질적으로 주어져 있는 능력과 은총의 능력 사이에는 모순이 존재한다. 그러한 능력을 지니고 있지 않은 피조물에게 그것이 어떻게 생겨날 수 있는가 하는 문제가 제기될 수 있는 것이다. 그리하여 비모순성을 추정해야 할 필요가 생기는데, 이는 스코투스가 말한 복종의 능력[142]에 귀속시키는 것이 매우 적절할 것이다. 하지만 이에 대한 명확한 설명은 너무도 범위가 넓은 것으로서, 영혼에서 일어나는 그러한 작용이 왜 불가능한 것이 아닌가 하는 근거를 영혼의 능력에 의거하여 제시하기 전에, 우선 종교적 개심의 전체 사역을 거기에서 일어나는 개별적 행위와 관련하여 고찰해야만 할 것이다.

(50) 지성이 신의 은총에 의거하여 보다 커다란 빛을 지니게 됨으로써 이성의 빛이 다가갈 수 없는 것을 인식하게 되는 것, 또 이성의 빛을 통해 신과 덕에 관해 명료하게 드러난 것을 더 올바르게 인식하게 되는 것은 지성에 모순되는 것이 아니다. 나중에 나는 이에 관한 개별적인 세세한 것들을 언급할 것이다. 마찬가지로 의지가 성령의 은총에 의해 신성하게 될 때, 자연의 힘에 의거해서는 전혀 혹

142 복종의 능력(potentia oboedentialis)에 대한 이론은 원래 토마스 아퀴나스에게 기원을 두고 있다. 이에 대해서는 Johann Auer, *Die Entwicklung der Gnadenlehre in der Hochscholastik*, Teil 2 (Freiburger thoelogische Studien H. 64), Freiburg 1951, p. 186 이하 참조. 토마스 아퀴나스에게 있어 이 개념은 신과 인간의 관계에 관한 것이었으나 13세기 말에 이르러 은총과 의지의 관계에 적용되기 시작했다. 스코투스(Johannes Duns Scotus, 1270-1308)가 이러한 개념 전개에 참여한 것에 관해서는 위의 책, p. 189, 주 60 참조.

은 거의 욕구할 수 없거나 꺼려할 수 없는 것을 욕구하고 꺼려할 수 있게 되는 것 또한 우리의 의지에 모순되는 것이 아니다. 이 주장에 대해서도 나중에 개별적인 세세한 것들을 열거할 것이다. 과거에 자연적 본성에 의거한 존경을 얻기 위해 노력하던 사람이 후에 그리스도의 가르침을 믿게 되어 자연이 은총에 의해 특별한 완성에 이르고 영혼의 힘도 보다 높은 단계로 고양되어, 결국 자연의 힘을 넘어서는 일이 은총의 힘에 의해 일어난다는 것을 자유의지에 따라 고백하지 않을 수 없는 사례가 있다는 것은 이 문제에 많은 빛을 던져준다. 중국의 예를 보라! 쿠플레는 「서론」 13쪽에서 다음과 같은 예를 전해주고 있다.[143] 중국의 지혜를 습득하고, 이를 통해 황제 다음 가는 높은 지위를 얻은 사람이 그리스도의 가르침을 받아들이게 되었다. 유럽의 이 새로운 가르침이 그에게 어떤 영향을 끼쳤는가라는 질문을 받고 그는 다음과 같이 대답했다. "이 가르침은 우리의 스승 공자와 우리 학자들의 철학에 결여되어 있는 것을 보완하여 완전하게 만들어주었다." 이성에 의거하여 인식하게 되고 그 후에는 철학에 결여된 것을 신학을 통해 확인하여 신학이 이러한 결여를 교정하는 방식을 제시하는 것을 철학이 가능한 한 최대의 노력과 최고의 주의를 기울여 전달하는 것이야말로 매우 유용한 일이라고 나는 전부터 생각해 왔다. 이를 통해 철학의 불완전성 및 불충분성과 신학의 우월성 및 필연성이 가장 분명하게 드러날 것이다.

(51) 내면의 도덕성, 자연의 빛의 힘에 의거하여 인식된 도덕성

---

143 Couplet, 서론, XIII.

때문에 자신의 행위를 자연의 법칙에 맞추는 능력을 나는 **철학적 덕**이라고 부른다. 하지만 철학적 덕은 덕의 가장 낮은 단계로, 이는 철학적 경건성과 신학적 덕에 의해 입증된다.

(52) 오로지 이성의 빛을 통해서만 알 수 있는 신의 속성과 신의 섭리에서 나온 동기의 힘에 의해 자신의 행동을 자연의 법칙에 맞추는 능력을 나는 **철학적 경건성**이라고 부른다. 이것이 철학적 덕과 결합되면 덕의 단계가 고양된다는 것을 나는 『도덕』 §673에서 제시한 바 있다.[144]

(53) 신의 개입에 의해 계시된 진리에서 나온 동기의 힘을 통해 자신의 행동을 자연의 법칙에 맞추는 능력을 나는 **신학적 덕** 혹은 **기독교적 덕**이라고 부른다. 우리가 신의 개입에 의해 계시된 진리에 바치는 동의는 자연의 사역이 아니라 은총의 사역이다(주 43). 따라서 우리가 이 진리를 우리 행위의 동기로 삼는다면, 이는 자연의 힘에 속하는 것이 아니라 은총의 힘에 귀속되어야 한다. 따라서 신학자들이 기독교의 덕을 성령의 도움에 힘입어 이루어지는 사역이라고 부르는 것은 정당하다. 인간은 성령의 도움 없이는 기독교의 덕을 얻고자 어떠한 노력도 할 수 없다. 계시의 진리에 속하는 것으로는 구원의 사역과 구원의 질서에 관련된 것 외에도 신과 신의 속성 및 창조와 보존에 관한 인식이나 더 나아가 자연적 본성에 의거한 부끄러움과 진실함에 관한 인식처럼 자연의 빛을 통해 인식되는 다른 것들도 있다는 것을 지적해두고자 한다. 신학자들은 이것을 '혼합된 진리'라

---

144 Deutsche Ethik = WW I, Bd. 4, p. 463, §673.

고 부르는데, '혼합된 신앙'이라고 부르는 것을 더 선호하는 사람도 있다. 이렇게 부르는 이유는 이것이 이성의 빛을 통해서도 인식되고, 계시의 빛을 통해서도 인식되기 때문이다. 신의 은총에 의해 거듭난 기독교인이 신에 대한 믿음을 통해 통찰한 것을, 기독교 공동체 외부에서 살아가는 인간이 자연의 빛을 통해 통찰하는 것도 참되다고 인정하는 경우에도, 여기에서 비록 그 동기는 같다고 할지라도 이 둘 사이에는 커다란 차이가 존재한다. 요컨대 은총에 힘입은 동의는 자연의 빛이 지닌 힘에 의해 강요된 동의보다 더 강력하다. 더 강력한 동의는 더 강력한 동기를 초래하고, 더 강력한 동기는 더 강력한 의도를 초래하여 이로부터 쉽게 이탈할 수 없게 만든다. 예를 들어 어떤 사람이 신에 대한 믿음을 통해 주벽은 무분별한 인생행로로 우리를 몰고 간다는 사도의 가르침[145]이 옳다고 생각하게 되었다면, 그는 이 죄악에 내적 수치심을 느끼게 되어 어떤 특수한 경우에도 예외를 인정하지 않을 것이다. 왜냐하면 그는 어떤 특수한 경우에 예외가 인정된다면 신의 개입을 통해 통찰을 얻은 사람이 그렇게 보편적인 말을 했을 리가 없다고 굳게 확신할 것이기 때문이다. 하지만 자연의 빛에 의해 같은 인식에 도달한 사람은 특수한 상황을 고려하여 어떤 경우에는 질서 있는 인생행로에 방해가 되는 결과가 초래되지 않거나 아니면 그가 이런 사태를 미연에 방지할 수 있다고 매우 쉽사리

---

145 사도 바울이 에베소서 5장 18절에서 한 말을 가리킨다. "술 취하지 말라 이는 방탕한 것이니 오직 성령으로 충만함을 받으라." 볼프도 여러 곳에서 주벽의 악덕에 대해 언급하였다. Deutsche Ethik = WW I, Bd. 4, p. 7, §5 그리고 Deutsche Politik = WW I, Bd. 5, p. 374 이하, §387. 또한 Anmerkungen zur deutschen Metaphysik = WW I, Bd. 3, p. 225, §137.

스스로를 설복할 수 있다. 그리하여 철학적 덕을—혹은 신학자들이 말하듯이 시민적 정의를[146]—추구함으로써 자연의 힘만 갖춘 사람은 이 악덕에 쉽게 굴복한다. 이와 달리 은총의 힘에 의지하는 사람은 그 동기 자체는 행동에 대한 내적 수치심에서 나왔다는 점에서 동일하다고 할지라도 이 악덕에 더 강력하게 저항한다. 철학적 경건성과 신학적 혹은 기독교적 경건성 사이에도 이러한 차이가 나타난다. 여기에서도 동기는 자연의 왕국에 내재하는 신의 속성 및 신의 섭리의 작용에서 나온 것이라는 점에서 같은 것일 수 있지만 앞에서 언급한 동의 방식의 차이로 인해 그 강도는 동일하지 않다. 그런 이유로 철학적 경건성이 철학적 덕과 최고로 결합되어 있다고 할지라도 거듭난 기독교인의 덕과 기독교 공동체 외부에 사는 사람 혹은 그 안에서 살더라도 은총의 힘을 충분히 강하게 받지 못한 사람의 덕은 결코 동일하지 않다. 심지어 참된 기독교인이 자연종교만 지니고 있는 다른 어떤 사람과 같은 동기에서 그렇게 행동한다고 가정할지라도 (실제로 이런 경우는 존재하지 않지만) 이 둘 사이에는 커다란, 실로 지극히 커다란 차이가 존재한다. 은총에 힘입은 동의는 자연의 사역이 아니라 은총의 사역이므로 자연종교만 지니고 있기 때문에 외적 행동만 자연의 법칙에 따르는 사람과 거듭난 사람의 동기가 동일하다고 가정할지라도 거듭난 사람의 행동은 자연의 사역이 아니라 성령을 통해 이루어진 행동이다. 분명한 것은 거듭난 사람이 행동의 객관적 도

---

146 예를 들어 루터교회의 신앙고백서에도 이것이 포함되어 있다. *Die Bekenntnisschriften der evangelische-lutherischen Kirche*, Göttingen 1970(초판 1930), p. 149 37행.

덕성과 자연의 왕국에 내재하는 신의 섭리에서 나온 동기만을 사용한다는 것은 불가능하다는 것이다. 거듭난 사람은 성령의 사역에서 나온 것과 은총의 왕국의 섭리에서 나온 것을 부단히 서로 결합함으로써 그의 선한 사역이 그리스도에 대한 신앙에 의거하여 이루어지도록 한다. 이 점에서 기독교적 덕은 철학적 덕과 커다란 차이를 지닌다. 이 두 경우에 나타나는 외적 행동이 동일하고, 결과적으로 신의 법칙과 동일한 것으로 나타난다고 할지라도 인간의 행동에는 외적이고 육체적인 운동뿐만 아니라 정신의 내적 운동도 들어 있기 때문에 정신의 내적 행동의 근거와 더 나아가 정신의 내적 상태 전체의 근거를 고려하면 외견상 같아 보이는 이 둘 사이에는 측정 불가능한 차이가 나타난다. 내가 지금까지 지극히 명백하게 서술한 것을 정신의 적절한 척도에 따라 평가할 수 있는 사람이라면 은총과 선한 사역에 대한 신학자들의 가르침이 나의 주장과 전혀 대립하지 않는다는 것을 알 수 있을 것이다. 오히려 그는 이 둘이 일치한다는 것을 통찰할 것이며 그리하여 내가 앞에서(주 43) 암시한 것을 더욱 명료하게 인식할 것이다. 이에 대해서는 충분히 명료하게 서술할 기회가 또 있을 것이다. 철학적 덕과 기독교적 덕 사이의 차이에 대해 내가 논의한 것은 그 제1명제에서 도출된 『도덕』에서 찾아볼 수 있다.[147]

(54) 고대 중국인들이 무신론자였는지, 아니면 이들이 신에 대해 어떤 지식을 지니고 있었는지를 놓고 예수회와 도미니크회 선교사들 사이에 일대 논쟁[148]이 벌어졌다. 예수회 선교사들은 무신론자라

---

147 Deutsche Ethik = WW I, Bd. 4, p. 464 이하, §676.

148 이른바 의례논쟁(儀禮論爭, Controversia de ritibus)을 가리킨다. 이하에서 볼프가 주

고 하는 낙인을 고대 중국인들에게서 벗겨내려 했다. 예컨대 쿠플레는 「서론」 2장 54쪽 이하에서[149] 중국인들은 시초부터 진정한 신에 대한 지식과 경배를 알고 있었으며 여러 세기에 걸쳐 이런 상태를 유지했던 것으로 보인다고 열성을 다해 설명하고 있다. 이 시기에 저술된 고대의 문헌들을 해설한 중국의 해석자들 자신은 이에 반대되는 주장을 펴고 있는데, 그럼에도 불구하고 쿠플레는 중국 선교의 선구자 리치의 예를 따르고 있으며 그가 보기에는 지금의 시대나 후세기의 해석자들이 이 문헌들을 제대로 이해하지 못할 것이므로 이들의 주장에 귀 기울일 필요가 없다고 말하고 있다. 쿠플레의 주장에 따르

요 쟁점을 설명하고 있지만, 이 책과 관련하여 매우 중요한 문제인 만큼 볼프의 주를 보완하기 위해 전체 과정을 요약해두고자 한다. 의례논쟁은 중국의 유교의례가 세속적인 관습인가 종교적인 제의인가를 둘러싸고 선교사들 사이에서 벌어진 논쟁으로서 17세기에서 18세기 중엽까지 거의 한 세기에 걸쳐 벌어졌다. 16세기 말 중국에서 처음 선교를 시작한 마테오 리치를 비롯한 예수회 선교사들은 조상숭배와 공자숭배 등 중국의례를 중국문화 전통에 속한 세속적 의식(儀式)으로 파악하고 이를 허용했으나, 예수회보다 늦게 중국 선교에 뛰어든 도미니크회와 프란시스코회 선교사들은 예수회의 적응주의 선교에 반대하여 1643년 도미니크회 신부 모랄레스(Morales)가 의례와 관련된 17개항의 문제를 교황청에 제기하면서 의례논쟁이 본격적으로 시작되었다. 1645년 인노첸시오 9세가 중국의례를 금지한다는 훈령을 내리자, 예수회에서는 1651년 마르티노 마르티니를 교황청에 파견하여 1656년 알렉산더 7세로부터 중국의례를 허용한다는 허락을 받아냈다. 그 후 볼프가 아래에서 언급하고 있듯이 메그로가 1693년 자신의 관할 하에 있는 사제들에게 공자와 조상에게 드리는 제사를 금하고, 기독교 신의 명칭으로서 천주(天主) 외에 천(天)이나 상제(上帝) 등 다른 용어를 사용하면 안 된다는 명령을 내리고, 이 문제에 대한 결정을 내려줄 것을 교황청에 요청하여 의례논쟁에 다시 불을 붙였다. 오랜 연구와 검토 끝에 교황 클레멘스 11세가 1715년 3월 19일 칙서를 통해 문제가 제기된 의례를 금지한다는 칙령을 발표하고, 1742년 베네딕토 14세가 이를 재천명하는 최종 칙서를 발표함으로써 중국의례에 관한 논쟁은 예수회의 패배로 일단락되었다.

149 Couplet, 서론, LXXIV, LXXVII, LIV, XCI, CXII.

면 '하늘'을 의미하는 중국어 '천(天)'은 물질적인 하늘을 의미하는 것이 아니라 하늘의 창조주인 신을 뜻하는 것이라고 한다.[150] 그리하여 예수회 신부들은 그들이 세운 신성한 신전 앞쪽에 현판을 달고 여기에 '경천(敬天)'이라는 말을 써 붙였는데—이는 중국의 관행에 따른 중국인들에게 어울리는 글이다—이 말의 의미는 '하늘을 경배하라' 내지는 '하늘에 기도하라'라는 것이라고 한다. 1675년 7월 12일에 황제가 몸소 북경에 있는 예수회 교회를 방문하였을 때 직접 붓을 들어 '경천'이라는 두 글자를 굵은 글씨로 써주었다. 요컨대 고대 중국인들의 견해에 따르면 이 말이 '하늘의 주인을 경배하라'라는 의미를 지니고 있다고 이들은 강력히 주장하고 있다. 도미니크회와 프란시스코회 선교사들은 이에 반대되는 의견을 주장하고 있다. 이들의 주장에 따르면 중국인들이 이로부터 이끌어낸 결론은 기독교인들이 중국의 황제 및 학자들과 함께 물질적인 하늘을 경배한다는 것이라고 한다. 주교 메그로[151]가 예수회 신부들의 교회에서 저 현판을 떼어내야 한다고 강력하게 주장함으로써 금세기 초 복건성에서 일어난 소동의 발단이 된 서한[152]은 1702년 암스테르담에서 간행된 〈주르날 드 트

---

150 Couplet, 서론, XCI.

151 메그로(Charles Maigrot, 1652-1730)는 프랑스 파리 출신으로 파리 외방전교회를 거쳐 중국으로 건너가 복건성(福建省)을 중심으로 중국에서 선교활동을 하였다. 위의 주에서 언급했듯이 메그로는 외방전교회 중국 총감독이자 복건성 관구 책임자로서 중국의례를 금하고, 교황청에 의례와 관련된 문제를 제기하여 의례논쟁과 관련된 인물로 역사에 남게 되었다.

152 1693년 3월 26일 자의 이 교서는 이후 의례논쟁을 다루는 모든 글에서 언급되는 텍스트가 되었다. 이 교서는 다음 저서에 인쇄되어 있다. René Etiemble (Hrsg.), *Les Jésuites en Chine (1552-1773). La Querelle des Rites*, Paris 1966, pp. 103-106.

레부〉 별책 1권 3쪽 이하에서 찾아볼 수 있다.[153] 중국 연대기에 의거하여 확인할 수 있는 사실로서 중국의 세 번째 황제 혹은 제국의 창건자인 복희씨와 순[154]을 승계한 첫 황제라고 하는 황제(黃帝)가 상제(上帝)를 위해 궁전 혹은 신전을 지었다고 한다.[155] 여기에서 '제'는 '황제', '통치자', '주(主)'를 의미하여 오늘날에도 중국인들이 자신들의 황제를 이 칭호로 부르고, '상'은 '가장 높은 자'를 의미하므로 마테오 리치는 '상제'를 '가장 높은 황제이자 하늘의 주', 즉 참된 신으로 이해할 수 있다고 확신하였고, 이에 따라 그는 황제(黃帝)가 참된 신인 가장 높은 창조주이자 만물의 통치자를 경배하기 위해 신전을 지었다는 견해를 주장하였다. 고백하건대 나는 강연문을 집필할 당시 쿠플레의 서론을 읽어보기는커녕 접하지도 못했었다. 중국 문헌 중에서 내가 손에 넣은 것은 노엘이 라틴어로 번역한 『중화제국의 육경』뿐이었다. 이 책 안에는 신과 신의 속성에 대한 언급이 전혀 없었고, 거기에는 공자나 다른 어떤 해석자도 사랑, 경외, 신앙 같은 신에 대한 의무를 명백하게 요구하지 않고 있기 때문에 나는 고대 중국인들이 세계의 창조주를 알지 못했다고 추론했다. 이를테면 공자는 우리가 자연의 법칙이라고 부르는 것을 하늘의 법칙이라고 표현했지만 바로 그런 이유로 나는 이로부터 '하늘'이 신, 즉 하늘의 주님

153 메그로의 교서가 들어 있다고 하는 〈주르날 드 트레부〉 별책에 대해 볼프가 매우 상세하게 출전을 언급하고 있음에도 불구하고 이 별책은 발견되지 않고 있다고 알브레히트는 보고하고 있다.

154 볼프의 주에는 순임금을 가리키는 라틴어 중국이름 'Xun'으로 표기되어 있는데, 이는 볼프의 착오로 신농씨를 잘못 표기한 것이다. 쿠플레는 「편년사」의 서문을 복희씨와 신농씨에 대한 서술로 끝맺고 있다. Couplet, 편년사, XX 참조.

155 Couplet, 서론, LXXVII 이하. Couplet, 편년사, p. 1 참조.

으로 이해될 수 있다는 추론을 하지 않았다. 왜냐하면 이러한 표현에 다른 이유가 있을 수 있다는 것이 분명하기 때문이다. 요컨대 우리가 자연법칙이라고 부르는 것은, 그것이 신에 의해 유발된 것이 아니라 (키케로의 글에서 찾아 볼 수 있듯이[156]) 그것이 사물의 자연적 본성에 의해 확정된 것이기 때문이듯이 중국인들도 이것을 하늘의 법칙이라고 부를 수 있었을 것이다. 중국인들도 이 법칙이 사물의 자연적 본성에 의해 확정된 것이라는 사실을 알고 있었으며 이 법칙을 통해 이들은 자신들이 추구한 목표, 즉 하늘의 질서가 백성과 국가를 올바르게 다스리는 규준이 되어야 한다는 목표에(주 7) 도달했기 때문이다. 하늘이 알기를 원하지 않는 것을 행해서는 안 된다는 표현의 예에서 볼 수 있듯이 하늘이라는 표현에서 물질적 하늘에 귀속시킬 수 없는 몇 가지 경우가 있기는 하지만, 이것을 중국인들에게도 신의 개념과 참된 신에 대한 경배가 있었다는 충분한 증거라고 보기는 어렵다. 왜냐하면 이것은 수사학의 규칙에 따른 비유적 표현으로 파악될 수도 있기 때문이다. 고전의 해석자가 신이라는 단어를 사용하지 않았다는 사실이 내게는 매우 중요한 것으로 보였다. 그리하여 나는 중국인들이 '하늘'이라는 단어로 신을 의미한 것이 아니라고 추론하였다. 노엘이 충실한 번역을 위해 중국 문자에서 '천'으로 표기되는 '하늘'이라는 단어를 견지한 이유도 분명 여기에 있을 것이다. 하지만 고대 중

---

156 Cicero, *De legibus* I 28. 자연법칙이 신에 의해 유발된 것이 아니라 사물의 자연적 본성에 의해 확정된 것이라는 제한은 물론 키케로가 아니라 그로티우스에게로 소급된다. 키케로에게는 신과 자연이 대립적인 개념이 아니었다. 이에 대해서는 Johann Sauter, *Die philosophischen Grundlage des Naturrechts*, Göttingen 1962, pp. 127-129 참조.

국인들은 세계의 창조주를 알지 못했으므로 이들에게는 자연종교가 없다고 내가 진술하게 된 가장 중요한 이유는 모든 사람이 배워야 하는 책이라고 언급되어 있는 고전들에도 신에 대한 의무가 언급되어 있지 않고 현세적 생활의 관습과 관련된 의무만 열거되어 있기 때문이다. 지금도 나는 이러한 입장에서 벗어나야 할 이유를 알지 못하겠다. 자연종교는 진정한 신에 대한 경배에서 나오는 것이며, 이러한 신은 이성의 빛을 통해 인식될 수 있는 그 속성과 사역에서 도출된다. 신에 대한 인식의 증거가 없는 곳, 신에 대한 믿음과 결합된 외경과 공경과 기도가 행해지지 않는 곳에는 자연종교가 있을 수 없다. 가르침 전체가 담겨 있고, 이 가르침에 따라 중국의 윤리가 형성된 중국의 모든 고전들을 연구해도 그곳에서 신에 대한 인식, 사랑과 경외와 공경, 신에 대한 기도, 신을 향한 신앙을 결코 찾을 수 없을 것이다. 이러한 의무의 흔적은 공자가 완전성의 최상의 규준에 대해 가르친 『대학』[157]에도 나오지 않고, 공자의 의미에서 어린이를 교육하는데 적합한 것들을 전하고 있는 『소학』[158]에도 들어 있지 않다. 하지만 이러한 의무를 소홀히 한 이유가 세계의 창조주에 대한 무지 때문이 아니라 다른 데 그 이유가 있다면 어떨까! 공자는 정의와 덕을 추구함에 있어 의지를 제어하기에 적합한 동기를 찾기 위해 할 수 있는 모든 것을 다했으며, 이 점에 있어 그는 결코 만족을 모르는 사람이었다. 내가 묻고 싶은 것은, 그렇다면 공자는 그것을 분명히 인식하게 되면 그 즉시 가장 커다란 영향력을 지닌 동기를 제공하는 신의 속성

157 노엘이 번역한 중국 고전 제1권을 가리킨다.

158 노엘이 번역한 중국 고전 제6권을 가리킨다.

과 사역에 대해 도대체 왜 거리를 두었는가 하는 것이다. 하지만 나는 중국인들이나 공자가 무신론자가 아니었다는 것을 인정한다. 요컨대 무신론자란 신의 존재를 부정하는 자를 말한다. 신이 무엇인지 알지 못하는 자는 신을 부정할 수 없다. 신과 관련하여 아무것도 분명히 알지 못하는 자는 그저 신에 대한 무지상태에 놓여있을 뿐이다. 나는 중국인들이나 공자가 이 세상에 그 어떤 창조주가 있다는 것을 알고 있었다고 믿어 의심치 않는다. 하지만 나는 그들이 분명 신의 속성을 알지 못했다고 생각한다. 즉, 그들은 신에 대한 혼란된 개념만 가지고 있었을 뿐, 명증한 개념은 전혀 갖고 있지 못했다. 자연종교에는 신에 대한 명증한 개념이 요구된다. 신의 속성과 사역이 신에 대한 경배를 수행하는 행위의 동기를 제공하기 때문이다. 하지만 세계의 창조주의 속성이 무엇인지 알지 못하는 곳에서는 그러한 속성이 동기가 되는 행동은 결여될 수밖에 없다. 중국인들과 마찬가지로 이교도들도 누가 참된 신인지 알지 못한다. 부끄러운 오류로 인해 이들은 최상의 방식으로 완전한 존재를 타락한 불완전성에 굴복한 우상으로 바꿔놓는다. 중국인들과 마찬가지로 이들도 신에 대한 자연스러운 숭배를 알지 못하고 오류로 인해 이를 미신숭배로 바꿔놓는다. 이와 달리 중국인들은 서기 65년에 인도인들이 이것을 중국에 전하기 전까지는 우상도 알지 못했고 우상에 대한 미신숭배도 알지 못했다. 따라서 중국인들은 다른 민족들보다 죄를 더 적게 범했다. 왜냐하면 이들은 신에 대한 무지로 인해 신에 대한 경배를 하지 않았을 뿐인 데 반해, 다른 민족들은 신을 부적절한 방식으로 경배하거나 심지어 신께 드려야 할 경배를 우상에게 바쳤기 때문이다. 어떤 것을 행하지 않는 죄와 어떤 것을 행하는 죄를 함께 저지른 자가 단지 어떤 것을 행하지 않는 죄만 범한 자보다 더 죄가 많다는 것은 그 누구도 부인하지 못할 것이다. 최상의 방식으로 완전한 존재인 신이 존재한다는 것을 부정하는 자와 세계의 창조주인 신의 속성이 무엇인지 알지 못하는 자 사이의 차이를 고려한다면 이 차이에 대해서는 예수회나 도미니크회와 프란시스코회 선교사들도 그리 어렵지 않게 의견일치를 볼 수 있을 것이다. 내가 보기에 이들은 사실 자체보다 자신들이 사용하는 말에서 의견이 불일치하는 것 같다. 자연의 빛에 힘입어 자연의 사역을 주의 깊게 고찰할 때만 신의 속성을 명료하게 인식할 수 있다는 것, 하지만 자연의 사건들에 대한 확실한 인식이 불가능하다고 여겼던 고대 중국인들에게는 이런 인식이 낯선 것이었다는 사실을 차분히 숙고한 사람이라면 내가 이 문제에 대해 이야기한 것에 주의를 기울이는 것을 무가치하다고 여기지는 않을 것이다.

(55) 중국인들에게는 자연의 힘만이 계명이었다는 것은 자명한 사실이다. 이들이 자연종교나 참된 신에 대한 숭배에 이르지 못했던 것은 이들이 이를 알지 못했기 때문이다. 하지만 이들이 지닌 자연적 힘은 잘못된 종교로 인한 해를 초래하지 않았다. 이들에게는 우상에 대한 미신숭배가 없었기 때문이다. 신의 형상을 닮은 유산인 자연의 힘을 손상되지 않은 채로 보존하고 있는 민족은 중국인 외에는 없다. 신학자들의 견해에 따르면 시민적 정의는 자연의 힘의 소산이라고 하는데, 이것이 과연 어떤 모습인가를 분명히 알고자 하는 자는 고대 중국인들의 말과 행위에 대해 숙고해 보기 바란다. 이 말과 행위의 핵심은 중국 고전에 보존되어 있다. 스스로를 기독교도라고 칭하는 대부분의 사람들이 기독교의 덕과는 멀리 동떨어져 있는 이 시대에 중국인의 철학이 우리에게 전해졌다는 것이야말로 진실로 신의

섭리 덕분이라고 나는 생각한다. 가장 하위의 불완전한 덕의 단계, 객관적 도덕성이나 인간 행동의 내적 진실함이나 수치스러움의 인식에 의거한 덕의 단계가 어떤 것인지에 대해 공자의 말과 행동을 통해 이해하게 된 사람이라면 그 사람은 이익을 탐하거나 명예욕에 빠져 그리스도의 가르침에 역행하는 거짓된 경건성을 겉치레로 내세우는 그런 사람들에게 기만당하지 않을 것이다. 공자는 기독교적 도덕의 높은 단계를 알지 못했지만 그러한 거짓된 행동을 거부할 줄 알았다(주 53).

(56) 「서론」 69쪽에서[159] 쿠플레는 중국인들이 처음 2천 년 동안 다른 민족들과 아무런 교류도 하지 않았다는 것을 상세하게 논증하고 있다. 따라서 이들의 모든 제도는 스스로 만들어낸 것이다. 이들의 제도는 오늘날까지도 이들의 윤리, 외모, 학문 등에 있어 다른 민족들의 그것과 완전히 상이하다. 이 모든 것을 창안하고 윤리를 만들어내기 위해서는 죄를 지은 후에도 남겨진 이성의 빛이 존재해야만 한다.

(57) 철학적 덕을 위하여(주 51) — 혹은 신학자들이 이 표현을 더 선호한다면 — 시민적 정의를 위하여 중국인들은 가능한 한 자연의 힘을 사용했다. 중국인들은 이 힘을 가장 성공적으로 사용했던 반면에 이 힘을 가능한 만큼 사용하지 않은 민족들은 이 힘을 그리 성공적으로 사용하지 못했다. 이러한 힘을 넘어선 어떤 것을 중국인들에게 요구하는 것은 부적절한 일이다. 자연의 힘을 넘어서는 어떤 것을 중국인들에게 적용하려는 사람은 철학적 덕과 철학적 경건성과 기독교적 덕 사이의 차이에 무지하다는 것을 드러내 보여줄 뿐이다.

---

159 Couplet, 서론, LXIX 이하.

(58) 『대학』에서 윤리학에 보편적 규칙을 부여하려 한 공자는 지성이 가능한 한 완성에 이르도록 이성을 수양하는 일에 가장 많은 노력을 기울일 것을 요구했다. 공자는 모든 것에는 그 이유가 있음을 알고 있었다(『중국 학문』 2권 46쪽).[160] 그는 사람들이 모든 사물의 근거를 알기 위해 노력할 것을 요구했다. 이를 안 후에는 태도를 바로 하여 모든 거짓에서 벗어나게 하고, 태도를 바로 한 후에는 모든 행동이 이성과 완전히 일치하도록 욕구를 제어해야 한다고 그는 가르쳤다(『대학』, 『중국 학문』 1권 1쪽 이하).[161]

(59) 중국인들은 지극히 상이한 것을 뒤섞어놓고 혼동하는 사람들에 의해 비난을 받고 있다. 죄를 지은 사람이 기독교도로 개심하는 방법은 이성의 빛에 의거하여 덕을 추구하는 사람의 방법과 다르다. 기독교도로 개심한 사람은 자연의 타락상과 자연의 힘의 결합을 알게 됨으로써 구세주가 필요하다는 것을 인식하고 은총을 구한다. 하지만 자연의 힘만 지닌 사람은 이 힘이 어떤 속성을 지니고 있고, 이것을 어떤 방식으로 사용해야 하는가에 대해 배워야 한다. 이러한 능력을 지니고 있는 사람은 이 힘을 사용함으로써 이성이 그에게 요구하고 그가 추구하는 만큼의 완전성에 도달할 수 없다는 사실을 스스로 깨닫게 된다. 공자는 자기 자신에 대해 고백하기를 (『중국 학문』 2권 48쪽),[162] 그가 완전한 인간의 표상을 머릿속에 그려보고 이를 다른 사람에게도 가르쳤지만 그 자신은 이를 모방하는 데 머물렀기 때

---

160 Couplet, 중용, p. 46.

161 쿠플레의 『중국 학문』 1권이 『대학』이다. 볼프는 그의 주에서 이것을 병기하여 표시하고 있다.

162 Couplet, 중용, p. 48. 이것을 볼프는 주 66에서 자세히 인용하고 있다.

문에 이에 도달하지 못했다고 한다. 인간의 종교적 개심을 윤리적 실천과 동일시하는 것은 잘못된 일이다. 선한 사역을 추구하는 기독교도 자신도 개심을 통해 얻은 은총의 힘이 어떤 속성을 지니고 있는지, 선한 사역을 완수하기 위해서는 이 힘을 어떻게 사용해야 하는지에 대해 배워야만 한다. 바이어에 따르면 바로 여기에 도덕신학의 실천이 있다(바이어의 『도덕신학 개요』[163] 참조)고 한다.

(60) 중국인들은 개심의 사역을 알지 못하기 때문에 영혼의 병을 치유함에 있어 악덕을 삼가는 것 외에 다른 목적을 생각하지 못한다. 하지만 악덕을 삼가기 위해 이를 명료하게 인식할 필요는 없다. 이에 대립되는 덕을 명료하게 인식하고 욕구를 바로잡음으로써 이성에 적합하지 않은 것을 기꺼워하지 않는 것만으로도 충분하다. 하지만 어떤 사람이 스스로 빠져든 악덕에서 벗어나려 한다면, 이는 사정이 다르다. 이 경우 그는 악덕의 수치스러움을 인식해야만 한다. 이러한 인식의 바탕에 놓여있는 것을 그에게 알려줄 수 있는 것은 그 자신의 경험이다. 하지만 이런 경우에도 악덕의 수치스러움보다는 이에 대립되는 덕의 훌륭함이 대개 더 많은 효과를 가져다준다는 것은 진리에 어긋나지 않는다. 악덕에 빠져든 사람이 이에 대립되는 덕을 향한 사랑을 통해 악덕에서 벗어나는 것이 가능하다면, 이런 경우가 악덕의 수치스러움이 혐오를 느끼게 하는 경우보다 악덕을 삼가려는 마음가짐을 더 강화할 것이다. 그러한 혐오감은 수치스러운 행동에서 누리는 즐거움에 의해 쉽게 완화되기 마련이다.

163 Johann Wilhelm Baier, *Compendium Theologiae Moralis Officia hominis christiani* (···) *exhibens*, Jena 1697.

(61) 건강은 육체에 자연스러운 것이지만 수양을 통한 성숙이라고 할 수 있는 덕은 결코 그렇지 않다. 이로 인해 이 분야와 관련된 육체에서 나온 비유가 절름거리게 되고 그로부터 도출되는 결론이 불확실하게 된다. 비유를 사용함에 있어 이를 통해 확인되는 세 번째 단계를 넘어 그 사용을 확장함으로써 우리가 진리에서 벗어나거나 언어를 부주의하고 무분별하게 사용하는 일이 없도록 하기 위해서는 도덕의 진리를 그에 고유한 개념들로 고찰하는 것이 더 나을 것이다.

(62) 덕의 추구를 통해 사람들을 악덕에서 벗어나도록 하는 일은 많은 이득을 가져다준다. 왜냐하면 이를 통해 사람들은 악덕을 인식하지 못하고도 이에서 멀어지게 되고, 그 결과 이들은 자신들이 스스로 악덕과 결별했다고 생각하기 때문이다. 사랑을 통해 덕으로 인도된 사람은 악덕을 꺼리게 된다. 사랑으로부터 유래하기 때문에 우리가 어린아이의 감정이라고 부르는 신에 대한 외경이 악덕을 극복하는 데 효과적인 이유가 여기에 있다. 이러한 방법을 실천하려는 사람은 여러 덕 사이에 존재하는 친화성을 알아야만 한다. 다시 말해 덕과 악덕의 상호 의존관계를 보여주기 위해 입증된 방법을 통해 도덕철학을 실행하는 일은 유익한 결과를 가져다준다. 이는 내가 이 텍스트를 완성하기 위해 노력을 기울이는 이유 중 하나이기도 하다.

(63) 선한 행동을 알지 못하는 사람은 선한 행동을 알고 있었다면 그가 완수할 수 있는 것을 행하지 않는다. 공자는 신에 대한 — 내가 이런 이름으로 부르고 있는(주 52) — 철학적 경건성을 지니고 있지 않았다. 그 이유는 다른 모든 덕을 훨씬 뛰어넘는 이 덕을 알지 못했기 때문이다(위와 같은 곳). 하지만 그가 이러한 덕을 알고 있었다면 이를 얻기 위해 노력했으리라는 것은 의심의 여지가 없다. 그는 덕을

얻기 위해 지치지 않고 노력했기 때문이다.

(64) 우리가 알지 못하는 것을 요구할 수는 없기 때문에 우리는 우리가 알지 못하는 악덕을 행할 수 없다.[164] 고대 역사가에 따르면 악덕에 대한 무지가 덕을 추구한 다른 민족들의 경우보다 더 많은 이득을 가져다주었다는 것이 몇몇 민족들에게서 확인된다. 알지 못하는 악덕을 행하지 않는 것이 우리가 알고 있는 악덕에 대립되는 진실한 행동을 하는 것보다 더 쉬운 일이기 때문이다. 따라서 어린이들에게 선한 윤리를 교육하려면 이들에게 잘못된 행동을 보이지 않도록 조심해야 한다.

(65) 증명을 엄밀하게 논증하는 능력을 지니고 있기 때문에 진리를 받아들임에 있어 선입견의 여지를 허용하지 않는 수학자들은 이에 대한 좋은 예라 할 수 있다. 이에 대립되는 예로서 선입견을 삼가는 방법에 대해 명령조로 규정하지만 실상은 부주의하게 선입견에 입각하여 판단을 내리는 사람들이 있다.

(66) 내가 말하고자 하는 것은 인간이 선한 행동을 수행하고 악한 행동을 삼가는 몇 가지 능력을 지니고 있다는 것, 하지만 이 능력은 자연법칙이 요구하는 모든 완전성에는 미치지 못한다는 것, 심지어 덕의 최하위 단계인(주 51) 철학적 덕에도 미치지 못한다는 것이다. 알려진 바로는 그 누구도 공자만큼 지칠 줄 모르고 철학적 덕을 얻기 위해 노력한 사람은 없다. 하지만 그는 스스로 고백하기를 (『중

---

164 오비디우스의 연애지침서 『사랑의 기교』에 들어 있는 말. Ovidius, *Ars amatoria* 3, p. 397.

국 학문』 2권 48쪽),[165] 자신이 나른 사람들에게 가르친 완전성에 그가 도달하지 못했다고 하였다. 그는 다음과 같이 말했다. "완전한 인간을 위한 네 가지 규칙이 있다. 하지만 나는 (그토록 노력했음에도 불구하고) 이 네 가지 중 단 하나도 지키지 못했다. 1. 내가 아들에게 원하는 대로 아버지에게 효도하는 것을 나는 아직 하지 못하고 있다. 2. 내가 내 아랫사람에게 원하는 만큼 군주에게 충성하는 것을 나는 아직 하지 못하고 있다. 3. 내가 동생에게 원하는 만큼 내 형을 존경하는 것을 나는 아직 하지 못하고 있다. 4. 내가 동료와 친구에게 원하는 만큼 이들에게 중요한 역할을 넘겨주고, 이들에게 마땅히 바쳐야 할 의무를 다하는 것을 나는 아직 하지 못하고 있다. 하지만 완전한 인간은 그의 행위를 통해 이러한 것을 아무런 가식 없이 지극히 습관적이고 일상적인 덕으로 행한다. 이러한 완전한 인간이 무언가 실수를 하여 의무를 다하지 않은 경우가 있다면, 그는 어떻게 해서라도 결국 이 의무를 다하는 것을 결코 마다하지 않는다. (……) 그는 자신을 엄격하게 평가하기 때문에 말과 행동이 일치하고 행동과 말이 일치하도록 하는 것을 중시한다. 나는 이런 사람을 (완전한 사람을) 모방하려 하며 그의 족적을 따라 그가 가는 길을 멀리서나마 따라가고자 한다." 여기에서 내가 부차적으로 주목하는 것은 공자가 완전한 인간에 대한 그의 생각을 그려 보임에 있어, 신에 대한 의무를 전혀 언급하지 않고 다른 사람들에 대한 의무만 언급하고 있다는 것이다. 이 의무야말로 다른 모든 의무의 수단이기 때문에 그 무엇보다 먼저 언급

165 Couplet, 중용, p. 48.

되어야 함에도 불구하고 말이다. 따라서 내가 앞에서 언급한 것은(주 54) 명백한 사실이다.

(67) 신학 개요를 읽는 초보자가 경험에 의거하여 배우고 있는 것에 대해 의문을 표시할 사람이 누가 있겠는가? 후터는 『신학 개요』 9장의 자유의지에 대한 질문 3에서 다음과 같이 말하고 있다.[166] "아담과 이브의 원죄 이후로 인간의 의지는 시민적 정의를 실현하고 이성에 따르는 것을 선택할 수 있는 자유를 갖게 되었다. 요컨대 인간의 의지는 나름의 방식으로 신에 대해 발언하고, 외적 행동을 통해 신을 공경한다는 것을 입증하며, 관청과 부모에게 복종할 수 있는 능력을 지니고 있다. 인간의 의지는 살인과 간통과 도둑질 등을 삼갈 수 있다. 인간의 본성에는 이성이라는 것이 남아 있고, 감각에 예속된 것들에 대한 판단력이 남아 있기 때문이다. 또한 이러한 감각적인 것들 중에서 그 어떤 방식으로 선택을 할 수 있고 시민적 정의를 실현할 수 있는 자유와 능력이 남아 있기 때문이다." 베히만은 주석(註釋) 258쪽에서 다음과 같이 말하고 있는데, 후터의 견해는 이로부터 유래한 것이다. "원죄 이후로 종교적 개심을 하지 않은 인간도 원죄 이후로 이것을 하거나 저것을 하고, 이것을 선택하거나 다른 것을 선택하는 행동의 자유와 자연의 힘을 갖게 되었다. 이는 인간의 이성에 따르는 것들, 다시 말해 성령의 특별한 은총이 아니라 자연의 빛에 의거하여 지성을 통해 인식될 수 있는 것들에 대해 말하고 있는 것이다. 이러한 대상으로는 자연적 대상, 즉 인생을 살아가기 위해 유용하

---

166 Leonhard Hutter, *Compendium locorum theologicorum*(1610), hrsg. von Wolfgang Trillhaas (Kleine Texte für Vorlesungen und Üungen 183), Berlin 1961, p. 37.

거나 필요한 것들 그리고 도덕적 대상, 예를 들어 십계명이 규정하고 있는 유덕한 행위가 있다. 거듭나지 않은 인간도 이런 대상들 및 다른 대상들에 대하여 선택하거나 선택하지 않을 자유, 이것을 선택하거나 다른 것을 선택할 자유를 가지고 있다."[167] 개혁교회의 저명한 신학자였던 프랑수아 투레티니가 『반론적 신학 입문』 1부 10장 자유의지에 대한 질문 4 §3 724쪽에서 서술하고 있는 것도 같은 맥락이다.[168] "원죄 이후로도 인간에게 저 외적 사역과 시민적 선과 관련된 몇 가지 능력이 남아 있다는 사실은 부인할 수 없다. 그리하여 신의 뜻이 함께 하고 신의 보편적 도움이 선행하면, 인간은 정의와 온유함을 실행할 수 있고 동정과 인인애(隣人愛)의 행위를 수행할 수 있으며, 도둑질과 살인을 삼갈 수 있고 덕을 실천할 수 있다."

(68) 얌블리코스[169]에 따르면 (『신비에 대하여』 1부 3장 4쪽 이하) 고대의 이집트인들은 이미 욕구의 법칙을 인식하고 있었다고 한다.[170] 이집트인들보다 더 오랜 역사를 지닌 중국인들도 이에 대해 잘 알고 있었

---

167 Friedemann Bechmann, *Annotationes uberiores in Compendium theologicum Leonhardi Hutteri*. Leipzig 1690, p. 258.

168 François Turrettini, *Institutio theologiae elencticae*. Bd. 1. Genf 1679, p. 724.

169 얌블리코스(Jamblichos, 240년경-330년경)는 시리아지역에서 태어나 활동하였던 그리스 철학자. 포르피리오스의 제자로서 신플라톤학파의 창시자 플로티노스의 유출설(流出說)에 입각한 사상을 전개했다. 그는 유출의 각 단계를 세밀히 구분하고, 이를 동방의 다신교와 결합한 신비적 가르침을 펼쳤다.

170 볼프는 토마스 게일(Thomas Gale)이 편찬하여 1668년 옥스퍼드에서 발행한 책을 인용하였다. 관련된 부분은 이 책 p. 4. 다른 판본으로는 Gustav Parthey, *Jamblichi De Mysteriis liber*, Berlin 1857 (Nachdruck Amsterdam 1965), p. 8이 있으며, 최근에 나온 이 책의 판본은 Henri Dominique Saffrey, Alain-Philippe Segonds (Hrsg.), *Jamblique: Réponse à Porphyre (De mysteriis). Les Belles Lettres*, Paris 2013, Emma C. Clarke u.a. (Hrsg.), *Iamblichus: De mysteriis*, Brill, Leiden 2004이다.

다. 이에 따라 중국인들은 선을 악으로부터 구분하고, 참된 것을 피상적인 것으로부터 구분하기 위해 이성을 교육하기 시작함으로써 의지를 더 선하게 만들려 했다. 『대학』, 『중국 학문』 1권 31쪽.[171]

(69) 나는 '쾌감'이라는 용어를 데카르트가 (서한 6, 1부, 나의 저서 13, 14쪽[172]) 부여한 의미, 즉 참된 것이건 거짓된 것이건 간에 완전성의 느낌이라는 의미로 받아들이고 있다. 이 의미가 언어용법과도 일치하고 생산적인 정의라는 것을 나는 다른 곳에서 (『형이상학』 §404 이하[173]) 보여준 바 있다. 이 개념이 생산적이라는 것은 특히 도덕에서 나타난다. 나의 저서 『인간 행동에 대한 도덕적 사상』[174]을 주의 깊게 통독한 사람은 이를 분명히 알 수 있을 것이다.

(70) 이는 철학적 덕뿐만 아니라—중국인들은 이것만 수양해 왔다—기독교적 덕에도 해당된다. 철학적 덕을 수양하는 것에만 노력을 기울인 사람은 행동의 진실함과 수치스러움만을 동기로 삼는다 (주 51). 이에 따라 그는 행동의 가치를 규정하려 할 때 이것이 필요하거나 만족을 가져다주는가, 이런 저런 가능한 전제조건을 따르는가에 대해서만 숙고한다. 하지만 기독교인은 더 멀리 내다보고 그리스

---

171 p. 31은 p. 13의 인쇄 오식으로 추정된다. Couplet, 대학, p. 13.

172 René Decartes, *Epistolae*, Teil 1, Amsterdam 1668, p. 13. 1645년 9월 1일 팔츠 선제후 부인 엘리자베트(Elisabeth, Pfalzgräfin bei Rhein)에게 보낸 편지. 프랑스 판본으로는 *Oeuvres de Decartes*, publiées par Charles Adam & Paul Tannery Bd. 4. Nouvelle présentation Paris 1972, p. 283 이하. 같은 편지의 같은 곳을 볼프는 그의 『독일 형이상학』에서도 인용하고 있다. Deutsche Metaphysik = WW I, Bd. 2, p. 247, § 404. 라이프니츠도 1715년 5월 18일 볼프에게 보낸 편지에서 다음과 같이 말하고 있다. "Voluptas porro est sensus perfectionis(쾌감은 감각의 완전성을 지향한다)."

173 *Deutsche Metaphysik* = WW I, Bd. 2, p. 247 이하, §404 이하.

174 *Deutsche Ethik* = WW I, Bd. 4, pp. 3-6, p. 11 이하, p. 29 이하, §2 이하,

도가 가르치고 그의 말을 따르던 사도들이 주의를 기울였던 내세의 삶을 고려한다. 자연의 빛이 지닌 힘을 통해 인간의 운명이 신의 섭리에 달려있다는 것을 인식할 수 있다는 사실을 나는 『형이상학』에서[175] 제시한 바 있다. 그리고 이로부터 도출된 결과로서 인간의 운명이 벌과 상으로 파악될 수 있으며, 다양한 방식으로 인간의 행동에 영향을 미칠 수 있음을 『도덕』에서[176] 제시하였다. 철학적 경건성이 철학적 덕에 부가된다면 우리는 미래를 내다보고 신의 인도에 따르는 운명을 고려하게 될 것이다. 하지만 이 경우 신에 대한 믿음은 기독교인보다 더 적을 것이다. 기독교인만이 의혹을 물리치고 신의 선함을 확신한다. 의혹을 없애주는 것은 자연종교가 아니라 계시종교이기 때문이다.

(71) 이로 인해 자연법칙이 인간의 마음에 새겨지고[177] 인간이 더 선한 것을 볼 수 있게 된다. 중국인들은 이 능력만 사용할 수 있었기 때문에 우리는 중국인들의 고전을 통해 이 능력이 얼마나 많은 것을 이룰 수 있는가를 배우게 된다.

(72) 내가 여기에서 말하고 있는 것은 우리의 정신과 육체의 내적 상태 및 외적 상태에 일어나는 변화에 대한 것이다. 외적 상태에 속하는 것으로는 부, 명예, 친구 등 행복의 자산들이 있고, 정신과 육

---

175 *Deutsche Metaphysik* = WW I, Bd. 2, p. 616 이하, p. 619, §999, 1003.

176 *Deutsche Ethik* = WW I, Bd. 4, p. 27 이하, §36 이하.

177 이는 사도 바울의 "마음에 새긴 율법"(로마서 2장 15절)이라는 표현과 연결된다. 사도 바울의 이 사상은 '글로 적히지 않은 법'이라고 하는 스토아사상의 영향을 보여주는 동시에 예레미야 31장 33절의 "내가 나의 법을 그들의 속에 두며 그들의 마음에 기록하여"라는 표현과 연결된다.

체의 외적 상태에 속하는 것으로는 정신과 육체의 자산들이 있다. 『도덕』에서[178] 내가 제시한 바 있듯이 자유로운 행동이란 필연적인 행동과 일치하는 것, 정신과 육체의 내적 상태와 외적 상태가 일치하는 것, 요컨대 행동이 지향하는 완전성이 생겨나는 것으로 정의되어야만 한다. 공자가 비록 이에 대한 명료한 인식을 얻지 못하고 이를 말로 표현하여 이것이 사람들에게 인식될 수 있게 하지는 못했을지라도 행동의 이러한 지향을 통찰했다는 것을 나는 확신한다.

(73) 나는 이성을 진리의 연관관계를 인식하는 능력으로 정의한다. 이성을 계발한 사람은 행동과 그 결과 사이의 연관관계를 인식함으로써 자신의 행동으로부터 초래되는 결과를 추론할 수 있고, 이로부터 다시금 이러한 결과가 어떤 행동으로부터 초래되었는가를 추론할 수 있다. 행동으로부터 어떤 결과가 생겨났는가를 인지하고 이것이 그로부터 생겨난 이유를 찾게 되면, 그리하여 항상 초래되는 결과와 특정한 조건 하에서만 초래되는 결과 사이의 차이를 구분하게 되면 이성은 경험의 뒷받침을 받게 된다. 그리하여 우리는 자신의 경우나 다른 사람의 경우에 의거하여 통찰을 얻게 된다. 인간의 이성이 항상 순수한 것이 아니라 대부분 경험과 결합되어 있다는 것을 나는 다른 곳에서 제시한 바 있다. 이성 자체만으로는 충분하지 않은 경우 이성 대신에 경험이 중시되는 것도 우리는 이성의 계발로 간주할 수 있다. 이는 공자의 예에도 해당된다. 공자는 자기 자신을 통해 실험을 하고 다른 사람의 경우에 주목함으로써 자신의 이성을 계발했다.

---

178 *Deutsche Ethik* = WW I, Bd. 4, p. 27 이하, §3.

(74) 실제로 느끼거나 미리 예상하여 감지되는 쾌감은 행동을 하도록 자극한다. 이와 달리 싫증이나 고통은 행동을 하지 않도록 만든다. 따라서 우리는 영혼을 쾌감으로 채워주는 것이나 싫증과 고통을 가져오는 것에서 동기를 얻는다. 요컨대 그에게 쾌감을 주는 것을 좋아하고 싫증과 고통을 가져오는 것을 싫어하는 것은 인간에게 매우 자연스러운 일이다.

(75) 『보편적 실천철학』 명제 23과[179] 그 후에 저술된 『인간의 행동에 대한 도덕적 사상』 §173 이하.[180]

(76) 주 73을 참조할 것.[181]

(77) 내가 여기에서 말하고 있는 것은 신학자들이 시민적 정의라고 부르는 철학적 덕에 대한 것이다(주 51).

(78) 「공자의 생애」 119쪽에서[182] 쿠플레는 우리의 철학자 공자가 덕의 외양에 불과한 것이 아니라 덕을 지니고 있었다는 것을 보여주려 하였다. 눈먼 검투사처럼 싸움을 벌이지 않기 위해서는 덕이라는 단어의 다의성을 벗겨내야 한다. 앞에서 이야기한 것으로부터 우선 도출되는 것은 여기에서 말하는 덕이 오로지 철학적 덕으로 이해되어야 하며, 신학적 혹은 기독교적 덕으로 이해되어서는 결코 안 된다는 것이다. 단순한 덕의 외양이란 외적 행동은 법칙과 일치하지만 내적 행동과는 일치하지 않는 경우를 가리킨다. 외적 행동이 내적 행

179 *Philosophia practica Universalis*, In: Meletemata = WW II, Bd. 35, Sect. II, p. 219 이하, Propositio 23.

180 *Deutsche Ethik* = WW I, Bd. 4, p. 104 이하, §172 이하.

181 그 외에 볼프의 주 66 참조.

182 Couplet, 공자의 생애, CXIX

동과 일치하지 않으면 거기에는 덕이 존재하지 않는다. 공자는 이러한 일치를 추구했으며, 중국인들에게서 커다란 존경을 받고 있는 다른 사람들과 고대의 역사가들도 이를 추구했다. 쿠플레가 「서론」 86, 87쪽에서[183] 언급했듯이 "고대 왕들의 모범에 따라 모든 것을 성실하게 행하고, 모든 말과 행동이 항상 마음의 바탕에서 생겨나도록 하는 것"이 가장 빈번하게 가르쳐지고 강조된 것이었다. 공자는 (『중국 학문』 2권 48쪽[184]) 완전한 덕 혹은 완성된 덕을 지닌 사람의 표상을 위해서는 일체의 거짓 없이 덕을 실천하고 말과 행동이 일치하고 행동과 말이 일치하도록 모든 주의를 기울일 필요가 있다고 생각했다. 그리고 3권 3부 32쪽에서[185] 공자는 외적인 생활방식이 내면의 소박함 및 성실성과 결합됨으로써 이것들이 적절한 비례를 이루며 서로 품위 있는 다양성을 보여야 한다고 요구하였다. 같은 곳에서 공자는 가르치기를 우리가 자연법칙에 일치하는 행동을 하는 이유가 그것의 내적 도덕성을 인식한 데 있다면 그것은 충분한 것이 못 되며, 그 이유가 덕을 사랑하거나 이로 인해 기쁨을 느끼는 데 있다 해도 이 또한 충분하지 않고 오로지 필요한 것은 우리의 의무를 즐거운 마음으로 행하고, 덕을 실천할 수 있는 기회를 기꺼워하는 것이라고 하였다. 이런 이유로 공자는 3권 1부 13쪽에서[186] 덕을 위해 필요한 것은 영혼과 육체의 자발성, 항상성과 각성심이라고 하였으며, 이는 덕의 외적 행동이 아니라 영혼의 내적 상태에 의거해 평가되어야 한다고

---

183 Couplet, 서론, LXXXVI 이하.

184 Couplet, 중용, p. 48. 볼프는 주 66에서 이 부분을 더 상세하게 인용하고 있다.

185 Couplet, 논어b, p. 32.

186 Couplet, 논어a, p. 13.

가르쳤다. 공자는 다른 사람의 윤리를 검증하는 방법으로서 다음과 같은 규정을 제시하였다. 첫째로, 행동을 관찰하여 그것이 법칙과 일치하는지 검증해야 한다. 둘째로, 모든 행동의 목적을 검사하여 그것이 어떤 뜻과 의도에서 행해졌으며, 그것이 올바르고 진실한 것인지 평가해야 한다. 셋째로, 성실성과 공정성을 가지고 선한 목적과 선한 의도에서 행동을 한 사람이 무엇에서 기쁨을 느끼는가를 열심히 확인해 보아야 한다. 이렇게 함으로써 우리는 그가 혹시 그것을 원했던 것이 아니라 강요에 의해서 그것을 행했는지, 아니면 그 행동이 유덕하고 진실한 것이기에 기쁨을 느끼고 그것을 행했는지 평가할 수 있게 된다. 이러한 검증의 이유는 이러한 요구를 충족하지 못하는 덕은 완성된 것이 아니라고 할 수 있으며, 이러한 덕은 오래 지속되지 못하기 때문이라고 우리의 철학자 공자는 말하고 있다. 공자의 규정이 고대 중국인들에 의해 실행되었다는 사실은 여러 예를 통해 입증된다. 나는 쿠플레가 『중국 학문』 1권 12, 13쪽에서[187] 법적 분쟁이 일어났을 때 판관들이 진실성을 조사하기 위해 사용했던 다음과 같은 규정을 예로 들고자 한다. 첫째로, 소송인의 말의 배열과 말하는 방식에 주의를 기울여야 한다. 둘째로, 입과 얼굴 전체의 모습에 주의를 기울여야 한다. 셋째로, 소송인이 쟁점에 대해 이야기할 때 숨을 쉬는 방식에 주의를 기울여야 한다. 넷째로, 판관이 그에게 질문을 할 때 소송인이 완전히 혼란에 빠져 대답하거나 부적절하고 애매한 대답을 하는지에 대해 주의를 기울여야 한다. 다섯째로, 눈길과 눈의 깜

187 Couplet, 대학, p. 12 이하.

빡임이 불안정하거나 거기에서 음흉하거나 부정직한 어떤 것이 드러나지 않는지에 대해 주의를 기울여야 한다. 중국인들은 신에 대한 참된 경배를 알지 못했고 우상숭배에 대해서도 이성에 위배된다는 이유로 알려고 하지 않았기 때문에, 이들은 서약에 대해 알지 못하고 말과 얼굴표정과 호흡과 귀와 눈을 주의 깊게 두루 살핌으로써 소송인이 솔직하고 진실한지 아니면 거짓되고 악의적인지를 알아내려 했다. 나는 이미 지금까지 몇 가지 이유를 들어 이러한 방법의 가능성을 옹호한 바 있다. 『도덕』에서 나는 다른 사람의 윤리를 검증하는 것에 대한 보편적 원칙을 다루면서[188] 이것이 연구의 공백으로 남아 있다고 지적한 바 있다. 그래서 나는 고대 중국인들이 이를 인식하고 성공적으로 실행에 옮긴 것을 보면서 기쁨을 느낀다. 학문과 예술의 모든 분야에서 인류에게 유익하고 탁월한 많은 것들이 미래에 창안되어야 할 것이기 때문에 이러한 것들이 학문과 예술을 촉진하는 데 기여하고, 학자 세계의 지배권을 위한 논쟁을 불러일으키는 데 그치지 않기를 나는 진심으로 바란다. 이러한 것들은 무지한 사람들이나 무분별한 사람들의 갈채에 맡겨지고, 권력자의 총애에 의존하게 되어 이러한 것들을 위해 사용되는 철학의 자유[189]가 폭정의 잘못된 길로 들어서서는 안 될 것이다. 하지만 여기서는 우리의 중국인들에게 되돌아가기로 하자! 공자는 자신의 태도와 의지가 진실하고 올바르게 되도록 노력했으며 사람들이 악취를 꺼려하듯이 악한 것과 악

188 *Deutsche Ethik* = WW I, Bd. 4, p. 116 이하, §190 이하.

189 "철학의 자유"에 대해서는 볼프의 주 22 그리고 역주 97 참조.

딕을 꺼려하고 (『중국 학문』 1권 13쪽에서[190] 그의 제자 증자는 이렇게 해석하였다), 이에서 더 나아가 사람들이 아름다운 것과 잘 만들어진 것을 보면 진심으로 기뻐하듯이 선한 것과 유덕한 것에서 기쁨을 느껴야 한다고 다른 사람들에게 가르쳤다. 공자는 자기 자신에 대한 만족을 사람들에게 권하였는데, 『도덕』에서[191] 나는 이것에 커다란 중요성을 부여한 바 있다. 우리가 공자의 말을 믿지 않는다고 해도 그의 행동이 그 신빙성을 충분히 말해주고 있다. 공자는 자신이 모든 것을 가장 잘 아는 사람이라는 평가를 받았을 때나 완전하게 정직한 영혼을 지닌 사람으로 인정받았을 때, 이를 불편하게 여겼다. 이에 대해서는 『중국 학문』 3권 4부 41쪽과 44쪽을 보라.[192] 중국 전체를 통틀어 공자를 능가하는 사람은 고사하고 그와 비견될 만한 사람도 찾아볼 수 없다고 진지하게 주장하는 사람들이 등장하자 우리의 철학자 공자는 서양에는 자신보다 더 완전한 성인이 있다고 대답했다. 이것이 서기 65년에 명제(明帝)가 성인과 율법을 찾아오라고 서쪽으로 사절단을 보낸 이유였다. 하지만 불행하게도 이 사절단은 부처라는 우상과 우상숭배의례, 피타고라스의 영혼윤회설[193] 그리고 수많은 동화 같은 이야기와 미신적 관습을 인도에서 중국으로 가져왔다. 이에 대해서는 쿠플레의 「공자의 생애」 120쪽[194]과 「서론」 27쪽[195]을 보라. 공

---

190 Couplet, 대학, p. 13.

191 *Deutsche Ethik* = WW I, Bd. 4, pp. 276-278, §408.

192 Couplet, 논어b, p. 41, 44.

193 중국 선교사들은 불교의 윤회설을 자신들이 알고 있던 피타고라스의 영혼윤회설로 파악했다. 18세기까지 불교는 유럽에 거의 알려지지 않고 있었다.

194 Couplet, 공자의 생애, CXX.

195 Couplet, 서론, XXVII.

자는 사소하고 미천한 일들에 대해서도 커다란 주의를 기울였다. 이는 『중국 학문』 3권 5부 66쪽에[196] 나오는 예들을 통해 확인할 수 있다. 이것이 덕을 추구함에 있어 진실과 정직을 얻는 데 커다란 도움이 된다는 것을 나는 다른 곳에서[197] 입증한 바 있다. 공자는 덕의 추구에 대해 사유하기 위한 사상적 근거를 명백한 것들에서 찾아냈는데, 이때 그는 다행스럽게도 자신의 창의적 능력을 사용했다. 이에 대한 예는 『중국 학문』 3권 5부 57쪽에[198] 나온다. 공자는 자신이 처한 시대의 불행을 목격하고 이를 개선하는 것이 불가능하다고 생각되면 마치 이것이 그의 가르침으로 인해 그렇게 되기나 한 듯이 탄식했다. 자신의 시대에 대한 반감으로 인해 공자는 조국을 떠나 야만적인 민족들 속에서 인생을 보내고 싶어 했다. 『중국 학문』 3권 5부 55쪽과 57쪽[199]을 보라. 이와 관련된 다른 많은 것들에 대해서는 언급하지 않고 넘어가겠다. 하지만 내가 공자의 예를 통해 확인한 것을 입증해 주는 다른 예들도 있다. 쿠플레가 『중국 학문』 1권 21쪽에서[200] 언급한 예로 순임금은 도처에서 지혜로운 사람들을 찾아 불러 모았으며 때로는 많은 비용을 들여서라도 이들을 데려오게 하여 이들과의 교류를 통해 더 나은 사람이 되려 했을 뿐만 아니라, 그는 또한—이것이야말로 그 어떤 것보다도 존중할 가치가 있는 일인데—(「편년사」

196 Couplet, 논어b, p. 66.

197 *Deutsche Ethik* = WW I, Bd. 4, p. 216, §329; p. 174 이하, §271 이하.

198 Couplet, 논어b, p. 57.

199 Couplet, 논어b, p. 55, 57.

200 Couplet, 대학, p. 21.

4쪽에[201] 나와 있듯이) 공공을 위한 칠판을 설치하게 하여 임금이 어떤 잘못을 저지르면 누구라도 그곳에 마음대로 이를 지적하는 글을 쓰도록 했다. 나라를 올바로 다스리기 위해 그는 많은 주의를 기울였으며, 이를 위해 가장 중요한 일은 백성들에게 스스로 모범을 보이는 일이라고 생각했다. 그의 전임 황제 요임금도 부유하지만 거만하지 않았고, 유명하지만 오만하지 않았으며, 진실하고 솔직했지만 아무런 가식이 없었다. 쿠플레가 『중국 학문』 1권 21쪽에서[202] 전하고 있듯이 그는 나라를 다스리는 데 많은 주의를 기울여 백성들의 가난을 자신의 가난으로 여기고 백성들의 죄를 자신의 죄로 여겼다. 이야기가 장황하게 되는 것을 피하기 위해 다른 예들은 그만 덮고 넘어가기로 한다.

(79) 이에 대한 가장 좋은 예는 수학자이다. 요컨대 천문학자는 이 사람이나 저 사람이 찾아낸 것을 다른 사람이 찾아내는 것은 불가능하다거나 이곳이나 저곳에서 찾아내지 못한 것은 결코 찾아낼 수 없다는 선입견에서 항상 자유롭다. 그 이유는 이들이 해내지 못한 것을 그 후계자들이 해낼 수 있다는 것 때문에 이에 반대되는 예들을 이들이 많이 가지고 있고 그 이유도 이들에게 잘 알려져 있기 때문이다. 그리하여 이들은 과거에도 그러했거니와 오늘날에도 매일 천문학을 더 완전한 것으로 만들어 가고 있다. 순수수학에 종사하는 사람들은 아르키메데스와 아폴로니오스[203]의 위대한 지적 능력을 그 누

---

201 Couplet, 편년사, p. 4.

202 Couplet, 대학, p. 21.

203 아르키메데스(Archimedes, 기원전 285년경-212)와 아폴로니오스(Appolonios, 기원전 262년경-190)는 고대의 가장 중요한 수학자로서 근대에도 커다란 영향을 미쳤다.

구도 능가할 수 없다고 확신했기 때문에 오랜 세월 동안 새로운 것을 창안해냄으로써 이 학문을 더 풍요롭게 만드는 일을 하지 못했다. 심지어 이들은 자신들의 능력을 불신하여 아르키메데스와 아폴로니오스의 가르침을 피상적으로나마 검토해보려 하지 않았다. 하지만 지난 세기 초에 이러한 선입견이 사라진 후 순수수학은 수많은 위대한 창안들을 통해 풍요롭게 되어 아르키메데스와 아폴로니오스가 부활하여 이들에게 현대 기하학자들의 저술을 보여준다면 현대 기하학의 스승인 이 위대한 기하학자들은 현대 기하학자들의 시험문제도 풀지 못할 것이라고 생각할 것이다. 하지만 내가 이렇게 생각하는 것이 고대인들이 받아 마땅한 명성을 박탈하려는 것으로 받아들여져서는 안 될 것이다. 커다란 창의력과 지적 능력을 통해 발견된 어떤 것을 인식한 사람은 비록 그가 그만한 재능을 지니고 있지는 못할지라도 앞선 사람들의 방법을 모방하고 이들이 창안한 것을 원칙으로 삼음으로써 진보를 이루어낼 수 있다는 것을 나는 잘 알고 있다. 다른 학문들에서도 우리 시대의 근면하고 뛰어난 지적 능력을 지닌 사람들이 앞선 사람들의 성과를 능가하는 업적을 이루어내고 있다. 이에 종사해온 많은 사람들이 지금까지 옳다고 여겨온 것보다 철학의 본래적 방법을 더 근면하게 사용한다면 이러한 학문들도 매일 매일 더 완성되어 가고 새로운 성장을 통해 풍요롭게 될 수 있다는 것을 믿어 의심치 않는다.

(80) 공자는 이에 관한 가장 탁월한 예를 보여준다. 공자는 철학적 덕을 추구함에 있어 오로지 자연의 힘만 사용하였다(주 55). 이 정직한 철학자는 평생 동안 덕을 추구하여 커다란 진보를 이루어냈지만 목표에는 도달하지 못했다고 솔직히 고백하였다. 실천철학을 위

한 노력을 통해 이룬 진보에 대해 공자는 『중국 학문』 3권 1부 10쪽에서[204] 서술하고 있다. 15세의 나이에 그는 선인들의 원칙을 철저히 공부하여 이들의 말과 행동을 명료히 파악하려 애썼다. 30세에 그는 덕과 지혜를 꾸준하게 추구하여 자신의 지각이 어떤 외적 상황하에서도 그로부터 벗어나지 않는 단계에 이르렀다. 40세는 어떤 일이 닥쳐도 내면의 성실함을 유지하여 과거에 때로 그의 마음을 흔들리게 하였던 의혹에서 벗어난 지적 단계에 이르렀다. 50세의 나이에 그는 사물의 자연적 본성에 내재한 내적 성실성의 근거를 인식하였다. 60세의 나이에 그는 감성적 욕구가 아무리 저항해도 이성을 따르는 유순하고 행복한 청각을 갖게 되었다. 70세의 나이에 그는 마침내 오랜 숙고 끝에 자기 자신에 대해 승리를 거두어 자신의 욕구가 자연법칙에 일치하게 되었다. 공자의 고백은 내가 『보편적 실천철학』에서[205] 제시한 원칙과 정확하게 일치하며, 이 원칙에 의거하여 그 명료한 근거를 제시하는 것은 내게 그리 어려운 일이 아니다. 하지만 여기는 그에게 적합한 자리가 아니므로 더 적합한 기회로 미루어두고자 한다. 그러나 지성의 논증을 의지에 적용하는 것이 잘못된 것이 아닌가 하는 의심은 여기에서 깨끗이 정리하고자 한다. **한** 사람의 지성의 완전성은 지성의 계발에 헌신하려 하는 다른 사람들에게도 많은 도움을 준다. 왜냐하면 우리는 다른 사람이 발견한 것을 원리로 사용하여 새로운 것을 찾아내는 방법을 모방할 수 있기 때문이다. 이에 반해

---

204 Couplet, 논어a, p. 10 이하.

205 *Philosophia practica Universalis*, In: Meletemata = WW II, Bd. 35, Sect. II, p. 209 이하, Propositio 14.

다른 사람의 덕은 의지를 완전하게 만드는 일에서 우리에게 도움을 주지 않는 것처럼 보인다. 의지가 동기에 의존하고 있고, 덕의 실행이 수단에 의존하고 있다는 것을 우리가 고려하지 않는 한, 그렇게 보일 수도 있을 것이다. 자유로운 행동의 동기를 다른 사람에 의해 성공적으로 사용된 수단 및 보조수단과 결합하는 방법을 잘 알고 있는 사람은 자기 자신이나 다른 사람이 지금 처해 있는 상황에서 현명함을 구해야 하는 경우보다 덕의 실천을 더 용이하게 할 수 있다. 게다가 모범적 예들이 다른 방식으로 윤리적 행동에 도움이 되는 경우들도 있는데, 이를 나는 다른 곳에서[206] 제시한 바 있다. 하지만 여기에서 이것을 몇 마디 말로 설명할 수는 없다.

(81) 진실한 행동은 정신의 자연적 본성과 일치하고, 진실하지 못한 행동은 이에 어긋난다. 따라서 저런 행동은 진실하고 이런 행동은 진실하지 않은 이유를 제시하려 한다면 인간 정신의 자연적 본성을 인식해야만 한다. 중국인들이 수양한 유일한 덕인 철학적 덕을 부지런히 추구하려면 행동의 이유를 정신의 자연적 본성에 의거하여 제시해야 한다. 요컨대 우리가 정신의 자연적 본성에 의해 생겨나는 것으로 알고 있는 것 외에는 다른 어떤 것도 생겨나지 않도록 해야 한다. 바로 이러한 원천으로부터 나는 윤리의 이론과 실천을 선험적으로 도출하였으며,[207] 이 원칙을 중국의 철학에 적용했을 때 나는 중국 철학에 진정성이 내재한다는 것을 발견했다.

---

206 *Deutsche Ethik* = WW I, Bd. 4, p. 100 이하, p. 115 이하, p. 246 이하, §329; p. 174 이하, §167, 188, 373.

207 *Deutsche Ethik* = WW I, Bd. 4, p. 6, §4.

(82) 중국인들의 편년사는 매우 신중하게 기록되어 있어 우리는 이것의 도움을 받아 도덕철학과 국가철학에 대한 지식을 최고로 증진시킬 수 있다(주 5). 이에 따라 공자도 도덕철학과 국가철학을 열심히 연구할 때 편년사를 읽는 일에 주력했다(주 5). 공자는 정신에 대한 지식을 지니고 있지 않았기 때문에 그 근거를 연구할 수 없었다. 그리하여 그는 선인들의 말과 행동에 내재한 것을 자기 자신을 통해 실험함으로써 결정하려 했으며(주 5) 많은 노력을 기울여 이에 경험적으로 도달했다. 바로 앞에서(주 80) 언급한 것을 참조하라. 공자도 지식을 얻은 이 태고시대의 편년사를 선교사들이 라틴어로 번역한 것은 그런 의미에서 매우 유익한 작업이었다.[208]

(83) 훌륭한 덕으로 인해 공자가 얼마나 커다란 존경을 받았는가(주 27 이하[209]) 하는 것을 생각해본 사람이라면 중국인들 중에서 공자를 능가하기는커녕 공자에 비견될 만한 사람도 없다는 것을 믿어 의심치 않을 것이다. 모든 것이 올바른 의미로 이루어지도록 하기 위해 공자가 지치지 않고 노력했다는 것을 생각하면 사람들은 이를 기꺼이 인정할 것이다. 중국인들은 오로지 자연의 힘만 사용하였고(주 55), 다른 민족들과의 교류를 통해 받아들인 것이 아무것도 없기 때문에(주 56) 신의 형상을 닮은 유산인 자연의 힘이 지닌 능력을 보여주기 위해 실로 이보다 더 탁월한 예는 찾아볼 수 없을 것이다. 그러므로 선교사들이 공자의 삶을 완벽하게 서술하여 자연이 얼마나 많은 것을 할 수 있는 능력을 지녔는가를 보여주었다면 이는 선교사들

208 볼프의 주 19 참조.

209 볼프의 주 27-31.

이 가치 있는 일을 했다는 것을 보여주는 새로운 증거가 되었을 것이다. 이 문제에 관해서는 주 20을 참조하라. 공자는 자신의 가르침을 편년사에서 가져왔고 황제들, 특히 요임금과 순임금의 후계자로 등장하였기 때문에 복희씨에서 순임금까지의 편년사, 적어도 요임금과 순임금의 삶의 행적을 공자의 생애에 대한 서술과 결합한다면 바람직할 것이다. 이것이 은총에 손실을 가져오지 않을까 우려하는 사람이 있다면 그는 실로 은총에 대해 매우 낮은 평가를 내리고 있는 것이다. 자연의 힘을 통해 획득되는 철학적 덕이 아무리 크다 해도 덕을 추구함에 있어 자연은 은총에 비교가 되지 않는다. 그 이유는 한편으로 철학적 덕과 신학적 덕 사이의 차이가 엄청나게 크기 때문이기도 하고(주 51, 53), 다른 한편으로 덕에 도달하는 방식에 두드러진 차이가 있기 때문이기도 하다. 자연을 능가하는 것이 은총에 의해 일어난다는 것을 차치하더라도 실천에 있어 은총이 자연보다 우월하다는 것을 하나하나 열거해 제시할 수 있다. 자연의 힘을 명료하게 인식한다면 은총의 그러한 우월성이 명료하게 입증될 수 있을 것이다. 이것은 자연의 힘에 너무 많은 것을 의존하고 있는 중국인들에게도 적잖은 도움이 될 것이다. 자연의 힘과 시민적 정의 및 철학적 덕에 대한 명료한 인식은 기독교인임을 자처하면서도 이러한 덕의 완전성을 전혀 지니지 못한 모든 사람들을 부끄럽게 하겠지만 기독교적 덕을 통해 칭송 받는 뛰어난 사람은 그렇지 않을 것이다. 더 나아가 그로부터 획득된 은총의 우월성에 대한 인식은 덕을 향한 사랑에서 행동의 동력을 얻는 사람으로 하여금 철학적 덕보다 기독교적 덕을 더 소중하게 여기도록 할 것이다. 공자는 철학적 덕을 추구함에 있어 경이로운 진보를 이루어냈지만(주 80) 그는 자신이 그 최상의 단계에 도달하지 못했다고 스스로 고백하였다. 그리고 그는 다른 사람이 더 많은 진보를 이루는 것이 가능하다고 생각하였다.

(84) 앞에서(주 80) 공자에 대해 이야기한 것을 숙고해 보라. 공자는 15세에서 70세에 이르기까지 심지어 마지막 숨을 내쉬는 순간까지 자기완성을 위해 부단히 노력하였으며, 성장을 확신하였을 뿐만 아니라 자신이 완전성으로부터 얼마나 멀리 떨어져 있는지 엄격하게 성찰하였다. 자연의 빛을 통해 공자는 대우주에서 볼 수 있는 것과 같은 행동의 일치를 소우주에서도 찾아볼 수 있다는 점에서 완전성이 인간에게 어울린다는 것을 인식하게 되었다. 『중국 학문』 2권 『중용』의 74쪽에서[210] 공자는 사물들의 가장 완전한 조화가 이 세상에서 이루어지고 모든 사물이 그 본성과 일치하도록 행동하라고 명시적으로 요구하고 있다. 위의 책 42쪽에[211] 따르면 공자는 복희씨에게서 이어받은 사상을(주 7) 실행했으며 인간을 세계의 한 부분으로 여겼다. 그리하여 그는 인간의 완전성을 위해서는 우리의 행동을 자유로이 규정함에 있어 소우주를 대우주와 일치시키는 것이 요구된다고 생각하였다. 이에 따라 공자는—그리고 그에 앞서 중국인들은—내가 제시한 바 있는 자연법의 원천을 파악하였다. 요컨대 인간(소우주)의 완전성과 세계(대우주)의 완전성에 도달하기 위해서는 자연의 행위를 규정하고 있는 것과 동일한 보편적 근거에 의거하여 자유로운 행위가 규정되어야 한다는 것이다.

---

210 Couplet, 중용, p. 74.

211 Couplet, 중용, p. 42.

(85) 이를 공자는 노엘이 번역한『대학』의 첫 부분에서[212] 제시하고 있다. 쿠플레와 그의 동료들은(『중국 학문』 1권 1쪽에서[213]) 노엘이 '완전성(perfectio)'이라고 번역한 것을 '최고선(summum bonum)'이라고 번역하였다. 앞에서 이야기한 것, 특히 내가 바로 위의 주에서 언급한 것을 고려하고 훨씬 앞에서(주 7) 말한 것을 다시 떠올리면 노엘의 번역이 쿠플레의 번역보다 더 낫다는 것을 부인하지 못할 것이다. 게다가 쿠플레 자신이 예시하고 있는 중국 해석자들의 통찰을 고려하면 더욱 그렇다. 쿠플레는 해석자들이 '최고선'을 모든 행동이 건전한 이성과 최고로 일치하는 것으로 이해하고 있다고 덧붙이고 있다. 인간이 자신의 행동의 주인이라면 인간의 완전성은 모든 행동이 이성에 의해 규정되고, 그 결과로 이 행동들이 상호간에 일치할 뿐만 아니라 소우주와 대우주를 포괄하는 자연의 행위와도 일치하는 것에 있다(주 84).

(86) 『도덕』에서[214] 나는 이를 충실하게 제시한 바 있다. 감각적 욕구가 스스로 이성적 추구와 일치도록 하는 것에 노력을 아끼지 않고 그가 고백하였듯이 그가 죽기 3년 전인 70세에 이에 도달한 공자도 이를 인식하였음에 틀림없다(주 80).

(87) 영혼의 상위 영역과 하위 영역의 차이에 대해 나는 「심리학」에서[215] 지극히 명료하게 서술하였다. 이러한 구분을 토대로 하여 나

---

212 Noël, p. 10.

213 Couplet, 대학, p. 1.

214 *Deutsche Ethik* = WW I, Bd. 4, pp. 109-116, §180-188.

215 *Deutsche Metaphysik* = WW I, Bd. 2, p. 266, §434(p. 299와 §492 참조). 이에 대한 보다 상세한 논의는 *Anmerkungen zur Deutschen Metaphysik* = WW I, Bd. 3, pp. 227-231, §141.

는 영혼의 경험적인 영역과 합리적인 영역을 정립하였다. 튀미히가 저술한 『볼프 철학의 원리』에도[216] 이것이 명료하게 서술되어 있다. 그는 경험적 심리학과 합리적 심리학을 서술함에 있어 인식능력과 욕구능력의 하위 영역과 상위 영역을 별도의 장에서 설명하고 있다.

(88) 영혼의 상위 영역과 하위 영역의 개념을 이해한다면 중국인들이 이 둘 사이의 차이를 엄격하게 구분하였다는 것을 알 수 있다. 윤리의 중요한 원칙으로서 이 두 가지 영역을 구분한 것은 이미 공자 이전의 고대 황제 요임금과 순임금이었다. 공자는 자신이 특히 이들을 뒤따르려 했다고 말한 바 있다. 이들은 보편적인 욕구를 '마음'이라고 부르고, 감성적 욕구를 '인간의 마음', 이성적 욕구를 '이성의 마음'이라고 불렀다. 이들은 가르치기를, 윤리적 행동은 감성적 욕구를 이성적 욕구에 맞추는 것에서 비롯된다고 하였다. 이에 대해서는 『중국 학문』 2권 41쪽[217]을 보라. 공자의 모든 말과 행동이 바로 이것을 지향하였다는 것은 분명하다. 이는 특히 우리의 철학자 공자가 덕을 추구함에 있어 이룬 진보에 대해 고백하고 있는 것에서 확인할 수 있다(주 80).

(89) 철학 전체를 통해 나는 우리가 사용하는 용어들에서 애매성을 제거하는 일에 모든 주의를 기울여 왔다. 말의 불안정성이 이러한

---

216 Ludwig Phillip Thümmig, *Institutiones Philosophiae Wolfianae*, Bd. 1. Frankfurt u. Leipzig 1725f. Nachdruck 1982 = WW III, Bd. 19.1. 인식능력의 하위 영역에 대해서는 이 책 p. 118 이하, 상위 영역에 대해서는 p. 129 이하에 서술되어 있으며, 욕구능력의 하위 영역에 대해서는 p. 142 이하, 상위 영역에 대해서는 p. 150 이하에 각각 서술되어 있다.

217 Couplet, 중용, p. 41.

애매성을 만들어낸다.

(90) 경험이 이를 입증한다. 시대에 부적합한 윤리를 가르치는 사람들이[218] 자신들의 노력이 헛수고가 되어버리는 것을 기이하게 생각하는 사례들을 유감스럽게도 나는 여러 해 동안 매일같이 체험해야 했다. 그 이유는 그들이 이성을 사용하지 않고 그처럼 커다란 악의 원인을 알지 못했던 데 있다.

(91) 쿠플레가 『중국 학문』 1권 21쪽에서[219] 서술하고 있듯이 중국 편년사에는 황제이자 입법자인 요임금이 명성을 얻게 된 이유가 "그가 백성들의 뜻을 자신의 뜻으로 삼음으로써 백성들이 그를 형벌에 대한 두려움이나 상에 대한 희망 때문이 아니라 아버지에게 그런 것처럼 자발적으로 그에게 복종했던 데 있다." 중국의 입법자들이 이렇게 한 것은 제국의 창시자 복희씨를 따른 것이다(주 7). 공자는 (『중국 학문』 3권 1부 10쪽[220]) 범죄에 대한 진정한 수치심과 혐오감이 없기 때문에 벌이나 겁을 줌으로써만 의무를 수행하게 할 수 있는 사람들 혹은 단지 군주에 대한 두려움 때문에 법과 일치하는 행동을 하는 사람들을 종복에 비유했다. 벌을 통해 억눌린 두려움을 공자는 종복의 비굴함이라고 했으며, 의무를 가르치는 나쁜 선생이라고 불렀다. 종복의 비굴한 두려움 때문에 더 큰 잘못을 저지르지 않는 자는 오랫동안 자신의 의무를 다하지 못한다. 같은 곳에서 공자는 윗사람에 대한 사랑에서 나온 어린아이의 두려움을 칭찬하고 있다. 이를 공자는

---

218 할레 고아원의 교사들을 가리킨다. 볼프의 주 149 참조.

219 Couplet, 대학, p. 21.

220 Couplet, 논어a, p. 10.

참되고 지속적인 덕의 인도자라고 칭송했다. 앞의 책 12쪽에서[221] 공자는 사랑이 아닌 다른 것에서 유래된 선한 행동을 하는 사람을 이성이 없는 동물에 비유했다. 13쪽에서[222] 공자는 자발적으로 아무런 강요 없이 이루어진 것만 덕으로 꼽았다. 그리하여 그는 (3권 2부 11쪽에서[223]) 위협과 협박이 아니라 공정함과 온화함을 통해 백성이 의무를 실행하도록 해야 한다고 가르쳤다. 그의 제자 중 하나가 뜻을 **잘못 해석하여** 태고시대 현명한 왕가에서는 결코 있을 수 없었던 과도하게 엄한 정치를 노나라 애공(魯哀公)에게 간언하자 공자는 이를 슬퍼했다.

(92) 내가 언급한 두 가지 학교에 대해 노엘은 매우 상세하게 전해주고 있다.[224] 노엘보다 앞서 우리에게 『공자』를 전해준 존경스러운 선교사들이 이처럼 중요한 사안에 대해 완전히 침묵하였던 것을 나는 기이하게 생각한다.

(93) 노엘이 번역한 중화제국의 고전들 중에는 『소학』이라는 제목이 붙은 책이 있다. 그 안에는 소인학교에서 가르치는 내용들이 들어 있다. 하지만 중국인들은 선생일 뿐만 아니라 윤리교육자이기도 했다. 이들은 말로 가르칠 뿐만 아니라 학생들에게 모범이 되는 행동을 통해서도 가르쳤다. 소인학교에서 가르치는 것을 읽어보면 이곳

---

221 Couplet, 논어a, p. 12.

222 Couplet, 논어a, p. 13.

223 Couplet, 논어a, p. 11.

224 볼프가 여기에서 언급하고 있는 고대 중국의 두 가지 학교는 주희가 『대학』 서문에서 언급한 것에 의거하고 있다(Noël, p. 3 이하). 볼프는 주희가 『대학』에서 언급한(Noël, p. 490) 보다 현실에 가까운 네 단계의 학교에 대해서는 언급하지 않고 있다.

에서는 영혼의 하위 영역만이 고려되고 있다는 것을 알 수 있다. 이는 학생들이 소인학교에 다니는 시기를 통해서도 확인된다.

(94) 이 고전들 중 한 권에 노엘은 『대학(*scholae adultuorum*)』이라는 제목을 붙였다. 하지만 쿠플레와 그의 동료들은 이런 이름을 붙이지 않고, 이를 『중국 학문』 1권이라고 불렀다. 이 안에는 대인학교에서 가르치는 내용들이 들어 있다. 이를 주의 깊게 통독하면 대인학교에서는 영혼의 상위 영역이 고려되고 있음을 알 수 있다. 이는 대인학교에 입학이 허용되는 나이를 통해서도 확인된다.

(95) 이를 통해 공자가 15세의 나이에 철학 공부를 시작한 이유도 분명히 드러난다.

(96) 특히 중국의 군주와 황제들에게는 이들이 두려워하는 상위의 존재가 없었다. 이들은 만물의 최고 창조주이자 주재자를 알지 못했기 때문이다(주 54). 창조주에 대한 외경으로 인해 우리의 경우에는 지상에 두려워해야 할 상위의 존재가 없는 자들도 자연의 법에 어긋나는 일을 하는 것을 삼가게 된다.

(97) 중국인들은 다른 사람의 명령보다는 자신의 성향에 따르려 한다. 공자가 힘주어 가르쳤듯이 보상이나 군주에 대한 두려움에 의해 강요된 것은 덕이 아니라는 것이 중국인들의 확고한 사상이었기 때문이다. 그리하여 황제 자신도 벌에 대한 공포로 백성들에게 의무를 부과하기보다는 스스로 모범을 보여 백성들의 마음을 얻으려 했다(주 88). 덕을 추구함에 있어 감각적 욕구가 이성의 욕구와 일치하는 데까지 나아가야 한다고 중국인들은 믿고 있다(주 88). 또한 (『중국 학문』 2권 41쪽에서[225]) 정열도 그것이 요구하는 이성에 일치하도록 해야 한다.

(98) 요컨대 덕에 대한 사랑 자체에서 그렇게 함으로써 아름다운 것과 잘 만들어진 것을 볼 때 기쁨을 느끼듯이 선한 것과 유덕한 것에 솔직한 기쁨을 느낄 수 있어야 한다(주 78).

(99) 요컨대 악덕에 대한 미움 자체에서 그렇게 함으로써 악취 나는 것을 꺼리듯이 악을 솔직한 마음으로 혐오해야 한다(주 78).

(100) 자기 자신을 지배하지 못하는 사람이 복종하는 성향을 갖도록 하기 위해 현명한 자의 복종과 다스리는 자의 모범은 매우 유익한 것이었다. 군주와 성현에 대한 존경을 열심히 가르치고 군주와 성현들이 존경받을 만한 사람이 되기 위해 지치지 않고 노력한 것은 그러한 목표를 지향한 것이었다.

(101) 공자가 『중국 학문』 1권 『대학』 3쪽에서[226] 말하고 있듯이 고대의 왕과 황제들은 우선 자신의 육체를 다스리는 능력을 수양함으로써 자신의 가족을 다스리는 관념을 얻으려 하였다. 그 다음에는 가족을 위해 올바른 질서를 세우는 능력을 얻음으로써 나라를 다스리는 관념에 도달하려 하였다. 마지막에는 왕국을 다스리는 데 커다란 주의를 기울임으로써 제국을 다스리는 관념을 얻으려 하였다. 다행스럽게도 이들은 창조적 재능을 사용하여 모든 행동이 일관되도록 노력함으로써 행동 하나하나가 모두 나라를 선하게 다스리는 것을 목표로 삼도록 하였다.

(102) 앞에서(주 66)[227] 나는 이미 중국인들이 육체와 영혼의 지상

225 볼프의 주 88 참조.

226 볼프는 주 151에서 이 부분을 상세하게 인용하고 있다.

227 또한 볼프의 주 38도 참조.

적 행복을 추구하고 있으며 최고신이나(주 54) 내세의 삶에 대해서는 알지 못한다고 지적한 바 있다.

(103) 노엘의 『소학』이라는 제목을 붙인 고전을 보라.

(104) 이는 노엘이 『대학』이라는 제목을 붙인 고전에 분명히 나와 있다.

(105) 쿠플레는 「서론」 34쪽에서[228] 다음과 같이 말하고 있다. "지혜로움과 현명함을 진실한 마음으로 존경하고 가르친 중국의 고대 왕가는 하늘과 땅의 놀라운 질서와 항상성에 경탄하여 이를 면밀하고 열성적으로 모방하려 노력했다. 이렇게 하여 군주정치가 생겨나 이미 4천 년 동안 나라를 다스려 왔다. 이렇게 하여 매우 적절하고 용이하게 나라를 다스리는 방식이 생겨나 최하층민은 중간층에 의해, 중간층은 최상층에 의해 다스려지고 이 오래 된 민족의 왕과 성현들은 정신과 육체의 노력을 통해 이를 목표로 삼아 노력했다. 중국인들은 그리스 철학의 품위 있고 감각과 동떨어진 기쁨을 피상적으로나마 알지 못한다. 아마도 이들은 그런 철학을 싫어했을 것이며, 그리스에서 아리스토텔레스 혹은 뛰어난 지적 능력을 지닌 스토아학파나 소요학파의 학자가 중국으로 이주해 왔다면 이들을 국경에서 추방했을 것이다. 요컨대 이들은 오로지 지속되고 동일하게 유지되는 윤리와 법률의 토대와 평화만을 원했다." 그리하여 공자 자신도 그가 성공적으로 경험한 것만을 다른 사람들에게 가르쳤다(주 20). 그리고 그는 실로 비상한 정직성을 가지고 덕을 추구하면서 그가 성취한 진보

228 Couplet, 서론, p. 34.

와(주 80) 최고의 완전성에 비교해 자신의 부족함을 제자들에게 이야기했다. 공자는 제자들이 그의 덕과 정직성을 부적절하게 높이 칭송하는 것을 꺼려했다. 이는 제자들이 덕을 얻는 방법에 대해 깊이 생각하지 않고 판단하고 그저 그 외양만을 모방하여 헤라 대신에 구름을 껴안는[229] 일이 없도록 하기 위한 것이었다. 이에 따라 중국인들은 가르침을 강조함에 있어 모범적 예에서 나온 것만 근거로 사용하였고, 정확하게 연구된 근거들도 모범적 예를 통해 설명하였으며, 편년사를 기록함에 있어서도(주 19) 여기에 적절한 예들이 부족하지 않도록 하는 데 많은 노력을 기울였다. 『중국 학문』 3권 4부 40, 41쪽[230]을 참조하라.

(106) 이런 이유로 공자는 오로지 자기 자신을 통해 직접 검증한 것만 전달했다(주 20). 그리고 그는 실천과 이론이 결합된 사람만 철학자로 인정했다. 어떤 사람이 행동에 있어 훌륭하고 덕에 있어 다른 사람을 능가하면 공자는 그를 그만큼 더 참된 철학자로 여겼다. 공자는 다음과 같이 말했다(『중국 학문』 3권 2부 14쪽에서[231]). "참된 철학자는 육체가 즐거움을 누리는 짧은 순간에도 덕과 건전한 이성에 어긋나는 것을 갈망해선 안 된다. 비록 전혀 예기치 못한 사태가 일어나

229 "헤라 대신에 구름을 껴안는 일"은 그리스 신화에 나오는 라피타이의 왕 익시온(Ixion)을 가리킨다. 익시온은 신들의 연회에 초대받은 자리에서 제우스의 아내 헤라에 반해 예의와 분수를 잊고 흑심을 품었다. 이를 알아챈 제우스가 구름으로 헤라의 환영을 만들어 가까이 가게 하자 익시온은 그 구름을 헤라로 알고 덮쳤다. 진노한 제우스는 익시온을 바로 지옥 타르타로스에 떨어뜨리고 영원히 멈추지 않는 불수레에 매다는 형벌을 내렸다.

230 Couplet, 논어b, 40, p. 41.

231 Couplet, 논어b, 40, p. 14.

더라도 그는 덕의 뜻을 굳건히 지켜야 한다. 심지어 그 어떤 불행이 그에게 닥쳐 그를 파괴하고 타락하게 만들려고 해도 그는 덕의 기본을 고수해야 한다." 같은 책 1부 14, 15쪽에서[232] 공자는 심지어 실행이 생각과 결합되지 않으면 우리는 오류와 혼란에 빠지게 되고 사물의 그늘진 곳과 이것의 공허하고 잘못된 모습에 이르게 된다고 웅변적으로 설교하고 있다. 같은 책 1부 14, 15쪽에서[233] 공자는 제자의 질문을 받고 완전한 철학자의 모습은 다음과 같다고 대답하였다. "그는 다른 사람에게 가르칠 때 사용하는 말을 먼저 사태와 사실로 충만하게 하고 그 후에 자신의 행동과 모범을 통해 이 가르침을 다른 사람에게 보여준다. 요컨대 그는 먼저 행동하고 그 후에 가르친다."

(107) 『중국 학문』 1권 『대학』 20쪽에서[234] 고대 편년사의 신빙성과 자신의 실험적 행동에 대한 믿음에 의거하여 통치자가 자신의 직책과 의무를 먼저 다하지 않으면 백성들이 자신의 직책과 의무를 완수하는 것이 불가능하다고 공자는 주장하고 있다. 왕이 모범을 보이고 백성이 이를 모방하는 것 사이에는 매우 밀접한 불가분의 관계가 있다는 것이 공자의 생각이었다. 입법자인 요임금과 순임금 그리고 최악의 폭군인 걸왕(桀王)과 주왕(紂王)의 예를 통해 공자는 자신의 가르침을 뒷받침했다. 그에 따르면 요임금은 덕을 통해 다음과 같은 수준에 이르렀다. "백성들은 벌에 대한 두려움이나 상을 받으리라는 희망 때문이 아니라 완전히 자발적으로 아버지를 따르듯이 그에게

232 Couplet, 논어a, 14, p. 15.

233 위의 같은 곳.

234 Couplet, 대학, p. 20.

복종했다." 순임금도 그의 전임자와 마찬가지로 덕으로 사람들을 감화하여 대부분의 왕국들과 민족들이 이 제후의 명성에 감동하여 스스로 그에게 복속되기를 원했다고 쿠플레는 앞의 책 21쪽에서[235] 중국 편년사에 의거하여 보고하고 있다. 이에 반해 걸왕은 백성들에게 엄한 벌을 내릴 수 있는 통치자의 폭력과 권력을 믿고 개선을 간언한 최고위직 신하를 죽이게 하는 일도 꺼려하지 않았으며, 이러한 폭정을 통해 백성을 악하고 수치스러운 행동으로 이끌었다. 주왕은 모든 점에서 걸왕과 비슷했지만 거친 행동에 있어서는 심지어 그를 능가하여 형벌의 잔혹함으로 인해 바로 그러한 벌을 내리는 것을 즐겼다. 그는 사소한 범죄로 피소된 사람에게도 아무런 연민을 느끼지 않고 끔찍한 고문을 가하도록 했지만 그가 다스리는 신하들과 백성들은 부정직하고 범죄적인 자들뿐이었다.

(108) 요컨대 이들은 몸을 수련하고 가족과 나라와 제국을 올바로 다스리는 일에 모든 노력을 기울였다(주 101). 모든 존재자가 완전하고, 완전함이 없이는 (『중국 학문』 2권 74쪽에[236] 나오는 공자의 판단에 따르면) 존재자라고 불릴 자격이 없기 때문에 사람도 완전하게 되기 위해 노력해야만 한다. 그런 이유로 공자는 위의 책 1권 1쪽에서[237] 최고의 완전성에 도달하지 못했다면 결코 머물러 있어서는 안 된다고 가르쳤다.

(109) 요컨대 이들은 도덕철학과 국가철학을 장려했다. 그 이유

---

235 Couplet, 대학, p. 21. 볼프가 위의 주에서 언급한 주왕과 걸왕의 이야기는 같은 책 p. 22 이하에 서술되어 있다.

236 Couplet, 중용, p. 74.

237 Couplet가 아니라 Noël, p. 10. 볼프의 주 85 참조.

는 삶에 유익한 진리에 도달하는 것을 확실하게 하려는 데 있었다(주 106). 이에 반해 이에 대한 찬반을 놓고 갑론을박하는 현학자들은 경멸을 받았다. 『중국 학문』 3권 4부 41쪽[238]을 보라.

(110) 모든 사람이 윤리를 수양하는 이유는 대인학교와 소인학교의 차이에 일치하는 명백한 목적에 도달하는 데 있었다(주 93, 94).

(111) 실천과 분리된 이론은 철학이라는 이름을 지닐 자격이 없다고 중국인들은 생각했다(주 106). 또한 중국인들은 실행이 없다면 행동하는 능력은 고사하고 도덕적인 것의 올바른 개념조차 얻을 수 없다고 생각했다(주 106).

(112) 경이롭고 존경스러운 노엘 신부의 광범위한 학식을 보여주는 증거로서 그의 『중국과 인도에서의 수학적 물리학적 관찰』[239] 그리고 중국 고전들에 대한 전면적 번역을 들 수 있다. 그의 생애의 성실성에 대해 나는 충분히 검증된 예들을 알고 있지만 이에 대해 여기에서 이야기하지 않는 이유는 충분히 있다. 저자들이 노력을 기울였던 덕을 향한 정직한 추구가 면밀하게 다루어지고 있는 고전 번역은 그가 마음의 솔직성에서 기쁨을 느낀다는 사실을 보여주고 있다. 나는 비난하는 것보다는 칭송하는 성향이 있기 때문에 모든 사람에게 그의 덕을 찬양한다.

(113) 이 강연문을 집필할 당시, 나는 이 책들 중 몇 권이 이미 라틴어로 번역되었다는 것을 알지 못했다. 예컨대 나는 파리에서 간행

238 Couplet, 논어b, p. 41.

239 Noël, *Observationes Mathematicae et Physicae in India et China factae à Patre Francisco Noël Societatis Jesu, ab anno 1684. usque ad annum 1708*, Prag 1710.

된 『중국 철학자 공자』를(주 1) 손에 넣지 못했었다. 이 책들에 대한 노엘의 번역은 새로운 것이지만 양이 적다. 이 번역들은 또한 파리에서 간행된 번역과 커다란 차이를 보인다. 나는 다른 번역보다 노엘의 번역을 더 신뢰한다. 그 이유는 앞에서 이미 설명한 바 있다(주 7).[240]

(114) 1711년 크바르토(Quarto) 출판사에서.

(115) 내가 이것을 무한한 가치를 지닌 소책자라고 부른 것은 내 판단으로는 고대의 저술들 중에서 윤리성에 대한 실용적 가르침을 만족스럽고 심오하게 펼치고 있는 이 저술보다 더 탁월한 실천철학에 대한 저술이 없기 때문이다.

(116) 내가 여기에서 말하고 있는 것은 위협과 징벌에 억눌린 노예적 두려움이지, 사랑에서 나온 어린아이의 두려움이 아니다(주 91). 마찬가지로 여기에서는 보상에 대한 희망이 행동을 규정하는 유일하고 직접적인 근거로 보이는데, 그렇다면 이에 근거하지 않은 행동은 달리 규정되어야 할 것이다. 앞에서 서술한 것을 주의 깊게 읽은 사람은 실제로 이것이 중국인들의 견해라는 것을 믿어 의심치 않을 것이다. 보상에 대한 희망으로부터 입법자에 대한 사랑이 생겨나고, 이로부터 다시 입법자의 뜻에 반하는 것을 행하지 않는 영혼의 정직한 노력이라 할 수 있는 어린아이의 두려움이 생겨난다면 보상에 대한 희망은 덕에 손상을 입히지 않고도 선한 행동에 영향을 미칠 수 있다.

(117) 공자는 그의 가르침을 편년사에서 길어왔는데(주 5), 이 편년사는 선한 의도에 대해 많은 노력을 기울여 다루고 있기 때문에(주 19)

---

240 볼프의 주 85 참조.

이로부터 그런 선한 의도를 위한 최상의 근거를 찾아낼 수 있다. 그리하여 증자는 참된 증거를 제시하고 그의 민족의 윤리에 따라 행동하였다(주 105).

(118) 이성이 매일매일 커다란 성장을 이룰 수 있다는 것을 공자는 자신의 예를 통해 완벽하게 입증해 보여주었다(주 80). 이에 대한 선험적 증명은 그리 어렵지 않다. 이는 다른 곳에서 제시할 것이다. 주 73, 79를 참조하라.

(119) 이성의 빛을 통해 내면의 도덕성을 인식한 것이 욕구가 행동을 지향하는 이유가 아닌 경우 행동은 벌에 대한 두려움이나 보상에 대한 희망에 의해 규정될 수밖에 없는데, 이는 공자의 덕에 맞지 않는 것이다(주 91, 97).

(120) 유덕한 행동을 그 자체로서 원하고, 수치스러운 행동을 그 자체로서 혐오하는 사람은 유덕한 행동에서 기쁨을 느끼고 수치스러운 행동을 싫어할 것이다(주 74). 따라서 전자의 경우 그는 선을 사랑하고, 후자의 경우 그는 악을 미워하는 것이다. 이 두 가지 경우에서 감성적 욕구는 이성적 욕구와 일치한다. 공자는 이러한 일치를 추구하였으며(주 88), 그의 생애의 마지막에 이르러 결국 이에 도달하였다(주 86).

(121) 행동이 그 목표로 하고 있으며 행동을 통해 제시되는 완전성을 고려하지 않는다면 즐거움은 존재하지 않는다. 마찬가지로 행동이 그 목표로 하고 행동에서 제시되는 불완전성을 의식하지 못한다면 싫증을 느끼지 않는다(주 69).

(122) 요컨대 존경스러움과 수치스러움의 근거를 알지 못한다면 이는 다른 사람에 대한 맹목적 모방에 불과할 것이고 쉽사리 잘못을

저지르게 될 것이다.

(123) 이를 선험적으로 증명할 필요가 있기는 하지만 나 자신은 경험적으로 이를 매우 잘 알고 있다. 예컨대 나는 철학에서 가르치고 있는 것을 명료한 인식과 매개하려 하였기 때문에 내가 그 모든 것을 그것의 개념에서 출발하여 전개하였음에도 불구하고 증명의 방법을 모르는 사람들로부터 진리에 정면으로 대립되는 오류를 가르친다는 비난을 받았다. 다른 일들에 있어서는 교양이 없지 않은 사람이 매우 중요한 것에 대해서는 어리석은 말을 할 수 있다는 것을 나는 꿈에도 생각하지 못했다.

(124) 공자의 예가 이를 증명한다(주 80). 깊이 생각하지 않고 다른 사람의 예를 따르게 되면 헤라 대신에 구름을 껴안게 된다는 그의 가르침도 이를 증명해준다(주 105).

(125) 도덕적 진리를 몸소 검증하지 않으면 다른 사람의 예를 통해서도 이해될 수 없다고 중국인들은 확신하였다(주 106). 인식에 있어서의 차이를 중국인들은 잘 알고 있었다. 중국인들은 숙고를 통해 얻어진 것을 검증을 통해 명확하게 된 것과 비교하였다. 그 이유를 먼 곳에서 가져올 필요는 없을 것이다. 다른 사람의 예를 숙고하는 사람은 행동의 외양에 대한 인식만 얻을 수 있다. 이에 반해 정신의 내부에 숨겨진 참된 인식은 이것을 자신의 내면에서 의식했을 때에만 비로소 도달할 수 있다.

(126) 철학적 덕을 수양함에 있어 자연의 힘이 얼마나 커다란 능력을 지니고 있는가는 이를 시도해 봄으로써 결정되어야만 한다.

(127) 앞에서 언급한 것을 참조할 것(주 54, 55).

(128) 나는 노엘의 중국 고전 번역이 나오기 전에는 중국 철학을

전혀 접하지 못했었다.

(129) 내가 대학에서의 학위과정을 아직 마치지 않은 1702년 말 무렵.[241]

(130) 당시의 내가 보편적 연관성에 대해 알지 못하고 신의 영광과 공동선과 인간의 완전성을 서로 구분하여 이를 위계적 종속관계로 파악하였다면,[242] 그 후에 나는 지금까지도 흡족하게 여기고 있는 보편적 실천이라는 개념에 도달하였으며 이는 공자의 보편적 실천과도 일치한다.

(131) 1703년 초.

(132) 라이프치히대학.

(133) 이곳의 규정에 따라 공개토론을 통해 사강사의 직위를 얻기 위해 나는 『수학적 방법에 의거한 보편적 실천철학』[243]을 집필하였다.

(134) 1703년 이후로 나는 방법론의 법칙을 연구하여 이를 나 자신을 통해 실험하는 일에 지속적으로 많은 노력을 쏟음으로써 공자가 의지에 대해 시도했던 것을 나는 지성에 대해 시도하였다(주 20). 공자와 마찬가지로 나 또한 부단한 진보를 경험하였으며 이는 지금까지도 마찬가지다. 우리의 시대가 공자의 시대와 매우 상이하지 않

---

241 볼프는 1699년부터 1702년 말까지 예나대학에서 공부하였고, 그 후 라이프치히대학으로 옮겨 갔다.

242 *Philosophia practica Universalis*. In: Meletemata = WW II, Bd. 35, Sect. II, p. 270 이하. 그의 첫 저서의 결함 및 그 후의 입장 변화에 대해 볼프는 다음에서 설명하고 있다. *Ratio praelectionum* = WW II Bd. 36, p. 192 이하.

243 *Philosophia practica Universalis, Mathematica methodo conscripta*, Leipzig 1703, In: Meletemata = WW II, Bd. 35, Sect. II, Num. I, pp. 189-223.

았다면 공자의 예를 따라(주 80) 나는 이에 관해 명료하게 설명할 수 있었을 것이다. 다른 사람들에게 도움을 주기 위하여 정직한 뜻으로 강연한 것에 대해 공자의 정직함과는 거리가 먼 사람들이 비난을 퍼붓고 있다.

(135) 내가 도달한 통찰을 나는 "도덕적 정치적 사상"[244]에서 서술하였다. 튀미히는 이에 의거하여 그의 『철학의 원리』 제2부[245]를 집필하였는데, 이 책은 지금 인쇄 중이다. 시간이 나는 대로 라틴어 저술들을[246] 통해 이에 대해 더 많은 것을 제시할 것이다.

(136) 중국인들은 다른 사람에게 말로는 전달할 수 없는 명료한 개념을 독점적으로 가지고 있다. 이 개념을 제대로 이해하는 사람만이 그 의미를 정확하게 알 수 있다. 그의 제자들이 이것을 습득할 수 있도록 하기 위해 공자는 생각과 실행을 결합하였다. 이 방법은 명석한 개념에는 이를 수 있지만 판명한 개념에는 이를 수 없다. 하지만 나처럼 판명한 개념을 얻기 위해 노력하는 사람은 보편적 개념과 정신의 속성으로부터 많은 것을 선험적으로 도출하는데 공자와 그의 제자들은 이를 후험적으로 통찰하였다. 개념을 확증하고 확장하고 근본개념을 찾아내기 위해서는 공자의 검증적 방법을 선험적 방법과 결합해야만 한다.

---

244 다음 글을 가리킨다. *Deutsche Ethik* = WW I, Bd. 4 그리고 *Deutsche Politik* = WW I, Bd. 5.

245 Thümmig, Bd. 2 = WW III, Bd. 19.2.

246 다음 저술들을 들 수 있다. *Philosophia practica Universalis*, = WW II, Bd. 10 이하; *Jus naturae* = WW II, Bd. 17-24; *Jus Gentium* = WW II, Bd. 25; *Ethica*, WW II, Bd. 12-16; Oeconomica, Bd. 1 = WW II, Bd. 2. 계획했던 *Politica*는 저술하지 못했다.

(137) 선교사들이 중국에 들어가는 것은 매우 어려운 일이었다. 이 민족이 다른 민족의 윤리관습을 알려고 하지 않았을 뿐만 아니라 외국과의 교류도 회피하였기 때문이다. 그리하여 이 제국에 들어가려 하는 사람은 사절로 입국하지 않는 경우에는 즉시 살해당하거나 종신형에 처해질 위험을 감수해야 했다. 일본인들을 기독교로 개종시키려 노력한 프란시스코 사비에르[247] 신부에게 일본인들은 그가 이웃 국가 중국인들을 먼저 설득해야 한다고 거듭 말하곤 했다. 이 현명한 사람들이 그의 뜻에 동의한다면 자신들도 주저하지 않고 이에 가담하겠다는 것이었다. 이 위대한 과업을 약속한 사람들이 이러한 소망을 실현하기란 결코 쉬운 일이 아니었다. 이에 대해서는 다음 보고서를 보라. 『1581년에서 1669년까지 예수회 선교사들에 의한 중화제국에서의 올바른 신앙의 기원과 발전에 대한 역사 보고서, 예수회 신부들의 편지 특히 쾰른 출신의 고명한 신부 아담 샬의 편지에 의거해 작성됨』.[248] 중국의 지리에 대한 서술과 중국 선교의 상황에 대한 간략한 서술이 증보된 제2판이 1672년 레겐스부르크의 옥타브(Oktav) 출판사에서 간행되었다. 실제로 사비에르는 마침내 중국 입국을 시

---

247 프란시스코 사비에르(Francisco Xavier, 1506-1552)는 스페인 북부 나바라 왕국 귀족 가문 출신으로서 파리대학교에서 공부하였고, 이그나티우스 로욜라와 함께 예수회를 창설하였다. 볼프가 위의 주에서 언급하고 있듯이 일본에 최초로 그리스도교를 전하는 등 예수회를 통한 동양 선교의 길을 개척하여 '동양의 사도'로 불린다. 한자명은 방제각(方濟各).

248 *Historica Relatio de Ortu et Progressu Fidei orthodoxae in Regno Chinensi Per Missionarios Societatis Jesu Ab anno 1581. usque ad annum 1669. Novissimé collecta Ex Literis eorundem Patrum Societatis Jesu, Praecipuè R. P. Johannis Adami Schall Coloniensis*, Regensburg 1672, p. 1 이하.

도하였으나 거부당했다. 신앙 포교에 착수하기 전인 1552년에 그는 광동성에 속해 있는 섬 산지안에서 55세의 나이에 세상을 떠났다. 중국에 처음으로 발을 들인 것은 1581년 미셸 루지에리[249]였다. 하지만 그는 아무것도 이루지 못했다. 마침내 1583년에 예수회 신부 마테오 리치가 그 뒤를 이어 중국에 들어갔고 1601년에는 처음으로 궁정에 도착하여 황제의 호의를 얻었다. 그가 중국 선교의 창시자이다. 1610년에 그가 세상을 떠났을 때 그는 황제로부터 방대한 땅을 묘지로 하사받았다.[250] 이에 대해서는 「편년사」 85, 87, 88, 89쪽[251]을 보라.

(138) 중국에는 여섯 권의 고전이 있다. 『대학』, 『논어』, 『중용』, 『맹자』, 『효경』, 『소학』이 그것으로서,[252] 노엘에 의해 모두 번역되었다. 그에 앞서 『중국 철학자 공자』를 펴낸(주 1) 선교사들은 『대학』, 『논어』, 『중용』만 라틴어로 번역했다. 그 제1권이 『중국 학문』으로, 이는 공자가 편찬하고 그의 제자인 증자가 상세하게 설명한 『대인학

---

249 루지에리(Michele Pompilio Ruggieri, 1543-1610)는 이탈리아 출신의 선교사. 볼프는 위의 주에서 루지에리가 아무것도 이루지 못했다고 했지만, 그는 초기에 중국에서 선교활동을 개척하는 데 상당한 기여를 했다. 그는 1580-1583년 세 차례나 광주(廣州)를 왕래하면서 삭발하고 가사를 입은 채 '서승(西僧)' 행세를 하며 포교활동을 했으며, 1583년 9월에는 리치와 함께 자오칭(肇慶)에 가서 선화사(仙花寺)를 짓고 포교활동에 정식으로 착수하였다. 선화사는 중국에 세운 첫 예수회 교회당이다. 그는 또한 중국어로 된 최초의 기독교서 『천주성교실록(天主聖敎實錄)』을 저술하였다. 1588년 루지에리는 교황청의 소환을 받고 마카오를 거쳐 로마에 갔다가 그곳에서 병사하였다. 중국명은 나명견(羅明堅).

250 북경에 있는 마테오 리치의 묘는 1980년 복원되었다.

251 Couplet, 편년사, 사비에르에 대해서는 p. 85, 루지에리에 대해서는 p. 87, 마테오 리치에 대해서는 p. 88 이하에 각각 서술되어 있다.

252 이 책명들을 직역하면 순서대로 다음과 같다. 『성인을 위한 학교』, 『격언서』, 『불변의 중심』, 『맹자』, 『어린이의 복종에 대하여』, 『어린이를 위한 수업』.

교』 혹은 『대학』을 가리킨다. 제2권은 중국의 세 번째 고전인 『중용』이다. 이 책은 공자의 손자이자 공자의 외아들의 아들인 자사자가 그의 조부의 족적을 추적하여 펴낸 것이다. 여기에서 그는 공자의 말과 행동을 원칙으로 삼았다. 제3권은 『논어』로, 여기에는 여러 시기에 걸쳐 공자와 그의 제자들이 한 말이 실려 있으며, 공자가 외적 행동을 실행하는 방식에 대한 제자들의 설명이 들어 있다. 맹자는 중국인들에게서 커다란 명성을 얻은 또 한 사람의 철학자이다. 그는 기원전 371년에 태어나서 84세의 나이로 세상을 떠났다. 그는 비록 공자가 사람들에게서 얻은 만큼의 높은 명망에 도달하지는 못했지만 오늘날까지도 사람들은 그의 공적을 감사의 마음으로 기억하고 있으며, 이로 인해 그의 후손들은 궁정에서 왕의 특권을 누리고 있다. 이에 대해서는 「편년사」 15, 16쪽[253]을 보라. 맹자는 공자의 손자이자 충실한 해석자인 자사자의 제자이다. 그는 다른 고전들에서보다 중국의 학문을 더 명백하게 상호 연관 속에서 설명했다. 소책자 『효경』은 부모를 공경하는 일과 관련하여 공자가 증자에게 대답한 내용을 담고 있다. 끝으로 『소학』은 서기 372년에서 480년까지 중국을 다스린 8대의 황제 가문 치하에서 주희에 의해 편찬된 책이다.[254] 이 책에는 어

253 Couplet, 편년사, 15, p. 16.

254 여기에서 볼프는 『소학』에 대해 역사적 사실에 어긋나는 잘못된 서술을 하고 있다. 우선 중국 역사에는 372년에서 480년까지 존속한 왕조가 없다. 이 연대에 가장 가까운 왕조는 유유(劉裕, 363-422)가 건국한 송(宋)이 있는데, 중국의 남북조시대를 연 송은 420년에서 479년까지 8대에 걸쳐 존속하였는데, 8대라는 사실이 일치하고 시기가 거의 유사하다는 점에서 볼프는 바로 이 왕조를 언급하고 있는 것으로 보인다. 하지만 주희는 조광윤(趙匡胤, 927-976)이 건국하여 960년에서 1279년까지 존속한 후대의 송나라 사람으로서, 볼프는 이 두 송나라를 혼동한 것으로 보

린이들이 사용하기 위한 고금의 말들과 예들을 모아 이 나라가 번영했을 때 소인학교에서 가르쳐졌다. (초보자들이 외우는[255]) 다섯 번째 고전을 제외한 다른 고전들은 모든 도시와 촌락의 모든 아이들이 오늘날 외우고 있다. 학자들이 사용하는 것들로서 성현들의 다른 고전들도 있는데, 『사기』, 『시경』, 『주역』 (이 안에는 물리학 학설이 들어 있다), 『의례』, 『춘추』가 그것이다.[256] 이것들은 아직 라틴어로 번역되지 않았다.

(139) 이 강연문과 앞의 주들에서 제시한 것을 통해 볼 때 이는 충분히 해명된 사실이다. 특히 다음을 참조할 것. 제국의 개념을 가족의 개념으로 소급하고 제국의 질서의 개념을 하늘의 질서로 소급한 것(주 7, 34). 도덕과 정치에 사용하기 위해 편년사를 사용한 방식(주 19). 도덕적인 것과 정치적인 것의 개념 및 학문의 진리에 도달하는 방식(주 20, 22, 24, 25, 73, 82, 106, 125, 136). 인간 행위의 규준으로서의 이성적 본성과의 일치(주 39). 충족이유율을 도덕에 적용한 것(주 58). 덕을 위해 요구되는 외적 행동과 내적 행동의 일치(주 78). 덕의 동반자로서의 즐거움(주 78). 다른 사람의 덕을 검증하는 방식과 법적 소송에서 진실성을 조사하기 위해 판관에게 규정된 방법(주 78). 매일 보다 커다란 완전성을 향해 가는 부단한 진보(주 83, 84). 행동을 자유로이 규정함에 있어 소우주와 대우주의 일치(주 84). 모든 행동과 관

인다. 또한 여기에서 볼프는 주희가 『소학』을 편찬했다고 언급하고 있는데, 실제로 『소학』은 주희의 제자 유자징(劉子澄)이 스승의 지시에 따라 편찬한 것이다.

255 Noël, 서문, p. 2.

256 이 책명들을 직역하면 순서대로 다음과 같다. 『황제 연대기에 대한 책』, 『송가집(頌歌集)』, 『생성과 변화에 대한 책』, 『관습에 대한 책』, 『봄과 가을에 대한 책』.

련되어야 하는 인간의 완전성의 개념(주 85, 108). 감성적 욕구와 이성적 욕구의 자발적 일치(주 80, 86). 윤리의 원칙으로 교육되는 영혼의 상위 영역과 하위 영역의 구분(주 88). 아랫사람에게 어린아이의 두려움을 통해 의무를 부과하는 방식(주 91). 중국의 두 가지 학교(이 강연문). 군주에 대한 두려움과 상에 대한 희망을 덕으로부터 배제한 것(주 97). 윤리적 행위의 질서(주 101). 넓은 시야에 의한 가르침의 선택(주 105). 철학자의 개념(주 106, 111, 116). 군주의 모범과 백성의 모방 사이의 불가분적 관계(주 107). 윤리적 행위(주 93).

(140) 모든 참된 이론은 빈틈없이 서로 연결되어 있어 하나가 다른 하나에 의해 증명된다. 하지만 중국인들은 거듭된 시도를 통해 확인된 것만 받아들이는 방식으로 진리에 도달하였다(주 106). 이론의 개별적 근거를 찾아냄으로써 이에 대한 명료한 인식에 도달한 사람만 이러한 연결을 인식할 수 있다.

(142) 군주에 대한 두려움이나 보상에 대한 희망에서 그가 원하는 것과 반대되는 행동을 하는 사람은 아직 이성과 일치하는 것을 자유로이 행한다고 할 수 없다. 이것을 중국인들은 덕으로 여기지 않는다(주 97).

(143) 내가 이미 제시한 바 있듯이(주 39) 공자의 도덕의 진리성에 대한 이러한 시금석은 확증된 것이다.

(144) 이로 인해 중국인들은 외적 행동이 내적 행동과 일치하지 않는 경우, 이를 덕이 아니라고 생각하고 의미의 진실성을 추구하였다(주 78).

(145) 바로 위에서(주 144) 언급한 것을 숙고해 보라.

(146) 지금까지 말한 것이 정신의 속성에 일치한다는 것은 경험

적 심리학을 정확하게 고찰한 사람에게는 의문의 여지가 없는 사실이다. 튀미히가 『볼프 철학의 원리』 1권 118쪽에서 제시한 「경험적 심리학의 원리」는 이에 대한 주가 되어줄 것이다.[257]

(147) 이것이 중국인들의 원칙과 일치한다는 것을 공자의 『대학』, 『중국 학문』 1권에서 배울 수 있다. 내가 위의 주 78과 주 119 이하에서 언급한 것을 보라.

(148) 중국인들은 그들의 교의를 모범적 사례에서 찾아냈는데, 그들이 스스로에게 행한 실험을 통해 확인된 것만 이러한 사례가 될 수 있었다. 주 5, 19, 105에서 언급한 것을 보라. 고전을 주의 깊게 고찰한 사람이라면 내가 주장한 것 하나하나가 실험을 통해 확인된 것이라는 사실을 믿어 의심치 않을 것이다. 내 강연문에 대해 해설한 주들을 주의 깊게 읽어보는 것만으로도 충분할 것이다. 중국 현자들의 고전인 편년사를(주 138) 손에 넣을 수 있다면(주 19) 이것을 더 분명하게 확인할 수 있을 것이다.

(149) 유감스럽게도 우리 시대에 바리새주의를 지하세계에서 다시 끌어내고 있는 사람들, 이 가식적인 경건성의 교사들은[258] 덕을 추구함에 있어 지성의 교육을 소홀히 한다. 이익과 공명심이 이들의 동기이고, 이들이 외모와 표정과 거동과 행동의 외적 모습을 법에 맞추는 이유이기 때문에 이들은 행동의 내적 도덕성과 입법자의 지혜와 선의에 관심을 두지 않는다. 공자의 성실성과 거리가 먼 이런 사람들에게 공자는 덕의 외양조차 인정하지 않았으며 이들을 사악한

---

257 Thümmig, Bd. 1 = WW III, Bd. 19.1, p. 118 이하. 볼프의 주 87 참조.

258 할레 고아원의 경건주의 교사들을 가리킨다. 볼프의 주 90 참조.

노예, 심지어 이성이 없는 짐승[259]으로 여겼기 때문이다(주 91). 쿠플레가 「서론」 10쪽에서[260] 전하고 있듯이 보다 엄격하고 보다 신성한 생활방식을 꾸며내고 덕을 허례허식으로 변모시키는 사람들, 동냥기술에서 다른 사람들을 능가하는 이런 사람들을 오늘날의 중국인들은 **꼰대**로 분류하고 있다.

(150) 앞에서 소인학교와 대인학교의 차이에 대해 언급한 주를 보라(주 93, 94).

(151) 『중국 학문』 1권 3쪽에는[261] 다음과 같이 적혀 있다. "고대의 왕과 황제들은 나라를 올바르게 다스리려 했기 때문에 우선 가정에 올바른 질서를 세우려 했다. 가정에 올바른 질서를 세우려 했기 때문에 몸을 올바르게 수양하고 돌보려 했다. 몸을 올바로 수양하려 했기 때문에 우선 감각을 올바르게 하려 했다. 감각을 올바르게 하려 했기 때문에 우선 태도를 진실하게 하려 했다. 태도를 진실하게 하려 했기 때문에 우선 지성을 완전하게 하려 했다." 여기에 덧붙여야 할 것은 지성을 완전하게 하기 위해서는 모든 사물의 근거를 철저하게 연구해야 한다는 것이다.

(152) 중국인들은 명령이 아니라 모범을 통해 백성을 다스려야 한다고 생각해서 의무의 참된 근거를 통치자의 모범에 두었다(주 91). 중국인들은 군주의 모범과 백성의 모방(주 107) 사이에 불가분의 연관관계가 있다고 믿었으며, 실행이 없는 생각만으로는 결코 도덕적

---

259 *Anmerkungen zur Deutschen Metaphysik* = WW I, Bd. 3, p. 229 이하, §141 참조. 또한 Theologia naturalis, Bd. 2 = WW II. Bd. 8, p. 494 이하, §508 참조.

260 Couplet, 서론, X.

261 Couplet, 대학, p. 3.

진리의 개념에 도달할 수 없다고 확신했기 때문이다(주 106, 125). 특히 다른 사람에게 단지 말만으로는 전달할 수 없는 명료한 개념에서 만족을 느꼈기 때문이다(136).

(153) 『대학』 맨 앞부분 『중국 학문』 1쪽에[262] 나오는 공자의 가르침은 모든 사람들이 우선 저마다 자신을 완전하게 해야 하며, 그 후에야 백성들의 삶을 개선하려 해야 한다는 것이다. 다른 사람에게 지시한 것을 공자는 자기 자신에게도 실행했다. 공자는 15세의 나이에 자기 자신에게 헌신한 후(주 5), 자기 자신을 통해 도달한 진리를 널리 전파하기 위해 지칠 줄 모르고 노력했다(주 5). 이를 위해 그는 범죄자들에게 쫓기고 악의를 품은 자들이 그를 증오하여 박해하는 것도 무릅썼다(주 14). 그리고 그는 이 거대한 제국의 경계로는 만족하지 못했기 때문에 자신의 가르침을 널리 전하기 위해 야만민족들에게로 떠날 것을 계획하고 자신의 가르침이 경시되는 것을 한탄했다. 자신과 정직한 사람들이 경시되는 것을 목격하고 마침내 그는 고통스럽게 다음과 같이 토로했다(『중국 학문』 3권 3부 19쪽[263]). "나의 가르침은 지금 경시되어 널리 전파되지 못하고 있다. 이제 내가 중국에서 기뻐할 일이 무엇이 있겠는가? 배를 타고 바다를 건너가서 이 윤리적으로 타락한 세계에서 속히 벗어나고 싶다."(주 25를 참조하라.) 『중국 학문』 2권 74쪽에는[264] 완전한 인간은 자기 자신뿐만 아니라 다른 사람도 완전하게 만들어야 한다는 것에 대해 상세하게 언급되

---

262 볼프의 주 85 참조.

263 Couplet, 논어b, p. 19.

264 Couplet, 대학, p. 74.

어 있다.

(154) 위에서(주 152) 내가 언급한 것을 참조하라. 또한 입법자 요임금과 순임금의 예도 돌아보라(주 8, 107).[265]

(155) 이들은 자기 자신을 다스리는 것을 미리 배우지 않았고, 부모가 아이들을 다스리거나 가장이 가족을 다스리는 것은 불가능하다고 생각했다(주 101). 이들이 자신들의 왕과 황제에게서 칭송하는 것을 부모와 가장에게도 요구한 것은 결코 기이한 일이 아니다. 이들은 자녀의 교육과 가족을 돌보는 일을 일종의 통치로 여겼기 때문이다. 이들은 제국 자체에 대해서도 이렇게 생각했다(주 7). 공자는 사적인 집안에서 권력을 행사할 수 있는 사람들에게 덕을 확대하려는 사람을 칭찬한 후 이것 또한 다스리는 일이며 관직에 오르는 일이라고 설명했다(『중국 학문』 3권 1부 19쪽[266]). 정치의 규칙이 갖는 의미와 진리를 알기 위해 관직에 올랐을 때(주 25, 106), 그는 가정을 다스리는 일과 관직 사이의 유사성을 신중하게 고려했다. 그리고 이 경우에도 그는 자신이 스스로 체험하지 않은 것은 말하지 않았다.

(156) 행동의 가치를 스스로 판단할 능력을 갖추지 못한 사람들은 각 분야의 전문적 지식을 믿음으로써 전문가로 여겨지는 다른 사람의 권위에 의존한다. 요컨대 중국인들은 권위에 대한 선입견이 해로운 것이 아니라 이로운 것이 되도록 노력했다.

(157) 공자는 『대학』의 첫 부분에서 이 규칙에 대해 명시적으로 가르치고 있다(주 108을 보라).

---

265 볼프의 주 10과 11도 참조.

266 Couplet, 논어a, p. 19.

(158) 공자 자신이 이를 잘 알고 있었으며, 그는 자신이 다른 사람들에게 가르치는 완전함에서 아직 멀리 떨어져 있다고 스스로 고백하였다(주 66). 공자는 자신이 제자들에게 이와 다르게 여겨질 경우 이런 이야기를 듣고 기꺼워하지 않았다. 자신의 예를 통해 해를 끼치는 것이 아니라 이로움을 주기 원했기 때문이다.

(159) 15세부터 생애의 마지막인 73세에 이르기까지 부단히 덕을 쌓기 위해 노력했던 공자는 매일매일 더 정진하는 일에 자신의 모든 생각과 노력을 기울였다. 이것이 가능한 일이라는 것을 공자는 60세의 나이에는 아직 부족했다고 느꼈던 것을 70세의 나이에 자기 자신에게서 발견함으로써 스스로 체험했다(앞에서(주 80) 공자의 덕의 성장에 대해 언급한 것을 보라).

(160) 이것을 공자는 성인(成人)들이 헌신해야 할 것에 대한 가르침의 총괄개념으로 제시했다. 성인들은 자기 자신과 다른 사람들을 부단히 완전하게 하기 위해 노력해야 하고 최고의 완전성을 추구해야 할 목표로 삼아야 한다는 것이다.

(161) 내가 알고 있는 자연법의 기원은 자연의 행동과 의지의 행동을 막론하고 모든 행동의 상호 일치 외에 다른 것이 아니다. 자연의 행동을 규정하는 것과 동일한 궁극적 원인이 의지의 행동을 규정할 때 그리고 특수한 궁극적 원인이 마침내 보편적인 궁극적 원인 안에서 해소될 때 그러한 일치에 도달하게 된다. 세계의 궁극적 목적은 신의 영광 및 신의 완전성의 계시에 있기 때문에 존재와 법칙의 궁극적 목적은 신의 속성에 있다. 그러므로 신의 속성이야말로 자유로운 궁극의 목적이며, 따라서 인간은 자유로운 행동을 통해 신의 영광을 찬양해야 한다. 자연법의 기원을 엄밀하게 연구함으로써 나는 신

의 영광에 대한 찬양이 인간의 완전성과 분리된 것이 아니라는 사실을 알게 되었다.[267] 신의 영광에 대한 찬양이 없이는 인간의 완전성은 구현되지 못한다.

(162) 품위와 관련된 것도 나는 정의롭고 진실하다고 일컬어지는 것에 대한 규정의 근거와 동일한 근거에 의거하여 규정하려 한다. 이에 따라 참된 품위와 거짓된 품위를 구분할 수 있는 확실한 원칙이 품위에 부여된다.

(163) 이와 관련된 몇 가지 사항은 『보편적 실천철학』에 이미 들어 있다[268](주 133). 하지만 나는 여기에서는 이에 대해 철저하게 서술하지는 않았다(주 130). 작년에 3판이 나온 『형이상학』에서[269] 필연적인 원칙을 미리 제시한 후 1720년에 간행되었고 그 후 1722년에 2판이 나온 『도덕적 사상』에서[270] 나는 행동의 지향이 인간의 완전성과 어떤 관계를 맺고 있으며, 이것이 어느 정도의 능력을 가지고 있는가를 명료하게 제시하였다(주 135).

(164) 앞에서(주 136) 언급한 것을 보라. 또한 주 166도 참조하라.

(165) 이러한 자매관계를 명료하게 인식하기 위해서는 완전성 일반에 대한 명료한 개념이 필요하다. 또한 내가 '초월적 우주론'이라고 부르는 세계에 대한 보편적 인식도 필요하다. 나는 이것이 자연의 빛에 의거하여 인식될 수밖에 없다고 생각한다. 중국인들에게는 완전

---

267 Ratio praelectionum = WW II, Bd. 36, p. 193. Deutsche Ethil = WW I, Bd. 4, p. 30, §42. 볼프의 주 130 참조.

268 *Philosophia practica Universalis*, In: Meletemata = WW II, Bd. 35, Sect. II, p. 209 이하.

269 *Deutsche Metaphysik* = WW I, Bd. 2, p. 260 이하, §422 이하.

270 *Deutsche Ethik* WW I, Bd. 4, p. 11 이하, p. 29 이하, §12, 40.

성 일반에 대한 명료한 개념이 결여되어 있으며 초월적 우주론과 관련된 것은 중국인들에게 알려지지 않았다. 자연신학은 중국인들에게서 전혀 찾아볼 수 없다(주 54). 결과적으로 중국인들은 모든 자유로운 행동이 어떻게 서로 연결되어 있으며, 이것이 자연적 행동 자체와 연결될 수 있는 근거를 설명하지 못한다. 자유로운 행동이 세계의 완전성을 방해하는 것이 아니라 오히려 증진시킨다는 것도 이들은 설명하지 못한다. 내게 있어 자유로운 행동이 우리의 완전성을 지향한다는 것은 자연법의 근본원칙에 해당하는 것이지만 나의 형이상학적 근본원칙에 의거하여 자연법이 세계의 완전성을 향한 자유로운 행동의 지향으로서 보다 보편적으로 파악될 수 있다는 사실이 완벽하게 드러난다. 이러한 보편적 근본원칙에 의거하여 모든 것이 다른 것에 지고 있는 의무와 더 나아가 무생물에게도 지고 있는 의무가 도출된다.

(166) 『대학』의 첫 부분에서[271] 공자는 최고의 완전성에 도달하지 않은 한, 인간은 머물러서는 안 된다고 가르치고 있다. 여기에서 말하는 완전성은 덕의 수준으로 파악되어야 한다. 완전성의 참된 개념도 여기에서는 이러한 덕의 수준에 모순되지 않는다. 내가 볼 때 여기에서 제기되어야 할 질문은 완전성이 덕의 수준과 일치하는가 하는 것이 아니라 공자와 중국인들이 이에 대해 인식하고 있었는가 하는 것이다.

(167) 중국인들은 인간이 그 부분을 이루고 있는 이 세계에 존재하는 모든 사물에 조화가 생겨나도록 행동하는 것을 추구했다(주 84).

---

271 볼프의 주 85 참조.

이러한 조화를 위해서는 행동의 자유로운 규정을 통한 소우주와 대우주의 일치가 요구된다. 중국인들은 소우주와 대우주의 일치에 도달하기 위해서는 외적 행동이 내적 행동과 일치하고, 내적 행동과 관련해서는 감성적 욕구가 이성적 욕구와 일치해야 하며, 결과적으로 마음의 운동이 이성과 일치해야 한다고 규정했다.

(168) 애매한 개념이 말을 통해 다른 사람의 정신에 전달될 수 있는 것은 그 사람이 이미 이 개념을 지니고 있고, 또 이 말과 결합할 수 있을 때에 한한다(주 136 참조).

(169) 이로부터 왜 도덕적인 것의 명료한 개념을 고려하지 않은 다른 사람들이 지금까지 중국인들의 견해를 파악하지 못했는가 하는 이유가 분명히 드러난다. 하지만 나는 이 개념들을 발전시키고 이를 더 단순한 다른 개념들로 재구성해 왔기에 이를 파악할 수 있었다.

(170) 여기에서 나는 자연의 힘에 의해 도달할 수 있는 인간에게 있어 최고의 철학적 선에 대해 이야기하고 있다. 하지만 이러한 선 이외에 다른 어떤 것도 자연적 방식으로 인간에게 귀속될 수 없다는 사실은 공자의 예를 통해 입증된다(주 84).

(171) 이는 『도덕적 사상』 특히 그 제1부에 들어 있다.[272] 이 제1부에 나는 『보편적 실천철학』이라는 제목을 붙이고, 이것에서 보편적인 도덕의 개념을 전개하여 보편적인 실천의 원칙을 확립했다.

(172) 주 85에서 언급한 것을 보라.

(173) 공자는 이에 대한 모범을 보여주었다(주 66). 자기 자신에

---

272 *Deutsche Ethik* = WW I, Bd. 4, p. 31 이하, §44. 제1부의 제목은 "Von dem Thun und Lassen der Menschen überhaupt(인간 일반의 행위와 무위에 대하여)".

대한 매우 신중한 관찰자였던 공자는 덕을 추구함에 있어 지칠 줄 몰랐으며(주 66), 그 결과 70세의 나이에도 계속 진보를 이룰 수 있었다(주 80).

(174) 명예와 공명심은 하늘과 땅만큼 거리가 먼 것이다.[273] 명예란 우리의 선행이 다른 사람들에 의해 인정받았을 때 느끼는 쾌감을 말한다. 이것은 모든 인간, 모든 정신적 존재에게는 매우 자연스러운 것으로서 쾌감의 개념과 그 정신적 실체에 의거해 증명될 수 있는데, 나는 다른 곳에서 이를 증명할 계획이다. 우리가 우리의 선행을 기뻐하고 이 선행이 다른 사람들에 의해 인정을 받는 것은 아무런 악덕이 아니다. 따라서 성공이 최고로 완전한 원인에 대한 증거가 되도록 이 세상을 창조하고 세계에 대한 관찰을 신의 속성에 대한 인식으로 고양하도록 인간을 만든 신 자신도 명예를 중시한다고 할 수 있다. 이에 반해 공명심은 사람이 그의 분수 이상의 명예, 그의 공적에 대해 다른 사람들이 인정하는 것 이상의 명예를 탐하는 것이라는 점에서 악덕이다. 개념에 의거하여 결정을 내리는 사람은 맹목적으로 판단하지 않고, 서로 구분되는 것을 하나로 뭉뚱그리지 않는다.

(175) 공자는 덕을 추구함에 있어 진보를 이루기 위해 다른 사람들의 예, 특히 요임금과 순임금이 보여준 모범에 대해 성찰하였다(주 19). 이에 따라 중국의 편년사는 중국인들의 특성인 커다란 신중함에 의거하여 서술되었다. 이는 편년사가 도덕과 정치에 기여하도록 하기 위한 것이었으며(주 19), 이에 따라 편년사는 현자들을 위한 고전

273 볼프가 이 주에서 다루고 있는 명성과 공명심의 차이에 대한 논의는 Noël, p. 263 혹은 p. 414에 의거한 것으로 추정된다.

에 들어가게 되었다(주 138).

(176) 덕을 열심히 모방하는 것은 칭송을 받아야 할 일이지 비난 받을 일은 아니다. 이에 대한 유명한 예들이 제시되고 있는 것은 그 때문이다. 이는 우리가 다른 사람에게서 경탄하는 덕을 애써 스스로 추구하도록 하기 위함이다.

(177) 이러한 예들은 중국의 네 번째 고전인 『맹자』에 나온다(주 138).

(178) 개념에 의거하지 않고 다른 사람들의 윤리에 대한 선입견에 의거하여 판단함으로써 비난거리를 찾아내는 사람들을 나는 윤리 심판관이라고 부른다. 이들은 구분해야 할 것은 하나로 뭉뚱그린다.

(179) 공자와 순임금의 예는 이와 반대이다. 예컨대 공자는 다른 사람들이 그의 덕과 정직함을 적절한 정도 이상으로 평가하는 것을 받아들이지 않았다(주 78). 아직 도달하지 못한 사람으로 자신이 받아들여지는 것을 원하지 않았기 때문이다. 공자는 외적 행동이 내적 행동과 일치하도록 하고 이성과 일치하는 것을 기쁜 마음으로 행하기 위해 모든 노력을 다했다(주 78). 순임금은 자신의 판단을 믿지 않고 공적인 칠판을 내걸어 개선해야 할 것으로 보이는 임금의 행동을 모든 사람이 거기에 마음대로 쓰도록 했다(주 78). 모든 것이 진리에 의거하여 이루어지고, 마음의 운동이 이성과 화해하도록 하기 위해 이들이 얼마나 노력했는가 하는 것은 앞에서 이야기한 것들에서도 전반적으로 잘 드러난다. 특히 주 66, 78, 80에서 언급한 것을 보라.

(180) 공자와 고대 중국인들은 정신의 판단, 태도, 욕구 및 내적 행위가 서로 일치하고 또 자연과 일치하도록 하기 위해 노력했다. 이러한 일치는 악덕이 아니라 덕에 고유한 것이다(여기에서 나는 덕 일반

에 대해 말하고 있다). 덕이 철학적 덕인가, 기독교적 덕인가는 동기에 달려 있으며 이러한 동기에 따라 행동에 속하는 모든 것이 변화한다(주 51, 52, 53). 신학자들은 이에 동의하고 있다. 그리하여 베히만은 『후터의 개론서에 대한 주』 14장, 질문 6, §2, 520쪽에서[274] 다음과 같이 말하고 있다. "이교도들이 행하는 선한 사역은 그것이 신의 법칙과의 일치를 엄밀히 숙고한 것이라면 죄악이 아니다. 신의 법칙과 일치하는 어떤 것이 죄로 규정되는 것은 모순이다."

(181) 이교도의 덕은 훌륭한 죄라는 아우구스티누스의 유명한 격언이 있다.[275] 이는 일치신조의 집필자들을 통해서도 입증된 것으로 보인다. 예컨대 선한 사역에 관한 항목에는 다음과 같은 내용이 들어 있다. "올바른 외적 생활방식에 이르는 데 기여하는 일이 (이것이 불신자와 신에게로 개심하지 않은 자에 의해 수행되는 경우에도) 세상이 볼 때 가치 있고 칭송할 만한 것이고 신에 의해 세상에서 한시적으로 상을 받을 만한 것이라고 할지라도, 그것은 참된 신앙에서 나온 것이 아니기 때문에 진실로 신 앞에서는 죄가 된다. 다시 말해 여기에는 죄의 오점이 남아 있다. 자연의 타락 때문에 그리고 이 사람이 아직 신과 화해하지 않았기 때문에 그의 사역은 신에게 죄와 불순한 일로 여겨진다."[276] 이러한 반론은 성경의 내용과 일치하는 것으로 보인다. 중국

---

274 Friedemann Bechmann, *Annotationes uberiores in Compendium theologicum Leonardi Hutteri*. Leipzig 1690, p. 520.

275 이 말은 아우구스티누스가 한 말이 아닌데, 19세기까지는 그가 한 말로 알려져 있었다. 라이프니츠는 아우구스티누스에게서 유래한 것으로 알려진 이 격언을 날카롭게 비판한 바 있다(*Essais de Théodicée*, §259).

276 *Die Bekenntnisschriften der evangelisch-lutherischen Kirche*, Göttingen 1976 (초판 1930), p. 940, 27-41행.

인들은 불신자들일 뿐만 아니라 애매한 개념만 가지고 있는 신에게 이들이 개심하지도 않았으므로 이들은 신의 속성에 대한 인식을 지니고 있지 않으며 이로 인해 몇몇 사람들에게 무신론자로 간주된다(주 54).

(182) 엄밀하게 구분되어야 할 것 그리고 일치신조에서도 매우 명백하게 구분하고 있는 것을 이들은 하나로 뭉뚱그리고 있다. 나는 중국인들에게 철학적 덕을 인정하였으며, (일치신조에 의거하여 말한다면) 시민적 정의는(주 53) 결코 신이 기꺼워하는(주 55) 선한 사역에 속하지 않는다. 나는 악덕을 철학적 덕에 대립시키고, 죄를 신학적 덕에 대립시켰다. 따라서 악덕에 속하는 것으로 여겨질 수 없는 것이 신학의 영역에 속하는 죄로 간주되고 죄의 오점을 지닌 것으로 지칭될 수 있는 것이다. 나는 공허한 구분을 좋아하지 않기 때문에 차이를 말에서가 아니라 사실에서 찾는다. 아직까지 올바르게 인식되지 못한 것으로 보이는 것을 좀 더 명료하게 설명하고자 한다. 이와 관련된 사실 전체는 우리가 행위와 법칙의 일치를 판단한다는 것으로 귀착된다. 행위가 법칙의 명령에 따를 때, 그것은 법칙과 일치하는 것으로 간주된다. 그러나 공자는 외적 행동이 법칙과 일치하는 것만으로는 충분하지 못하고, 판단·욕구·태도 등 내적 행위와의 일치도 요구된다는 것을 알고 있었다. 그래야만 우리가 어떤 행동이 법칙과 일치한다고 생각할 때 그것이 자기 기만이 아닐 수 있고, 그 행동이 법칙과 일치하기 **때문에** 그것을 욕구할 수 있으며, 그것이 법칙의 명령이거나 내적으로 진실한 것이므로 그것을 욕구할 수 있기 때문이다. 악덕이거나 악덕과 연루된 행동에 대립되는 철학적 덕에 요구되는 모든 것이 여기에 들어 있다. 유덕한 행동은 악덕의 행동에 대립된다. 하지만 법칙에 외적으로 일치한다는 점에서는 하자가 없지만,

예를 들어 태도라고 하는 내적 일치에 요구되는 것이 결여되어 있는 경우에는 유덕한 행동에 악덕의 오점이 남게 되는 것이다. 하지만 어떤 행동이 악덕과 공통된 것이 없어서 오점이 없다는 정당한 평가를 받게 되는 경우에도 이 행동은 아직 신이 기꺼워할 수 있는 그런 행동은 되지 못한다. 신이 기꺼워하는 사역에 필요한 것이 결여되어 있기 때문이다. 어떤 행동을 신이 기꺼워하기 위해서는 반드시 신의 속성이 그 행동의 동기여야만 한다. 이 세계에 창조된 존재들의 자연적 행동을 통해서 신의 영광이 빛나듯이 인간 행동의 자유로운 지향을 통해 신의 영광이 빛나야 하는 것이다(주 54). 은총의 힘이 미치지 않은 모든 사람들에게는 이러한 덕이 필연적으로 결여될 수밖에 없다. 요컨대 중국인들은 신의 속성에 대한 명료한 지식을 지니지 못했다(주 54). 따라서 신의 속성이 이들의 행동을 규정하는 데 아무런 영향을 미치지 못했다. 당시 다른 민족들은 신에 대한 잘못된 생각을 갖고 있었으며 이는 오늘날에도 마찬가지다. 당시에는 오직 유대인들만이 신에 대한 올바른 인식을 가지고 있어 자신들의 행동을 신의 영광에 향하게 할 수 있었다. 이로 인해 중국인들은 신의 속성을 적절한 동기로 사용할 수 없었다. 공자는 반세기에 걸쳐 지속된 그의 모든 노력에도 불구하고 그의 모든 행동이 악덕의 오점에서 완전히 벗어난 것이 아니라는 사실을 알지 못했다(주 80). 자연의 힘을 통해서만 덕을 추구한 사람이 내가 명명한 철학적 경건성의 최하위의 단계에라도 도달한다는 것은 거의 불가능한 일이다. 결국 거듭나지 않은 사람의 모든 행동은 그가 제2의 공자라고 할지라도 아직 신이 기꺼워하는 것이 될 수 없다. 계시에 의거하여 볼 때 확실한 것은 거듭난 사람의 사역이라고 할지라도 그 사역이 신에게 추하게 보이지 않기 위해 세계 전체의 완전성을 지향하는 행동에 있어 자연법칙이 요구하는 완전성은 결여되어 있다. 그리하여 그 사역이 그리스도를 향한 신앙에서 나온 것이 아니라면 신은 이를 기꺼워하지 않는 반면에, 그리스도를 향한 신앙과 결합되어 있는 불완전한 사역은 구세주에 대한 완전한 복종을 통해 완전하게 된다. 이에 따라 성경의 내용이 그 권위를 잃지 않는다면 중국인들의 덕을 악덕에 귀속시키고 행동의 정직한 의도를 부인할 필요가 없다는 것이 명백하다. 그 외에 내가 말한 것이 신학자들이 제시하고 있는 성경에 대한 해석에 부합한다는 것도 명백하다(주 67, 180).

(183) 『인간의 행동에 대한 도덕적 사상』을 말한다. 앞에서(주 174) 언급한 것을 참조하라.

(184) 이에 따라 우리는 선행에 대한 의식을 향유하기 위해 선한 행동을 권한다.

(185) 성서의 가르침은 우리를 비방하는 사람에게 비방할 거리를 주지 말라는 것이다.[277] 내가 바라는 것은 좋은 평판을 잊지 말라는 것이다. "모든 것을 잃을지라도 좋은 평판을 지키라"[278]는 격언을 부정할 사람이 누가 있겠는가? 다른 사람에게 모범이 되기 위해 노력해야 한다는 것을 부정할 사람이 누가 있겠는가?

(186) 젊은 나이에 나는 다음과 같은 가르침을 받았다. "선한 사

---

277 이는 성경에 나오는 말은 아니다. 하지만 다음 구절은 이렇게 해석될 여지가 있다. "그러므로 젊은이는 시집 가서 아이를 낳고 집을 다스리고 대적에게 비방할 기회를 조금도 주지 말기를 바라노라."(디모데 전서 5장 14절)

278 이 유명한 격언의 유래는 알려지지 않고 있다. Hans Walther, *Lateinische Sprichwörter und Sentenzen des Mittelalters*, Teil 3. Göttingen 1965, p. 618, Nr. 20063.

람은 덕을 향한 사랑에서 죄짓는 것을 미워한다. 악한 사람은 벌을 받는 것이 두려워 죄짓는 것을 미워한다."[279]

(187) 베히만은 이렇게 말했다. "신의 법칙과 일치하는 어떤 것이 죄라고 규정되는 것은 모순이다(주 180)." 내면의 선을 기뻐하는 행동은 신의 법칙과 일치한다. 이와 달리 내면의 수치심을 보여주는 행위는 신의 법칙과 일치하지 않는다. 소우주의 완전성을 목표로 하고, 따라서 결과적으로 대우주 자체의 완전성을 목표로 하는 행동은 내면적 경건성을 지닌다(주 84). 내면의 완전성에 역행하고, 따라서 대우주 자체의 완전성에도 역행하는 행동은 내면적 수치심을 지닌다.

(188) 요컨대 중국의 덕을 철학적 덕으로 간주하는 한, 거기에서 비난할 만한 것이라곤 없다. 하지만 법칙과의 완전한 일치를 요구하는 완전한 복종이 언급되는 신학의 영역에서는 상황이 달라진다. 여기에서는 이러한 일치가(주 182) 보다 명료하게 제시되어 있다.

(189) 중국인들은 철학적 덕만 지니고 있었다(주 54). 하지만 중국인들의 동기는 행동의 결과로 생겨나는 내적 상태와 외적 상태의 변화에 근거를 두고 있다. 내적 경건성이나 수치심은 이에 의거하여 판단된다(주 51). 중국인들이 행동의 차이를 후험적인 것에서 찾고 이에 따라 그러한 행동을 자기 자신을 통해 검증한 사람을 높이 평가한 이유도 여기에 있다.

(190) 푸펜도르프 이전 시기, 즉 사물의 내적 경건성과 수치심이 모든 사람들에 의해 주장되던 때에는 이에 대해 의심하는 사람이 아

---

279 앞 문장은 호라티우스(*Epist*. I, 16, 52)의 말이고, 뒤의 문장은 고대에 여기에 덧붙여진 것이다.

무도 없었다. 하지만 푸펜도르프는 어떤 행동을 수행하고 어떤 행동을 삼가는 의무로서 군주의 의지에서 유래한 의무 외에는 다른 어떤 의무도 인정하지 않음으로써 객관적 도덕성을 포기했음에도 그의 적들의 반론을 연구하면서 신이 이와 다른 행동을 허용하거나 금지하는 것은 우리가 사물의 내적 경건성과 수치심을 판단하는 것과 동일한 근거를 지니고 있다는 것을 인정하였다. 그리하여 그는 신이 다른 행동을 허용하거나 금지한다면 이는 신이 자기 모순을 범하는 것이라고 설명하였다. 이에 대해서는 특히 푸펜도르프가 『자연법과 관련하여 신으로부터 출발하는 논쟁에 대한 검증』[280] 제5장에서 이 주장에 대해 광범위하게 제시한 것을 읽어보라.

(191) 앞에서(주 180, 187) 언급한 것을 보라.

(192) 주 138을 보라.

(193) 이와 관련된 몇 가지를 나는 당시 『보편적 실천철학』의 명제 23에 대한 설명에서 제시하였다.[281] 그 후 나는 『도덕적 사상』 §176 이하에서 관습 혹은 습관의 원칙을 명료하게 제시하였다.[282] 추론의 기술을 잘 아는 사람은 이 원칙으로부터 다른 특수한 것들도 도출할 수 있을 것이다.

(194) 이것들은, 예를 들어 쉽게 잘못된 길로 빠지는 사람을 옳은 길에 굳건히 머물게 한다거나 칭찬할 만하고 유덕한 것을 더 친숙하게 만드는 일과 같이 다른 방법으로는 쉽게 도달할 수 없는 특정한

---

280 Samuel, Pufendorf, *Specimen Controversiarum Circa Jus Naturale Ipsi nuper Motarum*, Osnabrück 1678.

281 *Philosophia practica Universalis*, In: Meletemata = WW II, Bd. 35, Sect. II, p. 220.

282 *Deutsche Ethik* = WW I, Bd. 4, 107-109 Whr. §176-179.

목적에 맞춰져 있다.

(195) 이는 모태 속의 쾌락이나 쾌락적 사물을 추구하는 성향이 태아에 심어지지 않게 하기 위한 것이다.

(196) 시력을 잃으면 그 외의 감각들이 더 예민해진다. 다른 지각들을 더 정확하게 분별하는 데 필요한 주의력이 더 증대되기 때문이다. 색을 촉각으로 구분하는 맹인의 예는 이러한 사실을 확인해준다.

(197) 노래로 불러지는 것은 기억에 더 깊이 각인되어 다음날 아침에도 귀에 여전히 울릴 뿐만 아니라 마음의 운동을 일깨워 욕구가 관념과 결합하게 된다. 그리하여 중국인들은 이런 방식으로 유덕한 것들과 가족을 올바르게 이끄는 것에 대한 자연스러운 성향이 태아에게 심어지게 하려고 노력했다. 이런 이유로 중국인들은 이러한 의도를 실행하는 시간을 저녁시간으로 정했다.

(198) 이 책은 앞에서(주 138) 언급한 『소학』에 인용되어 있다.

(199) 철학에서 나는 관찰된 것이나 다른 사람들이 가르친 것의 근거를 찾은 일에 노력을 기울였으며, 더 나아가 다른 사람들이 아직 인식하지 못한 것이나 내가 아직 알지 못했던 것을 이로부터 도출하려 하였다. 이렇게 하여 얻어낸 개별적인 것들을 나는 서로 결합함으로써 그 하나가 다른 것들로부터 증명될 수 있도록 하였다. 요컨대 나는 존재하는 것의 충분한 이유를 제시하고, 진리를 서로 결합하여 학문을 정초하는 일을 철학의 의무라고 생각한다.

(200) 정신과 육체의 일치는 관찰에 의존하고 있다. 육체와 정신의 결합을 어떤 방식으로 설명하든 간에 이들의 일치는 의심의 여지가 없다. 심지어 이에 대한 설명을 포기하고 그저 관찰만으로 만족하는 사람도 그러한 일치를 인정할 것이다.

(201) 『형이상학』 5장 「합리적 심리학」에서[283] 나는 이에 대해 보다 명료하게 설명하였다. 그리고 『형이상학에 대한 주석』에서[284] 나는 철학자들이 정신과 육체의 결합을 설명하기 위해 사용하는 모든 가설에 이것이 유효하다는 것을 보여준 바 있다. 예정조화의 체계에서 독립된 합리적 심리학을 제시하고 있는 튀미히의 『철학의 원리』[285]를 보라.

(202) 우리 시대의 저명한 미시 자연 관찰자인 안토니 반 레우벤획은 『생리학 서한』 310쪽 이하에서[286] 두뇌가 미세한 관으로 이루어져 있다는 것을 밝힌 바 있다. 내 글 『부분의 사용에 대한 사상』[287] §37을 참조하라.

(203) 영혼의 욕구에 상응하여 육체에서 이루어지는 운동이 영혼의 비물질적인 표상에 상응하는 두뇌의 물질적 표상에 의거하여 생겨난다는 사실은 정신과 육체의 결합을 설명하는 모든 체계에서 참되다.[288] 다만 '영향이론의 체계'에서는 생명의 영(靈)이 운동신경과 연관되는 것이 영혼의 운동에 달려 있고, '기회원인론'의 체계에서는 신의 통상적인 공동작용[289]에 달려 있다.[290] 가설을 제시하는 것은 이

---

283 *Deutsche Metaphysik* = WW I, Bd. 2, pp. 470-479, §760-765.

284 *Anmerkungen zur Deutsche Metaphysik* = WW I, Bd. 3, pp. 448-469, §272-277.

285 Thümmig, Bd. 1 = WW III, Bd. 19.1, p. 160 이하.

286 *Antonie van Leeuwenhoeck, Epistolae psychologicae*, Delft 1719 (Nachdruck In: Antonie van Leeuwenhoeck, *Opera omnia*, Bd. 4. Hildesheim, New York 1972), p. 310 (신경의 구조에 대하여).

287 *Deutsche Psychologie* = WW I, Bd. 6, p. 705 이하. §436.

288 *Psychologia rationalis* = WW II, Bd. 6, p. 88, §112 이하.

289 "통상적인 공동작용"은 데카르트가 사용한 개념(concours ordinaire).

290 육체의 영향(influxus physicus)에 대한 스콜라학파의 체계는 볼프와 그의 동시대인들

문제와 관련하여 아무런 의미가 없다. 일어나고 있는 것을 관찰하여 그 근거를 제시함에 있어 가설적인 것을 배제할 수 있다면 이것이 끼어들 여지가 없도록 세심한 주의를 기울이는 것이 이제는 내게 습관이 되었다. 이런 방식을 통해 한편으로 나는 확실성을 추구하고, 다른 한편으로는 가설의 한계 너머에 있는 진리를 확증함으로써 다양한 가설을 마음에 품고 있는 수많은 사람들에게 진리의 감미로운 맛을 알려주려 하였다.

(204) 내가 여기에서 "거의"라고 말한 것은 유약한 뇌는 아직 어머니의 뇌와 완전히 유사하지 않아서 어머니의 뇌에 일어나는 변화를 정확하게 겪지 않기 때문이다. 이러한 차이에 대해 나는 아직 더 세심하게 연구하지 못했다. 아마도 이러한 연구는 아직 불가능할 것이다. 뇌의 생성과 관련된 것은 아직 제대로 알려지지 않고 있다.

(205) 앞에서(주 196, 197) 언급한 것을 보라.

(206) 공자가 지도자로서 선택한 고대 인물들의 족적을 오늘날의 중국인들이 전혀 추적하지 못하고 있다는 것은 저 존경스러운 선교사들에 의해 확인된다.

(207) 『강의의 구조』 2절, 6장, §22, 23, 24, 그리고 296쪽과 297쪽[291]을 보라.

(208) 나는 앞의 주에서 이와 관련된 더 많은 것을 제시하였다.

의 견해에 따르면 아리스토텔레스에게로 소급되고, 기회원인론(occasionalism)의 체계는 말브랑슈(Malebranche)에게서 유래한다. 볼프에 따르면 말브랑슈의 체계는 데카르트에 토대를 두고 있다. 두 체계에 대한 자세한 서술은 *Psychologia rationalis* = WW II, Bd. 6, p. 480 이하, §558 이하 참조.

291 Ratio praelectionum = WW II, Bd. 36, p. 198 이하.

빌핑어 또한『고대 중국인들의 도덕이론과 국가이론에 대한 검증』에서 이러한 일치에 대해 서술한 바 있다.[292] 이는 다른 사람의 윤리를 조사하는 방법에 대해서 (『검증』 1부 §51, 52 그리고 56쪽과 57쪽) 서술하고 있는 곳과 윤리의 보편적 원칙과 마음을 다스리는 법에 대해서 (3부 §91 그리고 107쪽) 서술하고 있는 곳에서 찾아볼 수 있다. 하지만 그는 (후기 §233 그리고 281쪽에서) 내가 처음으로 명료하게 제시하고 앞에서(주 51, 52, 182) 엄밀하게 논한 자연적 덕과 철학적 경건성의 차이를 고찰함에 있어 중국인들이 이런 점에서 내 이론보다 훨씬 낮은 수준에 머물러 있다는 것을 부정하지 않았다.

(209) 부총장 직위를 받아들이겠는가라는 질문에 대해 관례에 따라 공개적으로 대답하면서 나는 이것을 약속한 바 있다.[293] 그 대답은 다음과 같은 것이었다. "이 고귀한 모임에서 부총장직과 관련하여 강연하는 것을 들을 때마다 내가 기억하기로는 이 직위의 책임이 매우 무겁다는 말씀이 있었습니다. 그렇게 중요한 많은 분들이 했던 말씀을 믿지 않는다는 것은 실로 나와는 거리가 먼 일입니다. 이 분들이 했던 말씀을 확인해주고 또 다른 사람들에 의해서도 오래 전부터 지적되어 온 이유들이 없지 않을 것이기 때문에 여기에서 이에 대해 다시 반복해서 이야기할 필요는 없을 것입니다. 내가 이 유명한 뮤즈의 전당에서 교수의 직책을 맡아온 14년간의 경험이 부총장직이 가

292 Georg Bernhard Bülffinger(Bilffinger), *Specimen doctrinae veterum Sinarum moralis et politicae; tanquam exemplum philosophiae gentium ad rempublicam applicatae: excerptum libellis sinicae genti classicis, Confucii sive dicta sive facta complexis. Accedit de Litteratura Sinensis dissertatio Extemporalis*, Frankfurt am Main 1724, p. 56, §51 이하.

293 1720년 7월 12일 부총장 취임식 연설.

셔다주는 불편한 일들과 불쾌한 일들을 내게 충분히 보여주었습니다. 자신의 어깨에 얹혀진 부담을 다른 사람에게 전가하는 것이 규정에 의해 금지된 것은 아니지만 다른 사람들을 불편하게 하는 것을 내게로 향하게 하여 다른 사람을 그로부터 벗어나게 하는 일에서 기쁨을 찾아온 나로서는 이 도전이 의무라고 생각합니다. 이에 있어 나는 계산이라는 불편한 일을 자신의 일로 받아들여 계산을 해야 하는 미래의 모든 사람들이 그 불편함에서 벗어나도록 구구단표를 만든 사람을 모방할 것입니다. 그 누구에게도 해를 입히지 않고 모든 사람들에게 이익을 가져다주는 것, 바로 이것이 이성과 항상 일치하고 인간에게 어울리는 일이라고 나는 생각합니다. 유감스럽게도 우리의 업무가 매우 혼란스러운 상황에서 이 직책을 수행하는 것이 매우 어려운 일이라는 것을 부인할 수는 없습니다만, 대학평의회[294] 의원 여러분들의 현명함과 나에 대한 호의를 믿기에 나는 주어지는 일마다 우리 대학의 이익을 증진시킬 적합한 조언을 기대하고 있습니다. 대학이라는 정부가 어떻게 구성되어야 하는지를 우리 대학의 시민들[295]이 사안마다 숙고하길 바라마지 않습니다! 그렇게 된다면 우리를 따르는 것을 어렵게 여길 사람이 분명 아무도 없을 것입니다. 우리에게 맡겨진 젊은이들을 교회와 국가의 희망에 따라 교육하는 것이 우리의 과제이기 때문에 우리 대학본부는 아버지와 같은 존재입니다. 부총장과 그 밖의 교수들이 학생과 맺고 있는 관계는 아버지가 자식들과 맺고 있는 관계와 동일합니다. 우리는 시민들의 행복에 깊은 관

294 대학평의회(Senat)에는 모든 정교수(ordentliche Professoren)가 의원으로 참여한다.
295 학생들을 가리킨다.

심을 두고 있기 때문에 이들의 행복을 증진하는 일에 전적으로 확실한 수단으로서 확인된 것만 의결할 것입니다. 온화함으로도 행할 수 있는 일을 엄격하게 행하는 일은 결코 없을 것입니다. 아, 하지만! 자신의 행복을 고려하지 않고 자신의 내면에 분노를 일으켜 보다 엄하게 꾸짖지 않으면 학교에서 집으로 돌아간 후 미래에 어떤 일이 일어날지 예견하지 못하는 사람이 있다면 그런 사람은 우리가 그에게 쏟는 아버지의 관심을 인식하지 않을 수 없게 될 것입니다. 완고한 질병에 적합한 치료수단을 우리는 그런 사람에게 적용할 것입니다. 부모가 자식을 관대한 관심으로 대하듯이 우리는 커다란 사랑으로 우리의 시민들을 껴안을 것입니다. 학생들이 잘못된 윤리를 사용하여 우리의 뮤즈를 방해하는 일이 없도록 열심히 노력하고 기꺼이 복종하는 것은 지당한 일입니다. 그러므로 나는 신의 섭리에 대한 완전한 믿음과 평의회 의원들의 경건함과 현명함에 대한 신뢰에 의거하여 또한 내가 우리 시민들에게 오직 최선의 것만을 약속했기에 나를 향한 여러분의 호의에 대한 믿음과 우리의 자비로운 군주이신 위대한 국왕의 분부와 명령에 따라, 그리고 우리의 훌륭한 대학평의회 의원들의 만장일치 결의에 따라 존귀한 귀하께서[296] 내게 부과하는 이 무거운 책무를 받아들입니다. 중국의 유명한 철학자 중 한 사람으로서 중국의 네 번째 고전이 그의 이름에 따라 명명된 맹자가 말하였듯이[297] 한때 공자는 중화제국에 대해 다음과 같은 견해를 가지고 있었다고 합니다. 그는 말하기를 '우리 중국은 그 안에서 진실성과 정의와 지혜에 대한 참된 가르침이 전해지고

296 볼프의 전임자 Nicolaus Hoeronymus Gundling.

297 Noël, p. 303.

있다는 점에서 다른 나라와 구별된다. 그리하여 나는 우리 중국의 국가이론이 이방 민족들의 조야한 윤리에 변화와 개선을 가져다주었다고 오래 전부터 들어 왔다. 나는 중국의 국가이론이 그 추종자들의 윤리를 야만족의 조야한 윤리로 변화시키고 왜곡시켰다는 이야기는 한 번도 들어본 적이 없다.' 공자가 중화제국을 칭송하였던 것과 같은 칭송을 한 해 후에 우리 대학이 받도록 세 곱으로 완전하고 위대한 신께서 이끌어주시길 기원합니다! '우리 프리드리히대학은 그 안에서 진실성과 정의와 지혜와 경건함과 교양에 대한 참된 가르침이 전해지고 있다는 점에서 다른 대학과 구별된다. 그리하여 우리 모두는 우리의 가르침과 훈육이 다른 지방에서 우리에게 온 젊은이들의 조야한 윤리에 가져온 변화를 경험하였다. 하지만 우리는 우리의 가르침이 우리 추종자들의 윤리를 야만족의 조야한 윤리로 변화시키고 왜곡시켰다는 이야기는 한 번도 들어본 적이 없다.' 프리드리히대학의 개교기념일에 우리가 이런 칭송을 할 수 있다면, 이는 분명 존경하는 동료 교수들과 내게 더 없는 기쁨일 것입니다. 나는 내 힘이 닿는 한 모든 노력을 다할 것이며, 대학평의회 의원 여러분께서도 같은 생각일 것이라고 믿습니다. 그러므로 이제 남은 일은 미래에 의거하여 현재를 판단함으로써 이것이 이루어지도록 지금 결의하는 것뿐입니다. 신께서 여러분께 은총을 내려주시길 바랍니다."

(210) 대학 창립 이래로 학생들의 이름이 등록된 대학학적부.

(211) 이러한 후의의 하나로서 법학자 보데[298]가 세상을 떠난 후

298 할레대학 법학교수 Heinrich Bode(Bodius).

내 봉급을 인상해준 것을 들 수 있다.

(212) 전에 할레대학에서 신학공부를 했고 이제는 지방에서 교사로 재직 중인 사람 하나가 군인으로 징집되었다. 신학부 교수들은 그가 아직도 여전히 대학의 시민으로 간주되어야 한다고 사람들을 설득하려 했다. 그가 신학부 교수들의 동의하에 군대로 떠났다는 것에 대한 증거로서 신학부 학장이 내게 보낸 편지가 조사서류 중에 들어 있었다. 하지만 나는 그가 대학의 법이 미치는 영역에서 떠났으며 이것이 부총장이나 대학당국이 관계할 사안이 아니라고 생각했다. 전체 회의에서 이 문제가 다루어졌을 때 동료들도 이에 찬표를 던졌다. 몇몇 신학부 학생들이 이에 불만을 품고 학생들을 소집하는 선동적인 글을 써서 모든 문에다 붙였다. 이 글의 작성자는 고아원에서 성장하였는데, 이 기관의 책임자에 의해 그의 윤리와 경건함이 매우 뛰어나다고 칭찬을 받은 내용이 조사서류에 들어 있었다.

(213) 저녁에 수많은 학생들이 광장으로 몰려들고 주둔군 부대장[299]에게서 학생들이 그에게 위해를 가하지 않도록 조치해 달라는 요구를 받게 되자 나는 직원을 보내 학생들 몇몇이 나를 찾아오도록 했다. 이 학생들은 부총장의 법적 영역에 속하지 않는 사람의 사안을 다루는 것이 부총장의 직무가 아니라는 것을 전혀 반박할 수 없었으며, 학생들이 나의 말을 신뢰하였기에 나는 이들의 자유를 박탈하는 조치를 허용하지 않을 것이라고 대답함으로써 사안을 일단락 지었다. 이들이 동료학생들에게 이 말을 전하자, 모든 학생들이 즉시 조

---

299 할레는 프로이센의 위수도시여서 군대가 주둔하고 있었다. 당시 주둔군 부대장은 후에 프로이센 군 총사령관이 된 Henning Alexander von Kleist.

용히 집으로 돌아갔다. 다음날 아침 저 불손한 학생이 다시 선동적인 글을 써 붙였지만 그의 요구에 응해 나타난 사람은 아무도 없었다.

(214) 『형이상학』에서[300] 내가 사물의 지혜로운 결합에 대해 입증한 것에 의거하여 나는 우리 모두의 운명이 신의 섭리에 달려 있다는 것을 확신하고 있다. 이 때문에 나는 『도덕』에서[301] 선한 행동을 실행하고 악한 행동을 삼가기 위해 행복과 불행을 모두 동기로 이용함으로써 우리를 위한 신의 섭리의 최고 의지와 일치하는 것을 행하라고 가르쳤다.

(215) 할레대학의 부총장은 동료 교수들에 의해 선출되고 왕에 의해 임명된다.

(216) 동료 교수들은 규정에 따라 매년 한 사람의 부총장을 선출한다. 이 규정에 따르면 부총장 직위는 정교수가 되어 대학평의회의 의원으로 받아들여진 순서에 따라 한 사람에게서 다른 사람에게로 넘어가도록 되어 있다. 이에 있어 소위 학부의 차이는 고려되지 않는데, 이는 학부의 구성원으로서가 아니라 대학평의회의 구성원으로서 교수에게 부총장의 직위가 부여되기 때문이다.

---

300 *Deutsche Metaphysik* = WW I, Bd. 2, p. 616 이하, p. 619, §999, 1003.

301 *Deutsche Ethik* = WW I, Bd. 4, p. 21 이하, §30. 볼프의 주 70 참조.

II.

헤르더의 중국: 『인류 역사의 철학에 대한 이념』 11권 1장 「중국」

Ideen zur Philosophie der Geschichte der Menschheit, Elftes Buch
I. Sina

요한 고트프리트 헤르더

중국

아시아 동녘의 산맥 아래쪽에는 역사와 문화에 있어 세계 모든 나라들 중 으뜸이라고 자부하는 나라, 스스로를 세계의 중앙에 있는 꽃이라고 부르는 나라가 있다. 적어도 이 나라가 세계에서 가장 오래된 나라들 중 하나이고 가장 기이한 나라라는 것은 틀림없다. 바로 중국이다. 유럽보다 면적은 작지만 수많은 민족들로 이루어진 유럽대륙과 비교할 때 훨씬 많은 인구수를 이 나라는 자랑한다. 세금을 내는 농부가 2,520만, 대도시와 중소도시가 1,572개, 1,193개의 성채, 3,158개의 석교, 2,796개의 신전, 2,606개의 사원, 10,809개의 오래 된 건축물 등이 이 나라에 대해 알려진 수치들이다.[1] 18개 주로 이루어진

1 헤르더는 여기에 다음과 같은 내용의 주를 달고 있다. "뷔싱의 *histor. und geogr. Magazin* T. 14. p. 411 이하에서 중화제국의 지리를 레온티에프가 발췌한 것. 헤르만의 *Beiträgen zur Physik*(Berlin 1786) T. I에 따르면 이 제국의 면적은 11만 독일 평방마일 그리고 인구는 한 가족이 9명이라고 계산할 때 1억 406만 9,254명이라고 한다." 여기에서 레온티에프는 러시아의 중국학 학자, 뷔싱(1724-1793)은 괴팅엔, 페테르스부르크, 베를린 등지에서 활동한 지리학자이자 루터파 신학자, 헤르만(1755-1815)은 오스트리아 출신으로 주로 러시아에서 활동한 광물학자. 위에서 헤르더가 생략하여 표시한 출전은 다음과 같다. Alexj Leontiew, *Auszug aus der Sinesischen Reichsgeographie*,

이 제국에서는 산과 강, 무사와 학자, 산품과 상품에 대한 긴 목록이 매년 작성된다. 여러 여행자들의 일치된 의견에 따르면 유럽과 고대 이집트를 제외하고는 어떤 나라도 중국만큼 많은 도로와 하천, 다리와 운하, 인공산과 암벽을 지닌 나라는 없다고 한다. 만리장성을 포함하여 그 모든 것들이 근면한 인간의 손에 의해 만들어진 것이다. 광동에서 북경 근교에 이르기까지 배가 다니고, 산과 사막으로 나누어진 제국 전체가 도로와 운하와 하천으로 연결되어 있으며, 수많은 수상도시들이 있어 지역들 사이의 내부교역이 매우 활발하다고 한다. 농업이 국가체제의 근간으로서, 논밭이 곡식으로 그득하고 황무지가 인공적으로 급수되고 있으며 산악지역까지도 개간되어 있다고 한다. 식물과 야채가 재배되어 이용 가능한 모든 것들이 이용되고, 채굴이 금지된 금 외의 금속과 광물도 마찬가지다. 땅에는 수많은 동물들이, 바다와 강에는 수많은 물고기가 살고 있고, 누에 하나만으로도 부지런한 수많은 사람들이 먹고 산다. 모든 계급, 모든 연령의 사람들, 심지어 죽기 직전의 사람, 맹인, 벙어리까지도 일을 한다. 온순과 유순, 공손한 예절, 점잖은 태도가 중국인들이 유년기부터 평생에 걸쳐 익혀야 하는 기본관습이다. 행정과 입법은 엄격한 규율과 질서에 따라 실행된다. 신분들 사이의 상호 관계와 의무가 존경에 기초하고 있어 아들은 부친에게 백성은 국부에게 존경을 표해야 할 의무를 지니고 있고, 국부는 모든 관청을 통해 백성을 자식처럼 보호하고 다스려야

In: *Magazin für die neue Historie und Geographie*, angelegt v. D. Anton Friedrich Büsching, T. 14, Halle 1780; Benedict Franz Johann von Hermann, *Beiträge zur Physik, Oekonomie, Mineralogie* (…) *besonders der russischen Länder*, 3 Bde., Berlin 1786-1788.

할 의무를 지닌다. 인간을 다스리는 네 이보다 더 훌륭한 원칙이 존재할 수 있을까? 세습귀족이 아니라 공직을 지닌 귀족만이 모든 신분의 사람들에게 인정을 받고, 시험을 통과한 사람들이 존경받는 공직에 오르게 되며, 오로지 이러한 공직만이 권위를 부여받는다. 어떤 종교도 백성들에게 강요되지 않고 국가를 침해하지 않는 어떤 종교도 박해받지 않는다. 공자와 노자와 부처의 추종자들, 심지어 유대인과 예수회조차도 국가가 이들을 받아들이기만 하면 평화롭게 함께 살아간다. 그들의 법은 윤리에 기초하고 있고, 윤리는 선조들의 고전에 변함없이 기초하고 있다. 황제는 최고위직 사제, 하늘의 아들,[2] 오래된 관습의 수호자이고 국가라는 신체의 모든 부분에 관여하는 영혼이다. 이 모든 관계가 보존되고 모든 원칙이 실행된다면 이보다 더 완전한 국가체제를 생각할 수 있겠는가? 제국 전체가 유덕하고 훌륭한 교육을 받고 근면하고 윤리적이고 행복한 자식들로 이루어진 가정이 아니겠는가?

선교사들이 유럽으로 전해준 이 훌륭한 중국의 모습, 사변적인 철학자들뿐만 아니라 심지어 정치가들까지도 정치적 이상으로서 경외해 마지않는 그런 중국의 모습을 우리 모두는 잘 알고 있다. 그러나 마침내 반대극단의 의견들이 흘러 들어와 불신이 생겨나고 중국의 높은 문화뿐만 아니라 그 독특한 고유성조차 인정하려 하지 않는 입장이 나타났다. 유럽의 이러한 비판들 중에서 몇몇은 비록 중국에 매우 우호적인 입장에서 나온 것이긴 하지만 중국 자체에서 답변

2 "하늘의 아들(der Sohn des Himmels)"은 천자(天子)라는 별칭으로 불린 중국 황제를 독일어 식으로 표현한 것.

을 얻는 행운을 누렸다.[3] 중국의 입법과 윤리체계 그리고 오랜 역사 전체에 대한 기본고전들 그리고 몇몇 불편부당한 보고들이 우리에게 주어져 있기 때문에 이제 과장된 찬사와 비난 사이의 중도노선, 진리의 올바른 길을 찾아내지 않는다면 이는 잘못된 일일 것이다.[4] 중국의 연대기를 둘러싼 문제는 일단 놓아두기로 하자. 지상의 모든 나라들의 기원이 어둠에 묻혀 있는 것처럼 이 독특한 민족이 형성되는 데 일이천 년이 더 걸렸는가, 덜 걸렸는가 하는 것은 인류사의 연구자에게 그리 중요한 일이 아니기 때문이다. 이 형성과정이 어느 정도 알려져 있다는 것, 그리고 이 느린 과정에서 작용한 장애물들과 왜 이 과정이 정체되어 앞으로 더 나아가지 않는가를 우리가 감지하는 것만으로 충분하다.

---

3 헤르더는 여기에 다음과 같이 출전을 밝히는 주를 달고 있다. "*Momoires concernant l'histoire les sciences, les arts les moeurs, les usages etc. des Chinois*, T. II. p. 365. seq." 이것은 중국의 역사, 학문, 예술, 풍속 등에 대한 북경 선교사들의 회고록 전집으로서 1776년에서 1787년까지 10권이 간행되었다.

4 헤르더의 주: "상당히 오래 전에 노엘 신부, 쿠플레 신부 등이 번역한 중국 고전 외에도 마이야 신부의 중국 역사 총서, 중국 원서 번역도 그 안에 들어 있는, 위에서 언급한 열 권의 중국에 관한 회고록 등이 중국에 관해 올바른 관념을 형성하게 해주는 자료들을 충분히 제공하고 있다. 선교사들이 전해주는 많은 소식들 중에 특히 르 콩트 신부의 〈중국의 현 상황에 대한 새로운 회고록〉은 건전한 판단력을 보여주고 있어 가치를 지닌다." 여기에서 헤르더가 언급한 책들의 출전을 표기하면 다음과 같다. François Noël, *inensis imperii libri classici sex: nimirum Adultorum schola, Immutabile medium, Liber sententiarum, Mencius, Filialis observantia, Parvulorum schola, e Sinico idiomate in latinum traducti*, Prag 1711; Phillipe Couplet, *confucius Sinarum philosophus, sive Scientia sinensis latine exposita*, Parisiis 1686; Joseph-Anne-Marie, Moyriac de Mailla, *histoire générale de la Chine, ou Annales de cet empire*, 13 Vol., Paris 1777083; Louis Daniel le Comte, *Nouveaux Memoires sur l'etat present de la Chine*, 3 Vol. 8. Paris 1697. Noël과 Couplet 신부는 볼프의 『강연』에서 이미 소개하였고, Mailla(1669-1748)와 le Comte(1655-1728) 신부는 프랑스 출신의 예수회 소속 중국 선교사이다.

이 장애물은 바로 이 민족의 성격, 이들이 거주하는 장소 그리고 그 역사에 있다는 것을 우리는 명료하게 알 수 있다. 이 민족은 몽골 출신이다. 이는 이들의 교육, 조야하고 괴팍한 취향 그리고 심지어 이들의 감성적 인위성과 이들의 문화가 생겨난 최초의 장소에서 확인된다. 중국의 최초의 왕들이 다스린 지역은 북중국이었다. 절반은 타타르족[5]의 특성을 보이는 전제정치가 여기에 기인한다. 이것이 후에 가서 뛰어난 윤리적 금언들로 덮여지고 여러 차례의 혁명을 거쳐 남쪽 해안까지 확장된 것이다. 타타르족의 봉건제도가 오랜 세월 동안 조공국가들을 통치자와 연결시켜주는 끈이었고, 조공국가들 사이의 수많은 전쟁들과 심지어 이들에 의해 왕권이 무너지는 원인이었다. 그리고 이것이 황제가 궁정을 다스리는 태도, 만다린들에 의한 통치의 근거였다. 극히 오래된 이 제도는 징기스칸의 후예들과 만주족이 처음 중국에 도입한 것이 아니었다. 이 모든 것이 이 민족이 지닌 특성과 유전적 성격이 어떤 것인가를 알려주지 않는가? 이것이야말로 의복, 음식, 관습, 가정의 생활양식, 예술과 오락의 종류에 이르기까지 전체와 그 각 부분들을 바라볼 때 결코 눈에서 놓칠 수 없는 특징이다. 인간은 자신의 천성, 다시 말해 타고난 종족적 특성과 체질을 거의 변화시킬 수 없다. 수천 년 동안 지속되어온 그 모든 인위적

---

5 타타르족은 원래 중앙아시아 지역에서 유목생활을 하던 투르크계 부족의 하나로서 징기스칸의 아버지를 살해하는 등 몽골족과 적대관계였으나 몽골족이 대제국을 건설한 후 유럽인들이 자신들과 조우하게 된 유럽 동쪽의 유목민족을 타타르족이라 칭하면서 타타르족은 몽골족을 가리키게 되었으며, 중국인들도 여기에 포함되기에 이르렀다. 이하에서 헤르더가 중국인을 몽골족으로 규정하고, 중국문화의 특성을 몽골족 혈통과 연관 지어 설명하고 있는 것은 이에 기인한다.

인 제도를 통해서도 이 북동쪽의 몽골족은 자연이 부여한 천성을 부인할 수 없었다. 그러한 특성이 지구상의 이 지역에 뿌리를 내려 중국의 나침반처럼 결코 유럽적인 편차를 지닐 수 없었다. 그리하여 이 지역의 인종들은 결코 그리스인이나 로마인이 될 수 없었다. 중국인은 중국인으로 남았다. 작은 눈과 납작한 코, 평평한 이마와 적은 수염, 커다란 귀와 불룩한 배를 이 종족은 자연으로부터 부여받았다. 이러한 체질이 산출할 수 있는 것을 이들은 산출했다. 이들로부터 다른 어떤 것을 요구할 수는 없는 것이다.[6]

모든 보고서들은 하나 같이 아시아 북동쪽 고지대에 사는 몽골 종족들이 세련된 청각을 지니고 있다는 사실을 전하고 있다. 이는 이들에게서는 잘 확인되지만 다른 종족에게서는 찾아볼 수 없는 특징이다. 중국어는 이 세련된 청각에 대한 증거이다. 330개의 자모음으로 이루어진 언어, 주인을 야수라고 부르는 지극히 우스꽝스러운 혼란을 매 순간 야기하지 않기 위해 단어마다 다섯 개가 넘는 성조로 구분해야 하는 그런 언어를 만들어낼 수 있었던 것은 오직 몽골인의 귀뿐이었다. 따라서 유럽인의 귀와 유럽인의 발음기관이 이 곤란한 자모음의 음악에 익숙해지는 것은 극히 어렵거나 불가능한 일이다. 몇 개의 조야한 상형문자를 조합하여 만든 8만 자의 글자와 여섯 가지 이상의 서체로 이 언어를 표현하는 문자는 중국 민족을 지상의 다른 모든 민족들과 구별해주는 특징이다. 이러한 문자를 발명한 것

6 헤르더의 주: "*Ideen* T. 2. S. 19. 〈S. 219〉 (『인류 역사의 철학을 위한 이념』, 2부 p. 19 〈p. 219〉를 볼 것)" 이곳에서도 헤르더는 중국인의 외모와 문화적 취향 그리고 전제적 정치제도가 몽골족 혈통에서 기인한다고 서술하고 있다.

은 전체적으로는 발명능력의 결핍과 세부적으로는 불행한 세련됨을 고스란히 드러내 보여준다. 이들의 상상력이 만들어낸 용과 괴물, 이들의 그림에서 볼 수 있는 불규칙한 형상에 대한 세세한 주의, 비정형적인 혼합으로 이루어진 정원에서 시각적 즐거움을 찾는 것, 이들의 건축물에서 찾아볼 수 있는 황량한 크기와 엄밀한 세부장식, 차림새와 의복과 오락의 쓸데없는 화려함, 연등축제와 불꽃놀이, 긴 손톱과 단단히 졸라맨 발, 시종들을 거느린 요란한 행렬, 머리 숙여 절하기, 제의, 남녀노소의 구별과 예절 등은 몽골족의 체질에 기인한다. 이 모든 것은 진실한 자연스러움에 대한 취향의 결핍, 내적 안정감과 우미와 존엄의 결핍을 보여준다. 그리하여 황폐해진 감수성은 일관되게 그러한 정치문화의 길로 나아가 전적으로 이것에 의해 지배당하게 되었던 것이다. 중국인들은 황금색 문서와 화려한 치장과 복잡한 상형문자의 서체와 아름다운 문장의 음향을 과도하게 사랑한다. 그리하여 그들의 정신도 그러한 황금색 문서와 화려한 치장과 상형문자와 자모음의 음향을 그대로 닮게 되었다. 자연은 이들과 이 지역의 모든 민족들에게 자유롭고 위대한 과학적 독창성의 재능을 주려고 하지 않은 것 같다. 그 대신에 자연은 민활한 정신, 교활한 근면함과 세련됨 그리고 그들의 소유욕에 쓸모 있어 보이는 모든 것을 모방하는 재주를 이들의 작은 눈에 넉넉히 부여하였다. 그들이 영원히 동일한 행보와 영원히 동일한 일 안에서 오가는 이유는 이익과 직무에 있다. 그리하여 아무리 고도의 정치체제 속에서 살고 있다 해도 그들은 유목하는 몽골족이라고 할 수 있다. 왜냐하면 그들은 그 무수한 분업에도 불구하고 아직 분업을 제대로 배우지 못해 생업을 안정과 짝지워 모든 일이 그 자리에 필요한 사람을 찾아내게 하는 방법을 터득하지 못하기 때문이다. 그들의 상술처럼 의술도 세련되고 기만적인 진맥에 의존하고 있다. 이 진맥이야말로 감각적 세련됨과 비학문적 무지의 모든 성격을 드러내 보여준다. 이 민족의 특성은 그들 역사의 기묘한 고유성에서 잘 나타난다. 왜냐하면 이 민족은 다른 민족들과 섞이지 않은 몽골민족으로부터 생겨난 고도의 정치문화가 무엇을 이루어낼 수 있고, 무엇을 이루어낼 수 없는지를 보여주기 때문이다. 중국인들은 그들이 살고 있는 지구상의 모퉁이에서 다른 민족들과 섞이는 것을 피할 수 있었으며, 이로 인해 다른 경우에는 찾아볼 수 없는 허황된 자만심을 갖게 되었다. 중국인들은 그들이 원하는 개별적인 지식들을 획득할 수 있었다. 언어와 정치체제, 제도와 사고방식 등 전체 구조물은 그들에게 고유한 것이다. 그들은 나무를 접목하는 것을 좋아하지 않았기 때문에 다른 민족들과 교류했음에도 불구하고 여전히 접목되지 않은 상태로 남아 있다. 그리하여 몽골 부족은 지구상의 한 모퉁이에서 중국의 노예문화로 퇴락하고 말았던 것이다.

인간의 모든 기술은 교육을 통해 만들어진다. 중국인이 그 이상의 것이 되지 못하고 중국인으로 남아 있게 된 것은 그들의 민족성 외에도 중국의 교육방식 때문이다. 몽골족의 유목적 생활양식은 어린아이와 같은 복종을 가정뿐만 아니라 국가에서도 모든 덕의 근본으로 삼고 있기 때문에 시간이 흐름에 따라 저 외견상의 윤리성과 적들조차도 중국인들의 특성으로 칭송해 마지않는 공손한 태도가 생겨날 수밖에 없었다. 그러나 유목민족의 선량한 근본원칙이 이 거대한 국가에 어떤 결과를 초래하였던가? 아이를 키우고 남성적인 일을 해야 하는 성인에게조차도 교육받지 못한 아이들에게나 어울리는 그러한 의무를 부과함으로써 이 국가에서는 어린아이 같은 복종이 한계를 모르게 되었다. 이러한 의무가 모든 관료기구에 확고하게 부과되어 관리들은 유비적 이성에 입각하여 아버지의 이름을 강요한다. 이는 부드러운 자연적 충동에서 나온 것이 아니라 강제와 필요에 의거한 것이다. 이렇듯 자연적 본성에 반하여 새로운 인간의 심정을 만들려 한다면 인간의 진실한 심정을 거짓된 것에 적응케 하는 것 외에 무슨 일이 일어날 수 있겠는가? 성인이 어린아이 같은 복종을 보여야 한다면 그는 결국 자연이 그의 연령대에 맞는 의무로 부과한 자율적인 능력을 포기할 수밖에 없게 된다. 공허한 의례가 심정의 진실을 대신하게 되고 아들은 아버지가 살아 있는 동안에는 어머니에게 어린아이 같은 복종심을 보이지만 법이 어머니를 첩으로 규정한 경우, 부친 사후에는 어머니를 경시하게 된다. 만다린[7]에 대한 의무도 마찬가지이다. 이것은 자연이 아니라 명령의 소산이다. 그것은 관습일 뿐이며 자연에 반하는 관습은 인간을 무력하게 만드는 잘못된 것이다. 중국의 국가적, 윤리적 가르침과 그것의 실제 역사 사이의 커다란 괴리는 이로부터 비롯된 것이다. 이 제국의 자식들은 얼마나 자주 그의 아버지를 권좌에서 내쫓았던가! 아버지들은 얼마나 자주 자식들에게 분격했던가! 만다린들의 가렴주구는 수많은 자식들을 굶주리게 만들고 이 범죄가 보다 높은 위치의 아버지에게 알려지면 이 탐관오리는 어린아이처럼 매로 다스려진다. 그리하여 영웅과 위인들의 그림에서 볼 수 있는 남자다운 능력과 명예가 극히 부족하게 된다. 명예는 어

---

7 중국의 관료계급을 가리킨다.

린아이 같은 복종이 되어버리고 능력은 국가에 대한 의례적인 존경으로 퇴화된다. 공무에 임하는 자들은 고상한 준마가 아니라 아침부터 저녁까지 여우 짓을 일삼는 고삐에 매인 노새에 불과하다.

인간의 이성과 능력, 감수성에 대한 이러한 유치한 속박은 필연적으로 국가라는 구조물 전체를 약화시킨다. 교육이 관행에 불과하고 관행과 관습이 모든 생활을 속박하고 압제한다면 이는 그 국가의 힘에 얼마나 커다란 손실인가! 더 나아가 인간의 심정과 정신이 지니고 있는 가장 고상한 힘의 손실에 대해서는 더 말할 나위도 없다. 중국의 역사에서 일이 행해지는 방식에 주목하여 수많은 노력이 결국 아무것도 이루어내지 못한다는 것을 알게 되면 놀라지 않을 수 없을 것이다! 이곳에서는 한 사람이 해야 할 일에 한 집단 전체가 매달린다. 이곳에서는 이미 해답이 주어져 있는 일에 질문이 제기된다. 사람들은 그저 오가고, 단지 국가에 대해 유치한 존경심을 표하는 의례에서 실수를 하지 않기 위해 일을 미루고 회피한다. 따스한 부뚜막 위에서 잠을 자고 아침부터 저녁까지 따뜻한 물을 마시는 나라는 무사적인 정신이나 사유하는 정신과 거리가 멀 수밖에 없다. 이미 만들어진 길만 가는 규칙성, 이기적 이익과 수많은 교활한 술책을 간파하는 예민한 감각, 성인다운 조망이 결여된 유치한 분주함 같은 덕들이 중국에서는 왕도인 것이다. 이들은 이것이 과연 필요한 일인가, 이것을 개선할 방법은 없을까에 대해 묻지 않는다. 황제 자신도 이러한 굴레에 묶여 있어 모범을 보여야 하므로 향도처럼 모든 동작을 과장한다. 선조들의 궁정 안에서 황제는 경축일뿐만 아니라 모든 업무에서 그리고 일생의 모든 순간에 선조들의 희생물로서 칭송과 비난이라는 징벌을 받고 있다.[8]

이런 나라가 유럽의 척도로 볼 때 과학적 발명에서 극히 빈약한 성과를 이룬 것은 결코 놀랄 일이 아니다. 이 나라는 수천 년 동안 거의 제자리에 머물러 있다. 그들의 도덕서와 법률서도 항상 제자리를 맴돌며 유치한 의무에 대한 엄격한 가식이라는 동일한 내용을 정확하고 조심스럽게 수백 가지 방식으로 이야기하고 있을 뿐이다. 오랜 세월 동안 그대로인 이들의 천문학과 음악, 문학과 전쟁기술, 그림과 건축은 이 영원한 법률과 불변적인 유치한 제도의 산물일 뿐이다. 이 제국은 상형문자로 장식되고 비단으로 휘감겨 부패방지 처리된 미라에 불과하다. 이 제국의 내적 순환기관은 동면하는 동물과 같다. 이들이 타민족을 배척하고 복종시키고 방해하는 것은 이에 기인한다. 이들의 자만심도 이에 기인한다. 이들은 자신을 오직 자기 자신과 비교할 뿐, 외국의 다른 민족을 알려고도 하지 않고 사랑하지도 않는다. 이들은 산맥과 사막 그리고 항만이 거의 없는 바다로 둘러싸여 운명적으로 다른 나라와의 경쟁적 공존에서 벗어나 있는 지구상의 변방민족이다. 이러한 위치가 아니었다면 이 나라는 지금의 모습으로 남기 어려웠을 것이다. 만주족이 정복한 후에도 이들의 국가체제가 그대로 유지되고 있는 것은 이 체제가 그 자체에 기초를 두고 있다는 것 그리고 이들을 지배하고 있는, 보다 거친 정복자들이 유치한 노예제도라는 안락의자에서 편안하게 느끼고 있다는 것을 입증해줄 뿐이다. 정복자들은 중국에서 아무것도 변화시키지 않고, 그저 그 위에 앉

---

8 헤르더의 주: 높이 칭송받고 있는 저 건륭제조차도 지방에서는 폭군 취급을 받고 있다. 이는 황제가 자기 마음대로 생각해도 좋은 이 거대한 제국의 체제에서는 항상 그럴 수밖에 없다.

아 통치하기만 하면 된다. 이 나라는 그들 자신이 세운 국가라는 기관의 모든 부분에 있어 이것이 마치 노예제도를 위해 발명되기나 한 것처럼 철저하게 노예적으로 기능한다.

중국어에 대한 모든 보고는 다음과 같은 점에서 일치한다. 즉, 중국어가 이 민족의 인위적인 사고방식에 엄청나게 많은 영향을 미쳤다는 것이다. 모든 나라의 말은 그 민족의 생각을 형성하고 보존하고 전달하는 그릇이라는 점에서 이는 당연한 일이라 할 것이다. 특히 이 나라처럼 강력하게 그 언어에 집착하고 모든 문화를 그로부터 이끌어내는 경우에는 더욱 그러하다. 중국어는 도덕 사전, 다시 말해 예절과 양속의 사전이다. 지방과 도시뿐만 아니라 신분과 서적도 이 언어 안에서 구분된다. 그리하여 학문적 노력의 대부분이 이 수단을 가지고 그 어떤 것을 지향하는 것이 아니라 단지 수단 자체에 바쳐진다. 중국어에서는 모든 것이 규칙에 입각한 세부적인 것에 매달린다. 중국어는 몇 개의 음절로 많은 것을 말한다. 하나의 음절로 많은 특성을 표현하고 수많은 책들로 동일한 한 가지 사실을 그려낸다. 그들의 문자를 붓으로 그리고 인쇄하는 데 그 얼마나 고통스러운 노력이 요구되는가! 그러나 이 노력이 바로 그들의 기쁨이고 예술이다. 이들은 신비로 가득한 그림보다 아름다운 필체에서 더 많은 기쁨을 느끼고, 커다란 선의와 지혜보다도 획일적인 음향의 금언과 찬사를 더 애호하기 때문이다. 개봉부[9]라는 유일무이한 도시에서 40권의 서책을 여덟 개의 방대한 책자로 그려내고,[10] 황제의 명령과 칭찬에 따라 이 수

---

9 헤르더는 이 도시를 'Kai-fong-fu'로 표기하고 있다. 개봉부(開封府)는 중국 허난성(河南省)의 고도로서 송(宋)과 금(金)의 수도였으며, 명청대에는 허난성의 도읍이었다.

고스러운 엄밀한 일을 널리 확산시킨 것은 오직 이 거대한 제국과 중국인의 근면성만이 해낼 수 있는 일이다. 토르구트족[11]의 이주에 관한 그의 기념비는 돌에 새겨진 방대한 책으로서[12] 중국인들의 모든 학문적 사고방식이 이 국가의 인위적인 상형문자로 여기에 그려져 있다. 이러한 문자양식이 그 안에서 사고해야 하는 정신에 영향을 미침으로써 생겨나는 차이는 엄청날 수밖에 없다. 이러한 문자양식은 사상을 그림의 모습으로 이완시킬 것이고, 이 나라의 모든 사고방식을 그려진 혹은 허공에 쓴 자의적인 상형문자로 만들 것이다.

중국인의 특성에 대한 이러한 서술은 결코 그들에 대한 적대적인 경멸에서 나온 것이 아니다. 왜냐하면 이것은 그 하나하나가 중국인에 우호적인 옹호자들의 보고서에서 길어낸 것이며, 중국 국가제도의 모든 위계에서 수많은 검증을 통해 입증될 수 있는 것이기 때문이다. 위의 서술은 사태의 자연적 본성에 따라 한 민족을 그려낸 것일 뿐이다. 이 민족은 그러한 체질과 지역, 그러한 원칙과 조건 및 환경 속에서 아득한 고대에 형성되었으며, 다른 민족들이 걸어간 숙명적 길에 저항하여 자신의 사고방식을 오랫동안 보존해왔다. 고대 이집트가 우리 눈앞에 있다면 우리는 서로 다른 유래를 생각하지 않고 주어진 전통에 따라 지역적으로 변형된 유사성을 보게 될 것이다. 한

---

10 헤르더의 주: 『중국에 대한 회고록』, T. II. p. 375(2부 p. 375).

11 토르구트(Torgut)족은 명(明)나라 말기 몽골 북서부 지방에 살았던 오이라트족 중의 한 종족. 토르구트족의 이주는 토르구트를 중심으로 한 오이라트 유목민족인 1630년대에 준가르 초원을 떠나 볼가강 유역으로 이주했다가 청나라가 준가르를 멸망시키고 준가르 초원을 제국의 신강(新疆)으로 편입시킨 뒤인 1771년에 조상의 땅으로 귀환한 사건을 가리킨다.

12 헤르더의 주: 같은 책, T. I. p. 329. (1부 p. 329).

때 문화의 유사한 단계에 놓여 있던 여러 민족들의 경우에도 사정은 그러할 것이다. 단지 한 민족은 더 앞으로 나아가고, 다른 민족은 몰락하거나 다른 민족과 뒤섞이게 되었을 뿐이다. 세계의 변방에 있는 오래 된 나라 중국은 선사시대 유적의 잔해처럼 절반의 몽골적인 제도를 유지하고 있다. 중국문화의 근본특성이 박트라[13]의 그리스인이나 발호[14]의 타타르인에게서 건너왔다는 것을 증명하기는 어려울 것이다. 그들 체질의 기본조직은 그 지역에 고유한 것이며, 타민족의 영향을 거의 받지 않았다는 것을 어렵지 않게 알아내고 구분할 수 있다. 나는 그 탁월한 원칙 때문에 중국의 경전들을 존중하며 중국인과 공자라는 이름은 내게 위대한 이름이다. 하지만 나는 공자가 짊어졌던 속박 그리고 공자가 정치도덕을 통해 미신적인 민중들과 중국 국가제도에 영원히 부과한 속박을 모르지 않는다. 이를 통해 이 민족은 지구상의 다른 여러 민족들처럼 그 교육단계에 있어 어린아이의 연령에 머물러 있다. 바로 이 윤리적 가르침의 메커니즘이 정신의 자유로운 진보를 영원히 속박하여 이 전제국가에 또 하나의 공자가 나타나지 못하게 하기 때문이다. 언젠가 이 거대한 국가가 분열되거나 아니면 보다 더 계몽된 건륭제들이 나타나 여러 가지 위험을 무릅쓰고

---

13 박트라(Bactra)는 고대 박트리아(대하(大夏)) 왕국의 수도로, 현재 아프가니스탄 북부의 발호(Balkh)를 가리킨다. 박트리아는 헬레니즘시대의 왕국으로서 알렉산드로스 대왕이 죽은 후 대제국이 분열하게 되었을 때, 그의 부하 장군 셀레우코스 1세가 세운 시리아 왕국이 쇠퇴하자 왕국의 태수 중 하나인 디오토투스가 기원전 246년에 세운 나라.

14 발호(Balkh)는 서(西)투르키스탄의 중심도시로서 조로아스터가 이곳에서 죽었다고 전해지는 고대 조로아스터교의 중심지이다. 알렉산드로스 대왕에 의해 정복되어 그리스의 식민 도시국가가 되면서 박트리아라고 불리게 되었다.

그들이 먹여 살리지 못하는 사람들을 차라리 식민도시에 보내고 관습의 족쇄를 완화하고 정신의 보다 자유로운 독립성을 도입한다 할지라도 중국인들은 여전히 중국인들로 남아 있을 것이다. 이는 독일인이 언제나 독일인으로 남아 있고, 아시아의 동쪽 끝에 고대 그리스인이 태어나지 않았던 것과 같은 이치이다. 지구에 그 위에서 피어날 수 있는 모든 것이 피어나고 이 다양한 생명들이 창조주를 찬양하게 하는 것이 자연의 명백한 의도이다. 인간 오성의 유소년적 시도로서 중국에서 이룩된 입법과 도덕은 그 견고함에 있어 지구상의 다른 어느 곳에서도 유례를 찾아볼 수 없다. 이것은 그 장소에 남아 있을 것이며, 유럽에서 폐쇄적인 작은 중국이 나타나 전제군주에게 유아적인 경건한 신앙심을 보이는 일은 결코 없을 것이다. 수많은 유익한 물품들에서 확인되는 이들의 근면함과 예민한 감각과 세련된 재주는 언제까지나 이 나라의 자랑으로 남을 것이다. 도자기와 비단, 화약과 탄환, 나침반과 인쇄술, 교각건설과 조선술 그리고 그 밖에 수많은 손재주와 기술들을 그들은 유럽이 그런 것을 알게 되기 이전에 이미 알고 있었다. 다만 그들에게는 그 모든 기술에 있어 정신적 진보와 개선에의 충동이 결여되어 있다. 중국이 우리 유럽인들에게 문을 닫아 걸고, 화란인과 러시아인과 예수회 사람들만 극히 제한적으로 접촉하는 것은 그들의 사고방식과 잘 어울리는 것일 뿐만 아니라 유럽인들이 동인도, 아시아의 섬나라들, 북아시아 그리고 그들 자신의 나라에서 활동하는 것을 보고 있는 한 정치적으로 용인될 수 있는 일이다. 타타르족다운 자만심에 취해 이들은 유럽의 상인들을 경멸한다. 유럽의 상인들은 고국을 떠나 기만적인 상품을 그들이 가장 안전한 것으로 여기는 것과 바꿔간다는 것이다. 중국인들은 은을 받는 대가로 인간을 무력하게 만드는 수백만 파운드의 차를 팔아 유럽을 타락시키고 있다.

III.

크리스티안 볼프의 중국과 헤르더의 중국: 18세기 독일에서의 중국관 변화의 배경과 원인

안성찬

1. 중국이라는 신기루상

이 글의 목표는 18세기 독일에서 나타난 중국관의 급격한 변화를 크리스티안 볼프의 중국관과 헤르더의 중국관을 중심으로 살펴보고 그 원인과 배경을 고찰하는 데 있다. 근대 서양인들에게 동양문명을 대표해온 중국의 유교문명은 18세기를 거치면서 깊은 관심과 열렬한 예찬의 대상(라이프니츠, 크리스티안 볼프, 볼테르)[1]에서 문명의 불편함에 대한 예증(루소, 하만, 리히텐베르크, 청년기 괴테)으로 그리고 심지어 "방부 처리된 미라"(헤르더)[2]로 날개 없는 추락을 겪었다. 이러한 변화

1 서양 계몽주의자들의 중국예찬에 대한 연구는 Willy Richard Berger, *China-Bild und China-Mode im Europa der Aufklärung*, Köln, Wien, Böhlau 1990, pp. 52-85 참조. 또한 데이비드 문젤로, 『동양과 서양의 위대한 만남(1500~1800)』, 휴머니스트 2009, pp. 200-206과 J. J. 클라크, 『동양은 서양을 어떻게 계몽했는가』, 장세룡 옮김, 우물이 있는 집 1997, pp. 61-85 참조. 독일 근대문학에 나타난 중국의 모습에 대해서는 Ed. Horst von Tscharner, *China in der deutschen Dichtung bis zur Klassik*, München 1939 참조.

2 J. G. Herder, *Ideen zur Philosophie der Geschichte der Menschheit*, Frankfurt a. M. 1989, p. 438.

의 추이는 서양의 지성사가 이성의 보편성을 강조한 전기 계몽주의 운동으로부터 개별적 감성과 역사철학적 자의식을 발견한 후기 계몽주의운동으로 넘어가는 과정과 깊은 연관을 맺고 있다. 이 시기에 생겨난 부정적 중국관은 서구 시민사회의 지식인들이 19세기 말 서양이 직면한 사회적, 정신적 위기로부터 벗어나기 위한 탈출구를 동양적 사고방식과 세계관에서 찾으며 중국문화에 새로운 관심의 눈길을 돌릴 때까지 지속되었다. 흥미로운 사실은 18세기 서양의 지식인들은 당시 그들이 추구했던 이성적 문화와 합리적 사회체제를 중국의 유교문명에서 발견하였던 반면에, 세기말의 서구 지식인들은 서양의 물질문명이 보여준 한계에 대한 대안을 동양의 심오하고 비의(秘義)적인 세계관에서 찾았다는 것이다. 이 시기에 서양이 발견한 동양적 세계관의 정수는 유교가 아니라 노장사상과 불교였다.

서양에서 이처럼 착종된 모습으로 나타나는 중국의 이미지는 연구자들에 의해 다양한 방식으로 해석되고 평가되어 왔다. 그중 대표적인 것은 서양인들의 의식에 비친 중국의 모습이 실상이 아니라 '신기루상(Mirage)'에 불과하다는 것이다.[3] 이는 물론 나름의 타당성을 지닌 주장이다. 하지만 이것이 근대 서양의 중국관에 대한 궁극적인 평가가 될 수는 없다. 자아의 의식이 타자에 대해 신기루상을 만들어 내는 것은 문화적 접촉과 교류에서 나타나는 한갓 잘못된 변수에 불과한 것이 아니라 문화수용에서 불가피하게 나타나는 상수이기 때문이다. 현대해석학에서 지적하고 있듯이 인간은 선이해에 의거한 이

3 대표적인 예로는 Willy Richard Berger, 앞의 책 p. 293 참조.

해지평[4]을 통해서만 타자와 타문화를 수용하고 이해할 수 있다. 이러한 선이해의 지평은 고정된 것이 아니라 다른 지평과 만나 지평융합을 이루면서 시대의 흐름에 따라 부단히 변화한다. 여기에서 문제는 우리의 의식에는 이해지평 위에서 구성된 상만 지각될 뿐이고, 그것을 구성해내는 이해지평 자체는 잘 포착되지 않는다는 점이다. 인간의 일상적 의식에서는 그 윤곽조차 제대로 드러나지 않는 이해지평이 가장 명료하게 지각되는 경우는 그것이 이질적인 것, 즉 타자의 도전에 반응하는 순간이다. 이러한 인식을 문화사적 차원으로 확대하면 특정한 시대의 어떤 문화가 타문화를 이해하여 수용하는 방식과 양상을 고찰함으로써 그 시대의 이해지평을 조명하여 그 윤곽을 보다 명료하게 그려낼 수 있다는 추론에 이르게 된다.

18세기 독일의 중국문화 수용은 이러한 추론을 검증해볼 수 있는 흥미로운 사례를 제시한다. 서두에서 언급했듯이 이 시기에 전기 계몽주의의 대표적 철학자 크리스티안 볼프에 의해 현실에 구현된 플라톤의 이상국가라고까지 찬양되었던 중국의 유교문명은 후기 계몽주의의 선도적 사상가 헤르더에 이르러 "방부 처리된 미라"로 극단적인 추락을 겪게 된다. 이 시기 독일에서의 중국 수용은 오늘날 오

4 '선이해(Vorverständnis)'와 '이해지평(Verstehenshorizont)'은 가다머가 정립한 철학적 해석학의 핵심개념들이다. 가다머는 해석학적 이해와 역사적 전통의 관계를 조명하기 위해 이 개념들을 사용하고 있지만 필자는 이 개념들이 '간문화적 해석학(Interkulturelle Hermeneutik)'에도 적용될 수 있다고 믿는다. Hans-Georg Gadamer, *Wahrheit und Methode: Grundzüge einer philosophischen Hermeneutik*, 5. Aufl. (durchges. u. erw.), Tübingen, Mohr 1986; 한스게오르크 가다머, 『진리와 방법 1』, 이길우(외) 옮김, 문학동네 1986; 한스게오르크 가다머, 『진리와 방법 2』, 임홍배 옮김, 문학동네 2012.

리엔탈리즘[5] 비판이라는 학문적 조류의 맥락에서 여러 연구자들에 의해 재조명되고 있다. 여기에서 크리스티안 볼프는 그의 스승 라이프니츠와 더불어 오리엔탈리즘과는 다른 시각에서 중국을 바라보았다는 이유로 새로이 주목을 받고 있고,[6] 헤르더는 독일의 역사철학

5 원래 오리엔탈리즘은 1830년대에 프랑스에서 동양학이라는 의미로 사용되기 시작하였다. 하지만 에드워드 사이드의 유명한 연구가 나온 이래로 이 용어는 아시아에 대한 서양의 패권주의에서 생겨난 일련의 식민주의적 지식체계와 관점을 의미하게 되었다. 원래 에드워드 사이드에게서 오리엔탈리즘이란 중동 지역에 대한 근대 서양의 관점과 태도를 의미하지만 이제 학문 패러다임의 지위를 획득한 오리엔탈리즘은 중국, 동양 그리고 인도 등에 대한 서양의 식민주의적 관점과 지식체계 일반을 지칭하는 용어로 널리 사용되고 있다. 에드워드 사이드(2009), 『오리엔탈리즘』, 박홍규 옮김, 교보문고.

6 크리스티안 볼프의 중국문화와 유교철학에 대한 연구는 독일과 유럽의 계몽주의 사상운동이 전개되는 과정에서 매우 중요한 영향을 미쳤다. 그럼에도 불구하고 이에 대한 연구는 오랫동안 거의 이루어지지 않았었다. 1980년대 이전에 발표된 연구로는 Donald F. Lach(1953), "The Sinophilism of Christian Wolff(1679-1754)", *Journal of the History of Ideas* 14, pp. 561-574 그리고 Artur Zempliner(1962), "Die chinesische Philosophie und J. Ch. Wolff", *Deutsche Zeitschrift für Philosophie* 10, pp. 758-778 정도가 있을 뿐이다. 1985년 Michael Albrecht가 *Oratio de Sinarum philosophia practica*를 독일어로 번역하고 상세한 해설과 주석을 붙여 내놓으면서 볼프의 유교철학 수용이 비로소 학계의 주목을 받게 되었으며, 이 저서는 이후 연구의 초석이 되었다. 이후 1992년에는 라이프니츠와 볼프의 중국 관련 텍스트들을 영어로 번역하고 해설한 Julia Ching/Willard G. Oxtoby의 *Moral Enlightenment: Leibniz and Wolff on China*가 출간되었다. 이 책에는 볼프의 두 편의 글 "중국인의 실천철학에 대한 강연"과 "통치하는 철학자와 철인왕"이 실려 있다. 볼프의 철학과 유학의 관계에 대한 국내의 연구 또한 이 두 저서에 주로 토대를 두고 있다. 이 주제에 관한 국내의 연구로는 안종수(1991), 「볼프의 실천철학과 중국유학」, 『인문과학』 제65집; 안종수(2001), 「볼프와 유학」, 『철학연구』 제5집; 이은정(2008), 「크리스티안 볼프, 중국 그리고 유교」, 『담론201』 11권 1호; 김선희(2012), 「실천철학으로서의 유학: 크리스천 볼프와 다산 정약용의 비교 연구」, 『다산 탄신 250주년 기념 학술대회 — 다산 연구의 새로운 모색』 등이 있다. 볼프의 철학과 유학의 관계에 대한 국내의 가장 상세한 연구는 황태연, 『공자와 세계 2』, 청계 2011, pp. 527-586 참조.

이 자행한 오리엔탈리즘의 원조 중 하나로서 비판의 대상이 되고 있다.[7] 이러한 관점에서 이루어진 기존 연구의 주된 의도는 대부분 서양에 의해 일방적으로 규정된 동양의 모습을 교정하려는 데 있는 것으로 보인다. 즉, 이들은 대체로 전기 계몽주의자들이 동서양 사이의 평등하고 호혜적인 문화교류의 가능성을 추구했다는 점에 대해 우호적인 평가를 내리면서도 이들이 유교철학을 오해한 부분에 대해서는 엄밀한 비판을 가하고 있다. 그리고 헤르더 이래의 오리엔탈리즘에 대해서는 당연히 독일의 역사철학적 관점에서 바라본 동양과 중국의 모습이 어떻게 왜곡되어 있는가를 조명하는 데 초점이 맞춰지고 있다.

이 연구는 다음과 같은 점에서 18세기 독일의 중국문화 수용양상을 기존의 연구와는 다른 관점에서 조명하고자 한다. 즉, 이 연구의 목표는 크리스티안 볼프와 헤르더가 바라본 중국의 모습이 옳은가 그른가를 분석하고 평가하는 데 있지 않다. 이 연구가 주목하고자 하는 것은 당시 독일 지식인들이 중국에 대해 만들어낸 신기루상의 옳고 그름이 아니라 그것이 어떤 지평 위에서 형성되었는가 하는 것이다. 이를 위해 이 연구는 '절합(articulation)'[8]의 개념을 핵심적인 관

7 이러한 시각의 국내 연구로는 김기봉, 「독일 역사철학의 오리엔탈리즘—칸트, 헤르더, 헤겔을 중심으로」, 『담론 201』 7(1), 한국사회역사학회 2004, pp. 248-272가 있다.

8 여기에서 '절합'은 해석학적 개념으로서의 articulation을 번역하기 위해 만들어진 조어로서 문화적 대상을 분절하고 다시 통합하여 재구성하는 것을 의미한다. 절합은 문화이해에서 생겨나는 보편적인 현상이지만 특히 타 문화에 대한 이해에서 보다 분명하게 나타난다. 이 개념에 대해서는 Ernesto Laclau/Chantal Mouffe, *Hegemonie und radikale Demokratie. Zur Dekonstruktion des Marxismus*, Wien 2000, p. 155 참조. 크리스티안 볼프에 대한 이은정의 논문은 이 절합의 개념을 핵심으로 하고 있다는 점에서

점으로 삼고자 한다. 크리스티안 볼프와 헤르더가 자신들에게 주어진 중국에 관한 자료들을 어떤 방식으로 분절하고 다시 통합하여 각자의 중국상을 구성해냈는가를 보여줌으로써 전기 계몽주의와 후기 계몽주의가 세계를 바라본 이해지평의 변화양상을 추적해 보는 것이 이 연구의 주된 의도이다.

2. 진기한 나라 중국

자신들이 살고 있는 세상의 '저 너머'에 위치한 대제국의 존재가 막연하게나마 알려진 고대부터 동서양 사이의 상호 교류가 급속히 확산된 근대에 이르기까지 서양인들에게 중국은 항상 '진기한 나라'[9]였다. 이미 그리스로마 시대부터 중국은 인간이 생산해낸 가장 화려한 직물인 비단이 만들어져 전해져오는 나라[10]로서 서양인들의 호기심

본 논문의 시도와 많은 부분 공유점을 지닌다. 이은정, 앞의 논문, pp. 199-200 참조.

9 "진기한 나라 중국"은 예수회 중국 선교사들이 이루어낸 중국학의 업적을 연구한 데이비드 먼젤로의 탁월한 저서의 제목이기도 하다. 먼젤로는 이 저서의 원제인 "Curious Land"에서 "curious"를 이 단어의 일반적인 의미가 아니라 라틴어 "curiosus"라는 특정한 맥락에서 사용하고 있음을 밝히고 있다. 하지만 먼젤로는 물론 서구인들이 중국에 대해 느껴온 다양하고 중첩된 이미지를 '진기한'이라는 단어가 한 마디로 포괄해준다는 점도 고려했을 것이다. 이 글에서 필자는 '진기한'이라는 용어를 먼젤로가 자신의 저서에서 정의한 특정한 의미가 아니라 이 단어의 일반적인 의미를 함께 고려하여 포괄적으로 사용하고자 한다. 데이비드 먼젤로(2009), 『진기한 나라, 중국: 예수회 적응주의와 중국학의 기원』, 이향만·장동진·정인재 옮김, 나남.

10 그리스와 로마에서 중국을 가리키던 이름 세레스(그리스어 Σῆρες, 라틴어 Sērēs)는 '비단의 나라'를 의미한다.

을 자극하였다. 로마제국의 서쪽 영토를 게르만 부족들이 분할하여 지배하면서 유럽이 세계사의 무대에서 고립된 이래로 동쪽 제국의 존재는 오랫동안 서양인들의 뇌리에서 사라졌다.

서양의 중세시대에 몽골족이 대제국을 건설하여 동서양 사이의 교역로가 다시 열리고, 이 교역로를 활동무대로 하였던 마르코 폴로가 광대한 영역과 엄청난 인구, 고도로 발달된 정치, 경제, 문화를 자랑하는 카타이라는 대제국 그리고 지상의 어느 군주보다도 더 큰 권력과 호사를 누리며 이 제국 위에 군림하는 칸의 위용을 서양에 소개하면서 당시 서양인들이 알고 있던 이슬람 세계 '저 너머'에 있는 동쪽 끝의 나라는 다시 서양인들에게 커다란 호기심의 대상이 되었다. 마르코 폴로가 전한 소식은 이 진기한 나라에 도달하려는 열망을 서양인들에게 불러일으켰으며, 이는 대항해시대의 개막을 초래하는 중요한 원인이 되었다.

대항해시대가 시작되어 동서양을 연결하는 항로가 열리면서 비단과 도자기, 차와 향료 등 중국에서 생산되는 진귀한 물품에 대한 수요가 크게 증대함에 따라 동서양 사이의 교역도 엄청난 속도와 규모로 증가하였고[11] 빈번한 상호 접촉에 따라 이 나라의 면모에 대한 지식도 크게 확장되었다. 특히 종교개혁 이후 서양에서 약화된 가톨릭의 입지를 해외에서 찾으려 한 반종교개혁의 선봉인 예수회 선교사들의 노력으로 동서양 사이에 문화적·학문적 교류의 가교가 놓이

11 16세기 이후 동서양 사이의 문물교류의 전개양상에 대해서는 데이비드 문젤로, 『동양과 서양의 위대한 만남(1500~1800)』, 휴머니스트 2009, p. 260 이하 참조(이 책의 저자 데이비드 문젤로는 주 1의 데이비드 먼젤로와 같은 인물이다. 저자의 이름이 번역한 책에 따라 다르게 표기되어 있어 여기에서도 그대로 표기하였다).

게 되었다. 당대 서양 최고의 지식인 집단이었던 예수회 소속 선교사들은 수학, 천문학 등 서양의 과학을 동양에 전하고, 중국의 고전을 번역하여 서양에 소개하였다. 예수회 선교사들의 궁극적 목표는 물론 서양의 기독교를 중국에 전교하는 데 있었다. 하지만 잘 알려져 있듯이 이들의 목표는 결국 실패로 돌아가고 말았으며, 오히려 이들이 소개한 중국의 사상, 역사, 제도, 문물 등에 관한 지식이 서양의 계몽주의자들에게 널리 수용되어 기독교의 독단적 교리에 대한 계몽주의자들의 사상적 투쟁을 승리로 이끄는 무기가 되었다. 계몽주의자들은 예수회 선교사들이 전해준 중국에 대한 지식에 의거하여 유교의 합리성에 대비되는 기독교의 비합리성을 비판함으로써 18세기를 경계로 서양 사상과 문화의 중심이 종교에서 학문과 예술로 옮겨가게 되는 중요한 전기를 마련하였다.

18세기까지 중국은 문명화의 수준에서 서양을 훨씬 능가하거나 혹은 적어도 대등한 나라로 인정받고 있었다.[12] 계몽주의자들은 그들이 소망한 도덕정치가 중국에서는 이미 고대에 구현되어 당대까지 지속되어 왔다고 여겼다. 유교사상에 입각한 중국의 안정된 정치체제와 세련된 문화는 그들의 깊은 관심과 열렬한 예찬의 대상이었다. 계몽주의 지식인들에게 중국의 존재는 자연이 인간에게 부여한 이성의 힘에 의거하여 바람직한 사회와 국가를 이룩할 수 있다는 사실에 대한 살아 있는 증거였다. 이러한 입장에서 계몽주의자들은 중국을

---

12 예를 들어 라이프니츠는 『최근 중국 소식』 서문에서 중국과 유럽을 다양한 측면에서 비교하면서 중국이 어떤 면에서 유럽을 능가하고 어떤 면에서 유럽보다 열등한가에 대해 조목조목 평가한 바 있다. G. W. Leibniz, *Nov. Sin.* §2, 3, 4, 10과 라이프니츠, 『라이프니츠가 만난 중국』, 이동희 옮김, 이학사 2003, p. 37 이하 참조.

지상에 구현된 플라톤의 이상국으로 찬미하기까지 하였다. 서양에서 이러한 중국관은 18세기 후반까지 지속되었다. 하지만 19세기 이후 서세동점이 본격적으로 시작되면서 중국은 변화와 진보를 거듭해온 서양과 달리 고대의 상태가 현대까지 현존하는 나라, 서양의 자극과 도움 없이는 결코 정체의 늪에서 스스로 빠져나올 수 없는 나라로 낙인찍히게 된다. 오늘날 오리엔탈리즘이라는 학문적 조류의 이름하에 비판받고 있는 이러한 중국관은 제국주의시대를 거쳐 최근까지지도 지속되어 왔다.

동서양 교류사의 이러한 변천과정 속에서 중국에 따라붙는 수식어 '진기한(curious)'이란 단어의 의미도 커다란 변화를 겪는다. 즉, 중국은 서양으로 전해지는 진귀한 물품과 놀라운 풍문으로 인해 커다란 호기심을 불러일으키는 나라에서 (고대에서 근대 초까지) 라틴어 'curiosus'의 의미인 엄밀하고 깊이 있게 연구할 가치가 있는 나라[13]라는 의미를 거쳐 (예수회 선교사들에서 계몽주의자들까지), 동일한 것이 영원히 반복되는 기묘한 나라로 (19세기 초에서 20세기 말까지) 전락하게 된다. 18세기 독일의 중국 수용사에서는 이러한 세 가지 의미에서의 '진기한 나라 중국'의 이미지가 급격히 교차되고 있을 뿐만 아니라 이러한 상이한 중국관이 학문적 담론으로 정립되어 당대와 후대에 커다란 영향을 미쳤다는 점에서 주목을 요한다.

30년 전쟁의 참화와 더불어 근대 국가체제로의 진입을 시작하였고 게다가 봉건적 영주들이 다스리는 300여 개의 영방(領邦)국가로

---

13 '진기한'이라는 단어의 이러한 의미에 대해서는 데이비드 먼젤로, 앞의 책, p. 12 이하 참조.

분열되어 서양의 후진국으로 머물러 있던 독일은 대항해시대에 동참할 여력을 갖지 못했으며, 따라서 중국과 직접적으로 접촉할 기회도 얻지 못하고 있었다. 그러나 영국, 프랑스, 네덜란드, 포르투갈 그리고 러시아 등 당시 중국과 직접교역을 하고 있던 나라들을 통해 중국의 문물은 독일 땅에도 전해지고 있었다. 비단으로 만든 중국식 의복을 입고 중국자기로 식사와 차를 즐기는 것은 당시 서양의 군주들과 독일 제후들이 누리려 하던 최고의 호사 중 하나였다. 이러한 분위기 속에서 절대왕정시대를 대표하는 군주인 프랑스의 태양왕 루이 14세 시대에 이른바 시누아즈리(chinoiserie)라고 하는 중국 취미가 상류사회에 널리 유행하였으며, 이는 곧 독일 지역에도 흘러 들어갔다. 절대왕정시대에 오스트리아, 프로이센, 작센, 바이에른을 위시한 독일의 제후들은 중국 황제가 누리는 권력과 호사를 선망하여 중국문물을 수입하고 연구하는 일에 많은 재력과 노력을 쏟아 부었다. 작센의 아우구스트 강건왕(August der Starke, 1670-1733)은 그 대표적 인물이다. 그는 중국문물에 대한 연구를 장려하였으며, 특히 당시 황금과 같은 가치를 지니고 있던 중국자기에 깊은 관심을 갖게 되어 자신의 신하들과 과학자들에게 중국자기 제작기술의 비밀을 연구하도록 명하였고 마침내 서양 최초의 자기인 마이센자기(드레스덴 차이나)를 생산하는 데 성공하였다.

이러한 역사적 배경하에서 독일에 이른바 원시 중국학자라고 불리는 최초의 중국학자들이 생겨났다.[14] 예수회 소속 독일인 신부 키

14 원시 중국학자는 예수회 선교사들과 달리 중국 땅을 밟아보지 못하고 예수회 선교사나 교역자들을 통해 서양에 전해진 자료들을 토대로 중국에 대해 연구한 학자들

르허(Athanasius Kircher)가 글과 그림을 통해 중국문화를 소개하고 해설한 『중국도설(*China Illustrata*)』, 중국어와 한자의 체계를 해명하려 한 뮐러(Andreas Müller)와 멘첼(Christian Mentzel)의 『중국어 비결(*Clavis Sinica*)』 등이 독일 원시 중국학자들이 역사에 남긴 중요한 업적들이다. 이들의 중국학 연구는 주로 중국문화에 대한 제후들의 호기심과 중국어에 대한 지식인들의 호기심에 부응하기 위한 것이었다. 이에 뒤이어 사상사적으로 중요한 의미를 지니는 중국철학에 대한 연구가 시작되었다. 중국의 유교 철학과 당대 서양의 합리주의 철학을 비교하고 연결하려 하였던 라이프니츠와 크리스티안 볼프의 시도가 그것이다. 독일은 물론 당대 서양을 대표하는 지식인이라고 할 수 있는 이 두 사람은 중국문화에서 서양보다 '우월한' 측면들을 깊이 연구하여 서양에 도입함으로써 절대왕정시대의 '타락한' 문화와 도덕을 개선하려 하였다. 18세기 한 세기 동안 이처럼 여러 경로와 계기를 통해 독일로 흘러 들어간 중국의 문학, 예술, 학문 등의 정신문화 그리고 의복, 도자기, 정원 등의 생활문화는 독일에서 중요한 문화적 요소가 되어 당시 독일에서 이루어진 사회적 변화에 커다란 영향을 미쳤다.[15]

그러나 18세기 후반에 이르러 '위로부터의 계몽'을 기획하였던 전기 계몽주의가 '아래로부터의 계몽'을 요구하는 후기 계몽주의에 자리를 내주면서 중국은 고대 이래로 동일한 역사가 영원히 반복되

을 가리킨다. 독일의 원시 중국학자들과 이들의 주요 학문적 업적에 대해서는 데이비드 먼젤로, 앞의 책, p. 217 이하 참조.

15 18세기 독일에서 이루어진 광범위한 중국문화 수용에 대해서는 Willy Richard Berger, 앞의 책 참조.

는 '기묘한' 나라로 전락하고, 이러한 변화를 주도한 사상가 헤르더에게 와서 중국의 이미지는 계몽주의자들의 이상국에서 "방부 처리된 미라"로 급전직하하게 된다. 헤르더 이후로 중국을 정치와 문화의 모범과 이상으로 찬양했던 계몽주의 시기의 중국관은 오랫동안 학문 역사의 재고창고에 파묻힌 채 잊혀져 버리고,[16] 헤르더의 역사철학적 사유를 계승한 헤겔과 마르크스를 거쳐 20세기에 이르기까지 서양의 학문적 담론에서 중국은 아직까지 숨이 붙어 있는 진기한 고대의 미라로 간주되었다.

이하에서는 18세기 독일의 중국수용사에 대한 이러한 인식을 토대로 전기 계몽주의의 대표적 철학자 크리스티안 볼프와 후기 계몽주의의 선도적 사상가 헤르더에게서 중국관이 얼마나 급격한 변화를 겪는가에 대해 구체적으로 살펴보고 그 역사적 배경과 원인을 진단해보고자 한다.

---

16 Michael Albrecht는 1985년에 Christian Wolf의 라틴어 강연문 『중국인의 실천철학에 대한 강연』을 독일어로 번역하고 자세한 해설과 주해를 달아 출간하면서 "한때 중국이 유럽의 사유에 행사했던 매혹이 이제는 사라지고 잊혀져버렸다"는 사실을 지적하는 것으로 서문을 시작하고 있다. Christian Wolff, *Oratio de Sinarum philosophia practica, Rede über die praktische Philosophie der Chinesen*, übersetzt, eingeleitet und hrsg. v. Michael Albrecht, Hamburg 1985, IX.

3. 크리스티안 볼프의 중국예찬과 헤르더의 중국혐오

1) 크리스티안 볼프와 중국[17]

크리스티안 볼프(1679-1754)는 라이프니츠와 칸트 중간 시기의 독일 합리주의와 계몽주의를 대표하는 철학자이다. 그는 슐레지엔의 브레슬라우(현재는 폴란드 브로츨라프)에서 태어나 예나대학에서 수학, 자연철학, 철학을 전공하였다. 1703년 강사(Privatdozent) 자격을 획득하여 1706년까지 라이프치히대학에서 강의하다가 1706년 라이프니츠의 추천으로 할레대학의 수학과 자연철학 교수로 임용되었다.

볼프는 데카르트에서 시작되어 스피노자와 라이프니츠로 이어진 근대서양의 합리주의 철학 계보에 속하는 철학자이다. 특히 그는 라이프니츠의 철학을 바탕으로 당대의 모든 지식을 분류하고 체계적으로 집대성하는 것을 자신의 철학적 과업으로 삼았다. 오늘날 그는 사상사적으로 대개 라이프니츠의 합리주의철학과 칸트의 비판철학 사이를 이어주는 독일 계몽주의의 대표적 철학자로 자리매김 되고 있다.[18] 그는 인간의 모든 인식과 지식을 사물의 가능성을 탐구하는 철학적 인식, 이것이 현실화된 것을 증명하는 역사적 인식, 양의 결정을 연구하는 수학적인 것으로 분류하였다. 그리고 그는 철학을 이론

---

17 크리스티안 볼프의 중국문화와 유교철학에 대한 연구는 앞의 주 6 참조.

18 이로 인해 볼프의 철학에 대한 국내의 연구 또한 칸트 철학에 대한 그의 영향에 한정되어 있다. 볼프의 철학에 대한 국내의 연구로는 김수배(1999), 「칸트철학의 선구자 볼프」, 『칸트연구』 제5집 그리고 이엽(2009), 「칸트의 볼프 윤리학 비판」, 『칸트연구』 제23집 등이 있다.

철학(philosophia rationalis)과 실천철학(philosophia practica)으로 분류하고 제1철학(philosophia prima)으로서의 존재론, 우주론, 합리적 심리학, 자연신학을 전자에 그리고 윤리학, 경제학, 정치학을 후자에 귀속시켰다. 그가 이룬 또 하나의 중요한 학문적 업적은 라틴어로 되어 있던 학문언어를 독일어로 옮기는 일에 많은 노력을 기울였다는 것인데, 이를 통해 그는 독일어로 된 학문언어와 철학언어가 뿌리를 내리는 데 크게 기여했다.

앞에서 언급했듯이 볼프의 철학적 위치는 라이프니츠의 계승자로 자리매김 되는데, 중국에 대한 그의 깊은 관심 역시 라이프니츠의 영향에 의한 것이었다. 라이프니츠처럼 볼프 또한 예수회 선교사들이 번역한 중국고전에 의거하여 중국철학을 연구하였다.[19] 예수회 선교사 노엘은 공자의 가르침은 근본적으로 실천철학이며, 그 핵심사상은 사물의 근본이치에 대한 탐구를 통해 인간의 이성이 선과 악에 대한 정확한 개념도 해명할 수 있다는 것이라고 하였다. 이러한 관점에서 노엘의 번역을 통해 중국의 유교철학을 연구한 볼프는 1718년 "보편적 실천철학"에 있어 자신의 사상과 중국의 사상이 완전히 일치한다고 천명하였다.[20] 이러한 천명은 이론적, 실천적으로 다음 두 가지 의미를 내포하고 있다. 첫째로, 이론적 의미에서 볼프의 사상적 노

---

19 1721년의 『중국인의 실천철학에 대한 강연』은 프랑수아 노엘(François Noël)이 중국의 사서와 『효경』, 『소학』 6권의 중국고전을 번역한 『중국의 육경(*Sinesis imperii libri classici sex*)』(1711)에 전적으로 의존하였고, 1726년 강연문에 붙여 출간된 상세한 주해는 필립 쿠플레(Phillipe Couplet)가 편찬을 주도한 『중국 철학자 공자(*Confucius Sinarum Philosophus*)』(1686)에 주로 의존하였다.

20 Michael Albrecht, "Einleitung" zu *Oratio de Sinarum philosophia practica*(1721), Hamburg 1985, XXXII 참조.

력은 자연이 인간에게 부여한 이성에 입각하여 덕을 수양함으로써 '완전성'을 추구하는 것이 "보편적 실천철학"의 근본원리임을 제시하려는 데 있었다. 공자의 삶과 사상에 대한 연구를 통해 볼프는 자신의 철학이 선험적으로(a priori) 증명한 이 원리를 중국의 유교철학이 후험적으로(a posteriori) 뒷받침해준다는 것을 발견했다고 믿었으며, 이에 따라 자신의 철학과 중국의 유교철학이 근본사상에 있어 완전히 일치하고, 더 나아가 서로를 보완한다고 생각했다. 둘째로, 실천적 의미에서 볼프의 실천철학의 궁극적 목표는 이상적 윤리와 정치제도를 통해 인간의 행복을 구현하는 방향으로 국가를 개선하려는 데 있었다. 이러한 목표의 실현에 기여하기 위해 독일의 '교육자(Lehrer)'가 되고자 했던 볼프는 중국의 '교육자' 공자에게서 자신과 같은 목표를 추구한 인간을 발견했다고 믿었다.

이러한 이론적, 실천적 지향에 입각하여 볼프는 중국의 유교철학 연구에 깊은 관심과 노력을 기울였는데, 이 연구는 『중국의 실천철학에 대한 강연』으로 결실을 맺었다. 이 강연은 그의 개인적 삶뿐만 아니라 독일 계몽주의의 역사에도 중대한 영향을 미친 사건을 초래하였다. 1721년 7월 12일 볼프는 할레의 프리드리히대학교 부총장의 임기를 마치고 후임자에게 자리를 물려주는 이취임식을 가졌다. 당시 할레대학에서 총장의 직위는 프로이센 호엔촐레른 왕가의 왕족에게 주어지는 명예직이었으므로 부총장은 대학의 운영 전반에 대한 권한과 책임을 지는 실질적인 총장의 직위였다. 이 자리에서 볼프는 관례적으로 행하는 기념강연의 주제로 "중국의 실천철학"을 선택했다. 당시 그는 독일어를 학문어로 정립하기 위해 모국어로 강의하는 것을 원칙으로 삼아 이를 실천해 왔으나 이 자리에서는 관례에 따라

라틴어로 강연을 행했다. 이 강연의 요지와 의도는 다음과 같다.[21]

당시 서양 사람들에게 중국의 철학은 공자라는 이름에 의해 대표되었으며, 이에 따라 대다수의 서양인들에게 공자는 중국철학의 창시자로 알려져 있었다. 그는 이러한 일반적인 견해가 잘못되었다는 사실을 지적하는 것으로 강연을 시작한다. 서두의 요지는 이러하다. 공자는 중국의 지혜를 창시한 최초의 철학자가 아니다. 그 이전의 아득한 고대에 이미 중요한 철학자들이 존재했으며(주 1), 이들은 철학자이자 군주로서 스스로 모범을 보여 백성들이 자신을 모방하도록 함으로써 나라를 다스렸다(주 7-11). 중국이 분열되려 할 때 신의 섭리는 공자를 이 땅에 보내 그의 가르침을 통해 이 나라가 다시 올바로 설 수 있게 하였다. 그런 의미에서 중국인들에게 공자는 유대민족의 모세, 터키민족의 마호메트, 기독교국가의 예수와 같은 존재이다(주 27-31). 공자의 가르침은 복희씨에서 시작하여 삼황오제로 이어지는 중국 고대의 철인왕들에 대한 기록에 의거한 것으로서, 그는 단지 이들의 가르침을 새롭게 해석하고 몸소 검증하여 제시한 것뿐이다. 강연의 제목을 "공자의 실천철학"이 아니라 "중국인의 실천철학"이라고 한 것은 바로 이 때문이다(Albrecht, XXXIX).

이러한 서두에 이어 볼프는 중국의 실천철학을 평가하기 위한 시

21 이하에서 서술한 볼프 강연의 요지는 Christian Wolff, *Oratio de Sinarum philosophia practica, Rede über die praktische Philosophie der Chinesen*, übersetzt, eingeleitet und hrsg. v. Michael Albrecht, Hamburg 1985의 볼프 강연문과 주 그리고 Michael Albrecht가 이 책 앞에 붙인 상세한 서론에 주로 의거하고 있다. 이하에서 볼프의 강연은 '강연', Albrecht의 서론은 'Albrecht'로 표기하고 여기에 쪽수를 붙여 표시하고, 볼프가 강연문에 붙인 주석은 '주'로 표기하고 여기에 주 번호를 붙여 표시한다.

금석을 설정하는 일로 본론을 시작한다(주 36). 여기에서 볼프는 자연(natura)의 힘, 즉 자연에 의해 인간본성에 주어진 능력인 이성을 평가의 기준으로 제시한다(주 39). 여기에서 문제의 핵심은 중국의 유교철학이 보편적 실천철학의 시금석 역할을 할 수 있는가 하는 것이다. 이에 대한 볼프의 답변은 단순명쾌하다. 자연종교와 계시종교 등 종교적 진리에 대해 알지 못했던 중국인들은 오로지 자연이 준 힘인 이성만을 사유와 실천의 기준으로 삼아 왔기 때문에 중국철학은 그러한 시금석으로서 매우 적합하다는 것이다. 이와 관련하여 볼프는 우선 덕의 세 단계를 제시한다. 오로지 자연의 힘에만 기초한 덕, 이성에 의거하여 신의 속성과 섭리의 지배를 인식하는 자연종교에 기초한 덕, 그리고 계시의 진리에서 생겨난 덕이 그것이다. 중국인들은 이 세 가지 덕 중에서 계시에 대해서는 전혀 알지 못하고 자연종교와도 관련이 없으므로 그들에게 남아 있는 것은 첫 번째 덕뿐이다(주 54-57). 바로 그렇기 때문에 중국이라는 나라는 서양인들에게 중요한 실험의 장이 될 수 있다. 중국은 자연의 힘, 즉 인간의 본성인 이성의 능력이 이루어낼 수 있는 것, 그리고 이로부터 생겨난 덕의 모습을 보여주게 될 것이다(Albrecht, XL).

중국인의 덕에 대한 태도의 근본특징은 다음과 같다. 중국인들이 걱정하는 것은 오로지 영혼의 '완전성을 강화하여 덕을 교육하는 일에만 마음을 쏟으며 이 영혼의 완전성에 대립되는 악덕에 대해서는 무지한 상태에 있는데, 이는 볼프가 볼 때 오히려 다행스러운 일이다. 인간이 모르는 것을 행할 수는 없으므로 중국인들이 전적으로 덕을 추구하고 악덕에 무지하다는 것은 오히려 긍정적으로 평가되어야 마땅하다는 것이다(주 62-67). 자연이 부여한 이성은 선과 악을 구분하는 능력을 지니고 있으며, 이 힘에 의거하여 중국인들은 악덕과의 싸움보다는 덕 자체를 추구함으로써 참된 선에 도달하였다는 결론을 내릴 수 있다. 더 나아가 행동의 결과에 대한 통찰력은 객관적인 선과 악에 대한 인식에 연결되어 있으며, 이는 인간으로 하여금 선을 행하고 악을 멀리하도록 만든다. 중국은 이를 입증해주는 세 가지 역사적 증거를 보여준다(Albrecht, XL).

첫째 증거는 중국의 교육체제이다. 중국의 교육체제는 징벌에 대한 두려움과 보상에 대한 희망에 의해 생겨나는 덕 그리고 이성과 자유로운 결단에 의거한 덕을 근본적으로 구분하고 이를 교육적 실천에 탁월하게 적용함으로써 훌륭한 성과를 이루어내고 있다. 요컨대 중국의 교육체제는 유소년을 위한 교육과 성인을 위한 교육으로 크게 구분된다. 여기에서 볼프가 말하는 두 가지 교육체제란 소학과 대학을 각각 가리킨다(주 92-96). 유소년을 위한 교육—소학에서는 두려움—즉, 어른과 노인과 상급자에 대한 공경이 강조되어 미풍양속을 익히도록 만드는 데 주력하는데, 이는 이들의 성장단계에 매우 적합한 것이다(주 103). 이에 반해 성인들을 위한 교육, 즉 대학에서는 사물의 이치를 스스로 탐구하여 자립적이고 자율적인 덕을 함양하는 데 주력한다(주 104-107). 이러한 교육제도는 중국의 다른 많은 것들과 마찬가지로 국가질서에 매우 유익한 결과를 가져다준다(Albrecht, XL-XLI).

둘째 증거는 교육철학이다. 중국의 고전인 『대학』은 이성을 완전하게 만드는 것이 도덕적 통찰과 유덕한 행동의 전제라고 가르친다. 중국의 고전을 번역하여 서양에 전한 예수회 선교사 노엘은 이러한 가르침이 심오한 지혜에 바탕을 두고 있다는 것을 인정하지 않았다

(주 137, 138). 하지만 합리주의 철학자 볼프는 이에 반대하여 이러한 가르침이 인간의 본성에 대한 심오한 통찰에 입각한 것이라고 주장한다(주 139-145). 비록 중국인들의 실천철학은 명료한 인식론을 토대로 하고 있지 않지만 그들의 언어와 행위의 바탕에는 볼프가 "자연법의 총괄개념(Inbegriff des Naturrechts)"(주 160, 161)이라고 부른 것이 바탕에 가로놓여 있다는 것이다. 이러한 연관관계를 제시함으로써 볼프는 기독교 신학자들의 견해와는 달리 중국철학이 근본적으로 이성에 기초해 있으며, 참되고 올바른 덕을 알고 있다는 사실을 입증하려 한다(Albrecht, XLI).

셋째 증거는 중국에는 임신한 여성들에게 음악과 문학을 통해 유덕한 생각을 하도록 권하는 태교의 관습이 있다는 것이다(주 195-205). 중국의 철학사상과 문화제도에서 주변적인 것에 불과한 태교관습을 볼프가 특별히 중요하게 여긴 것은 이것이 그의 근대 계몽주의의 합리적 철학사상에 잘 합치되는 것이기 때문이었다. 크리스티안 볼프는 수학과 자연과학에서 출발한 철학자였다. 그가 학문적 사유의 토대로 삼은 근대 이래의 자연과학에 의거하여 그는 어머니와 태아 사이에 육체적, 정신적 결합을 합리적으로 설명하려 하는데, 이미 고대부터 이를 교육에 도입하여 세상에 나오기 이전의 태아에게도 이성적으로 덕을 교육하려 한 중국의 태교관습을 볼프는 중국의 실천철학이 이성적 토대를 지니고 있다는 것에 대한 중요한 예증이라고 생각했다(Albrecht, XLI-XLII).

이러한 관습에 대한 이야기로 볼프는 중국의 실천철학에 대한 강연을 마치고 후임 부총장에게 전하는 인사말로 강연을 맺고 있다. 이 강연을 통해 볼프가 지향한 목표는 단순히 중국의 철학을 소개하려는 것이 아니라 이를 통해 도덕철학의 자율성이라는 근본원칙을 천명하려는 데 있었다. 볼프가 이성에 입각한 덕을 (보다 높은) 덕의 다른 두 단계와 비교한 것은 전적으로 이성에만 입각한 '철학적 덕'이 인간행위를 평가하는 척도가 될 수 있을 뿐만 아니라 덕의 다른 두 단계를 이미 그 안에 내포하고 있다는 것을 보여주기 위한 것이었다. 기독교 문화권이 아닌 중국의 실천철학은 이성이 인간행위의 평가척도로서 충분하며, 따라서 보편적 실천철학이 가능하다는 사실을 입증해주는 분명한 예증이라고 볼프는 생각했던 것이다. 계시의 진리는 덕을 추구하려는 동기를 강화시켜 줄 수 있다는 점에서 의미를 갖지만 합리적 이성을 통해서는 도달할 수 없는 고유한 덕의 원천은 아니라는 것이 볼프의 입장이었다. 이성에 입각한 보편적 실천철학과 신학적으로 정초된 실천철학이 경쟁을 벌이고 있던 당시의 상황에서 볼프는 은밀하게 전자의 입장을 표명해 왔다. 그러다가 그는 이제 글을 통해서가 아니라 교수들과 학생들을 앞에 둔 공개강연 자리에서 보편적 실천철학이 가능하다는 입장을 공개적으로 천명하고 중국의 실천철학을 그 예증으로 제시한 것이다(Albrecht, XLII-XLIII).

합리적 이성의 철저한 신봉자로서 신학적 진리에도 수학적 명증성을 요구하였던 볼프의 철학적 입장은 독일 경건주의 신학의 중심지였던 할레대학 신학부 교수들의 입장과 갈등을 빚고 있었다. 이러한 상황에서 그가 "중국인의 실천철학"에 대하여 행한 강연은 대학 내에 심각한 마찰을 불러일으켰다. 진리의 근거를 신의 은총에 두고 있던 경건주의 신학자들은 동양의 이교도 교주에게 진리의 자격을 부여한 그의 강연에 격분하였다. 이들은 볼프 강연의 핵심사상을 무신론적 도덕철학이라고 규정하고 볼프를 무신론자라고 비난하였다. 대학 내 볼프의 적들은 그를 대학에서 축출하기로 모의하여 병영 국가인 프로이센의 왕 프리드리히 빌헬름 1세에게 볼프는 무신론자이고 결정론자이며 이런 사상이 확산된다면 탈영한 군사들이 자신의 행위는 이미 필연적으로 결정된 일이므로 벌을 받을 수 없다고 주장하게 될 것이라고 모함하였다. 이에 격분한 당시 프로이센 왕 프리드리히 빌헬름 1세는 그의 교수직을 박탈하고 48시간 내에 프로이센 영토에서 나가지 않으면 교수형에 처한다는 명령을 내렸다. 이 사건은 18세기 독일 대학에서 일어난 최대의 스캔들 중 하나로 역사에 남게 되었다.[22]

볼프는 즉시 프로이센을 떠나 전부터 그에게 교수직을 제안하였던 헤센-카셀의 영주의 호의를 받아들여 마르부르크대학 교수로 취임하였다. 이 추방사건으로 인해 그는 계몽사상의 양심적 수호자이자 순교자로서 전 서양에 명성을 떨쳤다. 그가 취임한 후 5년 만에 마르부르크대학의 입학생 수는 50%나 증가하였고, 그의 철학은 도처에서 토론되어 1737년까지 그의 철학에 대해 찬반의 입장을 표명한 저서와 소책자가 200권이나 나왔다. 그리고 볼프 자신도 많은 추종자들을 얻어 독일 최초의 철학학파를 거느리게 되었다. 1740년 프리드리히 빌헬름 1세가 죽고 프리드리히 대왕이 프로이센 왕으로 즉위하였을 때 대왕이 취한 첫 조처는 볼프에게 할레대학으로 돌아오라고 청한 것이었다. 1740년 볼프의 할레대학 재입성은 개선행진을 방불케 하는 것이었다.

---

22 할레대학에서의 볼프의 추방과 관련된 보다 상세한 보고는 Albrecht, XLVI-LIII 그리고 황태연, 앞의 책, pp. 530-535 참조.

2) 헤르더와 중국

요한 고트프리트 헤르더(1744-1803)는 동프로이센의 모룽엔에서 태어났다. 그는 쾨니히스베르크대학에 입학하여 신학을 전공하면서 칸트의 제자가 되었으나 종교사상가 하만으로부터 정신적 감화를 받아 종교적, 문예적 감성의 중요성에 눈뜨면서 칸트와 사상적으로 대립하게 되었다. 대학시절부터 문예비평가로 활동하며 일찍이 명성을 얻은 그는 괴테를 비롯한 시민계급 청년 지식인들에게 커다란 정신적 영향을 미쳐 질풍노도 문예운동의 지도자로 부상하였다. 그가 이끈 질풍노도 문예운동의 근본목표는 당시 프랑스문화의 식민상태에 놓여있던 독일을 정신적, 문화적으로 독립시키는 데 있었다. 이를 위해 그는 화려한 프랑스의 궁정문화와 당시 이를 모방하는 데 급급하던 독일 제후들의 궁정문화를 비판하고 소박하고 자연스러운 민중들의 감성을 표현한 새로운 문학과 예술을 청년세대에게 요구하였다.

1776년 그는 괴테의 주선으로 바이마르의 교구감독이 되어 이곳에 이미 자리잡고 있던 계몽주의 문학가 빌란트 그리고 후에 이곳으로 온 실러와 더불어 '바이마르의 네 별'로 불리며 독일에 신인문주의가 뿌리내리는 데 공헌했다. 헤르더는 문예비평 외에도 신학, 철학, 미학, 교육학, 언어학, 역사학 등 인문학의 거의 모든 분야에서 중요한 업적을 남겼다. 하지만 독일 사상사에서 그가 차지하고 있는 가장 중요한 위치는 독일 역사철학의 창시자라는 것이다. 20대 청년기에 발표한 저서 『인류의 교육을 위한 새로운 역사철학』[23]에서 이미 그는 역사철학적 사유의 근본구상을 세우고 이에 입각하여 인류사를 개관한 바 있다. 그가 품었던 최대의 학문적 기획은 엄밀하고 광범위한 역사철학의 이념세계를 정초하여 그 안에 당시 알려진 문명권 전체를 포괄하는 역사철학 대계를 집필하는 것이었다. 이러한 야심을 그는 『인류역사의 철학에 대한 이념(*Ideen zur Philosophie der Geschichte der Menschheit*)』[24]에서 실현하였다.

'역사철학'이라는 용어의 창시자 볼테르는 그의 방대한 역사서의 서문에서 "우리 서양 무역상들이 그들의 해안으로 가는 길을 발견한 이후 끊임없이 방문한 민족들의 천재를 배우는 것"이 서양의 의무라고 말하고 중국을 그의 저서 첫머리에 놓았었다.[25] 헤르더 역시 그의 저서에서 중국에 대한 서술을 역사서의 시작으로 삼았다. 하지만 볼테르가 중국문명에 경의를 표하기 위해 이 제국을 역사서술의 첫 머리에 놓았던 데 반해 헤르더가 중국으로부터 역사서술을 시작한 것은 다른 역사철학적 입장에서 비롯된 것이었다. 그는 당시의 통념대로 중국이 가장 오래 된 문명이라는 것을 인정하여 이 나라를 역사서술의 첫머리에 놓았던 것이다. 하지만 중국문명에 대한 그의 평가는 볼테르와 크리스티안 볼프를 위시한 전기 계몽주의자들과 완전히 상반된 것이었다. 헤르더가 그려낸 중국의 모습을 살펴보자.

헤르더는 중국에 대한 장의 첫머리를 다음과 같이 시작하고 있다.

---

23 헤르더, 『인류의 교육을 위한 새로운 역사철학(*Auch eine Philosophie der Geschichte zur Bildung der Menschheit* 1774)』, 안성찬 옮김, 한길사 2011.

24 J. G. Herder, *Ideen zur Philosophie der Geschichte der Menschheit*, Frankfurt a. M. 1997. 이하의 인용은 모두 이 책에 의거한 것으로서 '이념'이라고 표기하고 그 뒤에 쪽수를 표시한다.

25 조너선 스펜스, 『칸의 제국』, 김석희 옮김, 이산 2007, p. 132 참조.

아시아 동녘의 산맥 아래쪽에는 역사와 문화에 있어 세계 모든 나라들 중 으뜸이라고 자부하는 나라, 스스로를 세계의 중앙에 있는 꽃이라고 부르는 나라가 있다. 적어도 이 나라가 세계에서 가장 오래된 나라들 중 하나이고 가장 기이한 나라라는 것은 틀림없다. 바로 중국이다. 유럽보다 면적은 작지만 수많은 민족들로 이루어진 유럽대륙과 비교할 때 훨씬 많은 인구수를 이 나라는 자랑한다. 세금을 내는 농부가 2,520만, 대도시와 중소도시가 1,572개, 1,193개의 성채, 3,158개의 석교, 2,796개의 신전, 2,606개의 사원, 10,809개의 오래 된 건축물 등이 이 나라에 대해 알려진 수치들이다. 18개 주로 이루어진 이 제국에서는 산과 강, 무사와 학자, 산품과 상품에 대한 긴 목록이 매년 작성된다. 여러 여행자들의 일치된 의견에 따르면 유럽과 고대 이집트를 제외하고는 어떤 나라도 중국만큼 많은 도로와 하천, 다리와 운하, 인공산과 암벽을 지닌 나라는 없다고 한다. 만리장성을 포함하여 그 모든 것들이 근면한 인간의 손에 의해 만들어진 것이다. 광동에서 북경 근교에 이르기까지 배가 다니고, 산과 사막으로 나누어진 제국 전체가 도로와 운하와 하천으로 연결되어 있으며, 수많은 수상도시들이 있어 지역들 사이의 내부교역이 매우 활발하다고 한다. 농업이 국가체제의 근간으로서 논밭이 곡식으로 그득하고 황무지가 인공적으로 급수되고 있으며, 산악지역까지도 개간되어 있다고 한다. 식물과 야채가 재배되어 이용 가능한 모든 것들을 이용할 수 있고 채굴이 금지된 금 외의 금속과 광물도 마찬가지다. 땅에는 수많은 동물들이, 바다와 강에는 수많은 물고기가 살고 있고, 누에 하나만으로도 부지런한 수많은 사람들이 먹고 산다. 모든 계급, 모든 연령의 사람들, 심지어 죽기 직전의 사람, 맹인, 벙어리까지도 일을 한다. 온순과 유순, 공손한 예절, 점잖은 태도가 중국인들이 유년기부터 평생에 걸쳐 익혀야 하는 기본관습이다. 행정과 입법은 엄격한 규율과 질서에 따라 실행된다. 신분들 사이의 상호 관계와 의무가 존경에 기초하고 있어 아들은 부친에게 백성은 국부에게 존경을 표해야 할 의무를 지니고 있고 국부는 모든 관청을 통해 백성을 자식처럼 보호하고 다스려야 할 의무를 지닌다. 인간을 다스리는 데 이보다 더 훌륭한 원칙이 존재할 수 있을까? 세습귀족이 아니라 공직을 지닌 귀족만이 모든 신분의 사람들에게 인정을 받고, 시험을 통과한 사람들이 존경을 받는 공직에 오르게 되며, 오로지 이러한 공직만이 권위를 부여받는다. 어떤 종교도 백성들에게 강요되지 않고 국가를 침해하지 않는 어떤 종교도 박해받지 않는다. 공자와 노자와 부처의 추종자들, 심지어 유대인과 예수회조차도 국가가 이들을 받아들이기만 하면 평화롭게 함께 살아간다. 그들의 법은 윤리에 기초하고 있고, 윤리는 변함없이 선조들의 고전에 기초하고 있다. 황제는 최고위직 사제, 하늘의 아들(천자), 오래된 관습의 수호자이고 국가라는 신체의 모든 부분에 관여하는 영혼이다. 이 모든 관계가 보존되고 모든 원칙이 실행된다면 이보다 더 완전한 국가체제를 생각할 수 있겠는가? 제국 전체가 유덕하고 훌륭한 교육을 받고 근면하고 윤리적이고 행복한 자식들로 이루어진 가정이 아니겠는가?(이념, 430–432)

이 긴 인용문은 계몽주의자들이 당시까지 알려진 지식에 입각하여 머릿속에 그리고 있던 중국의 모습을 탁월하게 요약해주고 있다. 그러나 위의 글은 헤르더 자신의 중국관을 피력한 것이 아니라 당시 계몽주의자들이 예찬한 중국의 모습을 개괄한 것으로서 이와 상반되는 헤르더 자신의 중국관을 전개하기 위한 전주곡일 뿐이다. 위의 인용문에 뒤이어 헤르더는 "그러나 마침내 반대극단의 의견들이 흘러들어와 불신이 생겨나고 중국의 높은 문화뿐만 아니라 그 독특한 고유성조차 인정하려 하지 않는 입장이 나타났다"(이념, 432)고 하면서 "중국의 입법과 윤리체계 그리고 오랜 역사 전체에 대한 기본고전들 그리고 몇몇 불편부당한 보고들이 우리에게 주어져 있기 때문에 이제 과장된 찬사와 비난 사이의 중도노선, 진리의 올바른 길을 찾아내지 않는다면 이는 잘못된 일일 것"(이념, 432-433)이라고 지적한다. 그리고 헤르더 자신은 이러한 중도적 입장에서 중국의 참모습을 보여주겠다고 장담한다. 그러나 여기에 이어지는 중국에 대한 그의 묘사는 “찬사와 비난 사이의 중도노선”이라기보다는 거의 폄훼에 가까운 것으로 보인다.

> 이는 이들의 교육, 조야하고 괴팍한 취향 그리고 심지어 이들의 감성적 인위성과 이들의 문화가 생겨난 최초의 장소에서 확인된다. 중국의 최초의 왕들이 다스린 지역은 북중국이었다. 타타르족의 특성을 보이는 전제정치가 여기에 기인한다. 이것이 후에 가서 뛰어난 윤리적 금언들로 덮여지고 여러 차례의 혁명을 거쳐 남쪽 해안까지 확장된 것이다. 타타르족의 봉건제도가 오랜 세월 동안 조공국가들을 통치자들과 연결시켜주는 끈이었고, 조공국가들 사이의 수많은 전쟁들과 심지어 이들에 의해 왕권이 무너지는 원인이었다. 그리고 이것이 황제가 궁정을 다스리는 태도, 만다린들에 의한 통치의 근거였다. 극히 오래된 이 제도는 징기스칸의 족속과 만주족들이 처음 중국에 도입한 것이 아니었다. 이 모든 것이 이 민족이 지닌 특성과 유전적 성격이 어떤 것인가를 알려주지 않는가? 이것이야말로 의복, 음식, 관습, 가정의 생활양식, 예술과 오락의 종류에 이르기까지 전체와 그 각 부분들을 바라볼 때 결코 눈에서 놓칠 수 없는 특징이다. 인간은 자신의 천성, 다시 말해 타고난 종족적 특성과 체질을 거의 변화시킬 수 없다. 수천 년 동안 지속되어온 그 모든 인위적인 제도를 통해서도 이 북동쪽의 몽골족은 자연이 부여한 천성을 부인할 수 없었다.(이념, 433–434)

헤르더에 따르면 중국이 이처럼 역사적으로 정체된 근본원인은 “이 민족이 몽골 출신”(이념, 433)이라는 데 있다. 헤르더는 중국의 정치제도뿐만 아니라 생활양식과 관습 등 모든 것이 중국인들의 몽골족 혈통에 기인한다고 주장한다.

이들의 상상력이 만들어낸 용과 괴물, 이들의 그림에서 볼 수 있는 불규칙한 형상에 대한 세세한 주의, 비정형적인 혼합으로 이루어진 정원에서 시각적 즐거움을 찾는 것, 이들의 건축물에서 찾아볼 수 있는 황량한 크기와 엄밀한 세부장식, 차림새와 의복과 오락의 쓸데없는 화려함, 연등축제와 불꽃놀이, 긴 손톱과 단단히 졸라맨 발, 시종들을 거느린 요란한 행렬, 머리 숙여 절하기, 제의, 남녀노소의 구별과 예절 등은 몽골족의 체질에 기인한다. 이 모든 것은 진실한 자연스러움에 대한 취향의 결핍, 내적 안정감과 우미와 존엄의 결핍을 보여준다. 그리하여 황폐해진 감수성은 일관되게 그러한 정치문화의 길로 나아가 전적으로 이것에 의해 지배당하게 되었던 것이다. 중국인들은 금박지와 화려한 치장, 복잡한 상형문자의 서체와 아름다운 문장의 음향을 과도하게 사랑한다. 그리하여 그들의 정신도 그러한 금박지와 화려한 치장과 상형문자와 자모음의 음향을 그대로 닮게 되었다. 자연은 이들과 이 지역의 모든 민족들에게 자유롭고 위대한 과학적 독창성의 재능을 주려고 하지 않은 것 같다. 그 대신에 자연은 민활한 정신, 교활한 근면함과 세련됨 그리고 그들의 소유욕에 쓸모 있어 보이는 모든 것을 모방하는 재주를 이들의 작은 눈에 넉넉히 부여하였다. 그들이 영원히 동일한 행보와 영원히 동일한 일 안에서 오가는 이유는 이익과 직무에 있다. 그리하여 아무리 고도의 정치체제 속에서 살고 있다 해도 그들은 유목하는 몽골족이라고 할 수 있다. 왜냐하면 그들은 그 무수한 분업에도 불구하고 아직 분업을 제대로 배우지 못해 생업을 안정과 짝지워 모든 일이 그 자리에 필요한 사람을 찾아내게 하는 방법을 터득하지 못하기 때문이다.(이념, 435)

헤르더에 따르면 계몽주의자들이 예찬하는 중국의 유교사상과 이에 입각한 정치, 교육, 예절, 풍속 등은 황제에서 최하층 백성에 이르기까지 모든 사람들을 속박하고 있는 전제적 노예제도에 불과하다. 이러한 전제적 정치제도와 노예적 문화제도로 인해 고대 이래로 거의 변화가 없는 정체상태가 중국이라는 나라의 본질이라는 것이다.

3) 크리스티안 볼프의 중국관과 헤르더의 중국관 대비

할레대학을 떠나 마르부르크대학 교수로 재직하던 시기에 볼프는 1721년 강연문을 집필할 당시에는 접하지 못했던 쿠플레의 『중국 철학자 공자』에 의거하여 중국의 역사와 철학에 대해 보다 광범위하고 깊이 있게 연구하여 『중국인의 실천철학에 대한 강연』에 방대한 분량의 주석을 집필하고 여기에 서문을 달아 출간하였다. 여기에 그려진 중국의 모습은 가히 전기 계몽주의 시기를 풍미한 중국예찬의 총결산이라고 할 수 있다.

그러나 전기 계몽주의에서 후기 계몽주의로 넘어가면서 중국은 예찬의 대상에서 혐오의 대상으로 극단적인 평가절하를 경험한다. 전기 계몽주의의 대표적 철학자 크리스티안 볼프가 본 중국의 모습과 독일 후기 계몽주의의 선구적 사상가 헤르더가 본 중국의 모습과 비교하게 되면 중국의 위상이 18세기 전반과 18세기 후반이라는 단한 시기를 거치는 동안 얼마나 커다란 추락을 겪었는지 확연하게 드러난다. 당시 서양 지식인들의 중국에 대한 연구는 중국민족, 중국문자, 중국의 과학과 의술, 유교철학의 대표자 공자, 중국의 정치체제 등으로 관심분야를 구분할 수 있다. 이 분야들에 대한 볼프와 헤르더의 평가는 극단적으로 상반된 것으로 나타난다. 이하에서는 이 두 사람의 중국관이 얼마나 극명한 대조를 이루는가를 『중국인의 실천철학에 대한 강연』과 『인류의 역사철학에 대한 이념』에 서술된 위의 다섯 분야에 대한 평가를 직접 인용하여 대비하고자 한다.

중국민족

볼프	헤르더
신의 형상을 닮은 유산인 자연의 힘을 손상되지 않은 채로 보존하고 있는 민족은 중국인 외에는 없다. 신학자들의 견해에 따르면 시민적 정의는 자연의 힘의 소산이라고 하는데, 이것이 과연 어떤 모습인가를 분명히 알고자 하는 자는 고대 중국인들의 말과 행위에 대해 숙고해 보기 바란다. 이 말과 행위의 핵심은 중국 고전에 보존되어 있다. 스스로를 기독교도라고 칭하는 대부분의 사람들이 기독교의 덕과는 멀리 동떨어져 있는 이 시대에 중국인의 철학이 우리에게 알려진 것이야말로 진실로 신의 섭리 덕분이라고 나는 생각한다.	수천 년 동안 지속되어온 그 모든 인위적인 제도를 통해서도 이 북동쪽의 몽골족은 자연이 부여한 천성을 벗어날 수 없었다. 그러한 특성이 지구상의 이 지역에 뿌리내려, 중국의 나침반처럼 결코 서양적인 편차를 지닐 수 없었다. 그리하여 이 지역의 인종들은 결코 그리스인이나 로마인이 될 수 없었다. 중국인은 중국인으로 남았다. 작은 눈과 납작한 코, 평평한 이마와 성긴 수염, 커다란 귀와 불룩한 배를 이 종족은 자연으로부터 부여받았다. 이러한 체질이 산출할 수 있는 것을 이들은 산출했다. 이들로부터 다른 어떤 것을 요구할 수는 없는 것이다.

중국문자

볼프	헤르더
왕립 문자 학술원의 회원인 저 유명한 푸르몽에 따르면 중국의 문자는 8만 자에 달한다고 한다. 중국인들은 문자를 만들 때 철학적, 기하학적 질서를 준수하고 있고, 이 발명과 비견될 만한 것이 지금까지 인간의 정신에 의해 고안된 적이 없으며, 이 문자만큼 자연에 대한 포괄적인 인식을 담고 있는 물리적 체계가 또 없기 때문에, 우리는 이 문자에서 중국의 지혜와 학문에 대한 탁월한 증거를 발견하게 된다고 그는 고백한 바 있다. 게다가 이 문자는 지극히 오래 전에 발명되었다. 쿠플레의 편년사에 따르면 중국 제국의 창시자인 복희씨가 이 문자의 여섯 가지 원칙을 세웠다고 한다.	몇 개의 조야한 상형문자를 조합하여 만든 8만 자의 글자와 여섯 가지 이상의 서체로 이 언어를 표현하는 문자는 중국 민족을 지상의 다른 모든 민족들과 구별해주는 특징이다. 이러한 문자를 발명한 것은 전체적으로는 발명능력의 결핍과 세부적으로는 불행한 세련됨을 고스란히 드러내 보여준다. 이러한 문자양식이 그 안에서 사고해야 하는 정신에 영향을 미침으로써 생겨나는 차이는 엄청날 수밖에 없다. 이러한 문자양식은 사상을 그림의 모습으로 이완시킬 것이고, 이 나라의 모든 사고방식을 그려지거나 혹은 허공에 쓴 자의적인 상형문자로 만들 것이다.

중국의 과학과 의술

볼프	헤르더
중국의 과학은 서양에 충분히 그리고 분명하게 알려지지 않고 있다. 중국인들이 연도를 세는 데 사용하는 60년 주기는 복희씨에 의해 고안되었고 기원전 2697년에 황제에 의해 완성되었다. 충분한 천문학적 지식이 없었다면 이것이 고안될 수도 완성될 수도 없었다	이런 나라가 서양의 척도로 볼 때 과학적 발명에서 극히 빈약한 성과를 이룬 것은 결코 놀랄 일이 아니다. 이 나라는 수천 년 동안 거의 제자리에 머물러 있다. 그들의 도덕서와 법률서도 항상 제자리를 맴돌며 유치한 의무에 대한 엄격한 가식이라는 동일한 내용을 정

는 것은 쉽게 확인할 수 있다. 천문학이 대수학과 기하학 없이는 존립할 수 없다는 사실은 잘 알려져 있다. 따라서 고대의 중국인들이 대수학과 기하학에서도 진보를 이루었으리라는 것은 명백하다. 황제는 또한 진맥의 의술을 여러 책에 서술했는데, 이는 오늘날에도 사용되고 있다. 하지만 우리는 이에 관해서도 아무것도 알지 못하므로 이것에 대해 아무런 판단도 내릴 수 없다.	확하고 조심스럽게 수백 가지 방식으로 이야기하고 있을 뿐이다. 오랜 세월 동안 그대로인 이들의 천문학과 음악, 문학과 전쟁기술, 그림과 건축은 이 영원한 법률과 불변적인 유치한 제도의 산물일 뿐이다. 그들의 상술처럼 의술도 세련되고 기만적인 진맥에 의존하고 있다. 이 진맥이야말로 감각적 세련됨과 비학문적 무지의 모든 성격을 드러내 보여준다.

공자

볼프	헤르더
공자는 다음과 같은 덕을 지닌 사람으로 칭송되고 있다. 진지함, 자제력, 성실, 평정심, 뛰어나게 부드러운 심성, 부와 명예에 대한 경멸, 가르침을 전하려는 부단한 노력, 탁월한 겸양, 자신의 잘못을 고치려는 각성의 자세. 나는 신의 섭리가 타락한 중국을 다시 일으켜 세우기 위해 중국인들에게 보내준 선물이 바로 공자라는 사실에 대해 추호의 의심도 없이 확신한다.	공자라는 이름은 내게 위대한 이름이다. 하지만 나는 공자가 짊어졌던 속박, 그리고 공자가 정치도덕을 통해 미신적인 민중들과 중국 국가제도에 영원히 부과한 속박을 모르지 않는다. 이를 통해 이 민족은 지구상의 다른 여러 민족들처럼 그 교육단계에 있어 어린아이의 연령에 머물러 있다. 바로 이 윤리적 가르침의 메커니즘이 정신의 자유로운 진보를 영원히 속박하여 이 전제국가에 또 하나의 공자가 나타나지 못하게 하기 때문이다.

중국의 정치체제

볼프	헤르더
공자가 나타나기 오래 전부터 이미 중국은 최상의 법률제도를 지니고 있었다. 제후들은 말과 모범을 통해 백성들에게 최고의 완전성을 가능하는 전달자 역할을 했다. 스승과 교육자들이 아이들을 ― 황제와 왕과 귀족들의 아이들뿐만 아니라 최하층 백성의 아이들까지도 ― 아주 어린 나이에서부터 윤리적 선으로 이끌었고, 성인들에게는 선과 악에 대한 올바른 인식을 강화시켰으며, 제후와 그 백성이 덕의 명예를 놓고 서로 경쟁하였다. 중국의 옛 황제들과 왕들은 동시에 철학자이기도 했다. 철학자가 다스리고 왕들이 철학을 하는 이 나라가 ― 플라톤의 명제에 따라 ― 행복한 나라라는 것이 어찌 놀라운 일이겠는가?	이들은 산맥과 사막 그리고 항만이 거의 없는 바다로 둘러싸여 운명적으로 다른 나라와의 경쟁적 공존에서 벗어나 있는 지구상의 변방 민족이다. 만주족이 정복한 후에도 이들의 국가체제가 그대로 유지되고 있는 것은 이들을 지배하고 있는 거친 정복자들이 유치한 노예제도라는 안락의자에서 편안하게 느끼고 있다는 것을 입증해줄 뿐이다. 정복자들은 중국에서 아무것도 변화시키지 않고, 그저 그 위에 앉아 통치하기만 하면 된다. 이 나라는 그들 자신이 세운 국가라는 기관의 모든 부분에 있어 이것이 마치 노예제도를 위해 발명되기나 하였다는 듯이 철저하게 노예적으로 기능한다. 이 제국은 상형문자로 장식되고 비단으로 휘감겨 방부 처리된 미라에 불과하다.

4. 계몽주의 시기 중국관 변화의 배경과 원인

앞에서 제시한 대조를 통해 확연히 드러나듯이 18세기 독일에서 중국은 예찬과 애호의 대상(sinophilism)에서 혐오와 공포의 대상(sinophobism)으로 전락하는 극단적인 변화를 경험한다. 물론 고대 중국을 철인 왕이 다스리는 플라톤의 이상국에 비유한 크리스티안 볼프의 중국관이나 중국의 전제정치와 역사적 정체의 원인이 중국인들의 '몽골족 혈통'에 기인한다는 헤르더의 주장은 오늘날의 입장에서 볼 때 역사적 사실과 관점의 측면에서 모두 받아들이기 어렵다. 이 점에서 18세기 독일에서 나타난 중국예찬과 중국혐오가 모두 '신기루(Mirage)'에 불과하다는 주장은 설득력을 지닌다.[26]

하지만 이것이 18세기 독일에서 나타난 중국관 변화의 양상과 원인에 대한 최종적인 결론이 될 수는 없다. 문화수용에서 나타나는 신기루 형성은 가다머가 모든 이해와 해석의 본질적 구조로서 제시한 '이해지평(Verstehenshorizont)'과 관련된 문제이기 때문이다. 우리 인간은 개인의 차원에서건 문화의 차원에서건 낯선 것과 접촉할 때 항상 이를 자신의 관습, 사고방식, 세계관에 맞춰 '신기루'를 형성함으로써 타자와 타국문화를 '이해'하고 받아들일 수밖에 없다. 따라서 그러한 신기루 형성은 문명교류에서 나타나는 문화수용의 변수가 아니라 상수라고 할 수 있다. 따라서 중요한 것은 18세기 독일에서 나타난 중국관의 급진적인 변화가 모두 신기루에 불과했다는 결론에 머무는

26 이러한 입장의 대표적 예로는 Willy Richard Berger, 앞의 책, 특히 p. 4 이하 참조.

것이 아니라 이를 초래한 이해지평의 변화 자체에 주목하여 신기루 형성 자체를 의미 있는 문화현상으로 이해하고, 그 '의미'를 해명하는 일이다. 이하에서는 이러한 관점에 입각하여 18세기 독일에서 중국이 예찬과 애호의 대상에서 혐오와 공포의 대상으로 급격히 변모하게 된 배경과 원인을 제시하고자 한다.

라이프니츠, 볼프, 헤르더는 18세기 독일 사상사의 전개과정을 대표하는 인물들이다(볼프와 헤르더 사이에 칸트를 집어넣는다면 18세기를 사분기로 나누고 네 시기를 대표하는 독일의 사상가로서 이들의 이름을 순서대로 꼽는다고 해도 별 무리가 없을 것이다). 이 세 사상가는 동시에 18세기 독일의 중국학 연구를 대표하는 인물들이기도 하다. 여기에서 먼저 짚고 넘어가야 할 점은 이들이 공히 예수회 신부들이 번역한 중국의 고전과 이들이 소개한 중국의 문물제도를 토대로 중국의 사상, 역사, 문화를 연구하였다는 것이다. 그럼에도 불구하고 중국의 사상과 문화에 대한 이들의 해석에는 미묘한 혹은 분명한 차이가 드러난다. 중국의 유교철학에 대한 라이프니츠의 해석과 크리스티안 볼프의 해석 사이에는 미묘하면서도 중요한 차이가 나타나고, 이들의 중국관과 헤르더의 중국관은 극단적으로 상반된다. 동일한 원전을 연구의 출발점으로 삼았던 이 세 사람 사이에 이러한 차이가 생겨나게 한 원인은 무엇일까?

사상사적으로 볼 때 이들에게서 나타나는 차이는 중국의 사상과 문화를 해석하는 지평의 변화, 특히 사유 관점의 변화에 기인하는 것으로 설명될 수 있다. 사유 관점의 이러한 변화는 무엇보다도 이들이 중국에 대해 다룬 저술의 제목인 『중국인의 자연신학론』, 『중국인의 실천철학에 대한 강연』, 『인류 역사의 철학에 대한 이념』에서 분명히 드러난다. 즉, 라이프니츠는 중국의 유교철학을 자연신학이라는 관점에서 해석하였고, 볼프는 이를 실천철학이라는 관점에서 바라보았던 데 반해, 헤르더는 중국이라는 나라를 그의 역사철학의 체계 안에서 자리매김하려 했다. 이러한 사유 관점의 차이는 몇 가지 중요한 함의를 지닌다. 18세기는 흔히 철학의 시대로 일컬어지는데, 이는 중세 이래 신학의 시녀 역할을 해왔던 철학이 근대 이래로 점차 시녀 역할에서 벗어나 이제 종교를 대신하여 세계관과 가치관의 새로운 기준으로 등장하게 되었다는 것을 뜻한다. 이는 세계관과 가치관이 세속화되어 가는 과정으로 해석될 수 있다. 이러한 세속화과정은 자연세계와 역사세계가 초월적 신의 뜻이 아니라 자체의 고유한 내재적 원리에 따라 운행되는 것이라고 믿고, 인간의 삶의 목표가 신의 뜻에 복종하는 데 있는 것이 아니라 현세의 행복을 추구하는 것에 있다는 사고방식을 확산시켰다. 앞에서 언급하였듯이 18세기 독일에서 중국문화에 대한 철학적 해석이 라이프니츠의 자연신학에서 볼프의 실천철학을 거쳐 헤르더의 역사철학으로 옮겨간 것은 그러한 세속화과정의 반영이라 할 수 있을 것이다.

라이프니츠가 중국문화에 깊은 관심을 기울였던 이유는 인간의 보편적 이성에 의거하여 종교들 사이의 갈등을 조정할 수 있는 단초를 유교철학에서 발견할 수 있다고 믿었기 때문이다. 그의 조국 독일을 황폐하게 만든 30년 전쟁의 막바지에 태어난 라이프니츠는 학자로 그리고 외교관으로 활동하면서 서양에 갈등과 혼란을 불러온 종교적, 정치적 반목의 해결에 필생의 노력을 기울였다. 세계가 무한한 수의 단자로 이루어져 있고, 그 단자들은 '예정조화'라는 신의 창조원리 안에서 움직인다는 그의 핵심사상은 모든 종류의 양극단을 화해시키려는 그의 지적 노력의 표현이었다. 그가 정초한 철학은 합리주의 신학이라고 요약될 수 있는데, 이를 통해 그는 가톨릭과 개신교가 만날 수 있는 신학적 근거를 제시하려 하였다. 라이프니츠가 중국의 고대철학에서 일신론적 요소를 찾아내려 하였던 마테오 리치의 적응주의 신학에 주목하였던 것도 이러한 입장의 발로였다. 신이 인간에게 부여한 이성의 빛에 기초하여 자연신학의 존재를 입증하는 것이야말로 모든 종교의 상호 이해와 근본적 통합을 가능케 할 것이라고 그는 믿었다. 그가 중국의 유교철학을 자연신학으로 해석한 것, 그리고 당시 가톨릭 안에서 벌어진 전례논쟁에서 예수회 선교사들의 적응주의가 패배하는 것을 안타깝게 여겨 적응주의의 신학적 정당성을 논증하는 일에 적극적으로 나섰던 것은 그러한 사상적 입장에서 비롯된 것이었다.[27]

크리스티안 볼프는 중국의 유교철학이 서양의 혼란스러운 상황을 개선하는 데 도움이 될 수 있다고 믿었다는 점에서 그의 스승 라이프니츠와 시각을 같이 한다. 라이프니츠는 당시의 서양과 중국을 비교하면서 순수한 이론적 지식과 과학에 있어서는 서양이 중국보다 우월하고, 기술에 있어서는 서로 대등하며, 실천철학에 있어서는 중국이 서양보다 단연 앞서 있다고 평한 바 있다.[28] 라이프니츠는 서양에 중국의 실천철학을 도입함으로써 "점점 더 깊은 나락으로 빠져드는" 서양사회를 개선할 수 있으리라는 희망을 피력하였다. 중국에 대한 볼프의 관심은 바로 여기에서 비롯된 것이다. 그러나 이처럼 실천

---

27 라이프니츠, 앞의 책, p. 37 이하.

28 G. W. Leibniz, Nov. Sin. §2 및 라이프니츠, 앞의 책, p. 37 참조.

철학의 관점에서 중국의 유교철학에 다가간 볼프는 라이프니츠와 다른 철학적 입장에 서게 된다. 즉, 라이프니츠가 중국의 유교철학을 자연신학으로 해석하여 이를 신학과 매개하려 하였던 데 반해, 볼프는 이를 실천철학으로 이해하여 신학과 절연케 함으로써 세속화의 방향으로 한 걸음 더 나아가고 있다. 볼프의 철학체계에서 실천철학은 법, 윤리, 정치, 경제 등 인간사회의 제 영역을 다루는 학문영역이었다. 실천철학은 신학과는 별개의 학문영역으로서 자연철학(물리학)과 마찬가지로 전적으로 자연의 힘, 즉 이성에 의해 해명될 수 있는 영역이었다. 이것이 의미하는 바는 인간의 도덕적 선이 신에 대한 두려움이나 신의 은총에 대한 기대 없이도 순수한 이성적 사유를 통해 이해되고 실천될 수 있다는 것이다. 기독교를 알지 못하면서도 (라이프니츠가 주장했듯이) 서양보다 우월한 실천철학, 다시 말해 윤리와 법제도와 정치체제를 이룩한 중국이라는 나라의 존재는 실천철학에 대한 그의 견해가 옳다는 것을 입증해주는 실험적 예증이라고 볼프는 생각했다. 바로 이것이 그가 할레대학에서 행한 『중국인의 실천철학에 대한 강연』의 핵심 사상이었다. 기독교적 신의 직접적인 관여나 계시가 없어도 인간은 도덕적으로 행동할 수 있고, 인간사회를 도덕적으로 만들 수 있다는 그의 입장은 신과 계시신학에 대한 불경한 도전으로 받아들여졌다. 신에 대한 개인적, 내면적 체험을 중시하는 경건주의 신학자들이 볼프의 강연에 분격하여 그를 대학에서 축출하려 하였던 것은 당시 독일의 상황에서 어찌 보면 당연한 일이었다.

라이프니츠와 볼프의 이름으로 대표되는 합리주의 철학사상의 근본 목표는 보편적 이성에 의거하여 그들의 시대를 계몽하려는 데 있었다. 그들이 계몽하려 한 주된 대상은 정치권력을 쥐고 있던 군주와 귀족 그리고 상층 시민계급이었다. 그들이 지향했던 정치체제는 철학적으로 계몽된 군주가 이성적 능력과 합리적 지식을 지닌 자들을 신분에 관계없이 선발하여 각자의 재능에 적합한 지위와 역할을 맡겨 나라를 다스리는 계몽군주체제였다. 라이프니츠와 볼프는 중국의 유교철학에서 고도로 합리적인 세계관과 인간관을 발견하였으며, 이에 입각한 중국의 윤리와 정치제도에서 합리적인 실천철학(윤리학과 정치학)을 실현하는 모델을 발견하였다. 교육을 통해 지혜와 덕을 쌓은 황제가 과거제도를 통해 덕과 능력을 지닌 관리를 선발하여 국사를 맡기는 중국의 정치체제는 이들 계몽주의자들이 꿈꾸던 이상국가가 현실에 구현된 유토피아로 보였다. 라이프니츠와 볼프 그리고 이들과 같은 시대를 살았던 프랑스 계몽주의의 대표자 볼테르는 중국의 정치제도를 예찬하고[29] 예수회 선교사들에 의해 서양에 소개된 강희제를 서양 군주의 모범이라고 칭송하였는데, 여기에는 세습 귀족들이 권력을 쥐고 있던 서양의 신분제 사회와 당시 유럽을 지배하고 있던 절대주의 정치체제가 이성을 국가운영의 근본원리로 하는 계몽군주체제로 개혁되기를 바랐던 이들의 소망이 가로놓여 있다.

그러나 유럽과 독일의 계몽군주를 대표하는 프리드리히 대왕 치하에서 성장한 시민계급의 청년 지식인들이 역사무대에 등장하면서 독일의 문화적 지형에 커다란 변화가 생겨난다. 이들은 합리적 도덕과 세련된 문화를 통해 궁정문화와 절대왕정체제를 계몽하고 개혁하려한 크리스티안 볼프와 볼테르가 아니라, 소박하고 자연스러운 민

29 볼테르의 중국 예찬에 대해서는 Willy Richard Berger, 앞의 책, pp. 66-81 참조.

중문화와 공화제적 정치체제를 옹호한 루소에게서 정신적 모범과 사상적 지향을 발견했다. 『문화예술론』에서 세련된 궁정문화를 도덕적 타락의 징후에 불과하다고 질타하고, 『사회계약론』에서 민주적 공화국의 이상을 그려 보인 루소의 사상은 독일의 청년 지식인들에게 새로운 복음이었다. 독일의 초기 루소주의자 중 하나인 헤르더 또한 루소가 가르친 새로운 복음에 입각하여 신문화운동을 전개하고 새로운 철학사상을 수립하려 하였다. 개인과 민족의 자유와 행복을 근본가치로 내세우는 질풍노도 문예운동, 역사의 근본동력을 변화와 진보에서 찾는 역사철학이 그것이다. 이러한 문화적, 정치적 지향의 변화와 더불어 중국의 이미지도 급격한 변화를 겪게 된다. 루소는 이미 중국의 세련된 문화와 정치가 인간의 자연적 이성과 감성을 약화시키는 전제정치의 산물일 뿐이라고 비판한 바 있다.[30] 이러한 사상적 입장을 계승한 헤르더에게 있어 중국은 철인정치가 구현된 현실의 유토피아가 아니라 황제에서 백성에 이르기까지 노예제도가 내면화된 전제국가에 불과했다. 그리하여 그는 중국을 고대의 관습에 매몰되어 역사 전개의 근본동력인 변화의 힘을 상실한 나라, "방부 처리된 미라"에 불과한 나라로 자리매김하였다.

헤르더의 역사철학 체계 안에서 영원히 고대에 머물게 된 중국의 이미지는 20세기에 이르기까지 지속되었다. 동일한 역사가 영원히 반복되는 정체된 나라라고 하는 중국의 이미지는 헤르더의 역사철학을 계승한 헤겔과 마르크스를 거쳐 막스 베버에 이르기까지 중국의

30 중국의 문화에 대한 루소의 비판은 Willy Richard Berger, 앞의 책, pp. 113-118 참조.

역사와 현실을 바라보는 독일의 학문적 관점으로 고착되었다. 다만 이들은 중국의 역사가 "영원히 동일한 행보와 영원히 동일한 일 안에서 오가는" 이유만 각자의 이론체계에 따라 다르게 설명하였을 뿐이다. 그리하여 헤겔은 시민정신의 결여를, 마르크스는 치수경제체제를, 막스 베버는 금욕주의적 기독교와 현세주의적 유교의 차이를 중국의 역사가 정체된 원인으로 제시하였다.

❁ 참고문헌

1차문헌

헤르더(1774), 『인류의 교육을 위한 새로운 역사철학(*Auch eine Philosophie der Geschichte zur Bildung der Menschheit*)』, 안성찬 옮김, 한길사 2001.

Herder, Johann Gottfried(1787), *Ideen zur Philosophie der Geschichte der Menschheit*, Frankfurt a. M. 1997.

Wolff, Christian(1985), *Oratio de Sinarum philosophia practica, Rede über die praktische Philosophie der Chinesen*(1721), übersetzt, eingeleitet und hrsg. v. Michael Albrecht, Hamburg.

Wolff, Christian(1992), "On the Philosopher King and the Ruling Philosopher"(1730), *Moral Enlightenment: Leibniz and Wolff on China*, Nettetal.

2차문헌

김기봉(2004), 「독일 역사철학의 오리엔탈리즘—칸트, 헤르더, 헤겔을 중심으로」, 『담론 201』 7권 1호.

김선희(2012), 「실천철학으로서의 유학: 크리스천 볼프와 다산 정약용의 비교 연구」, 『다산 탄신 250주년 기념 학술대회—다산 연구의 새로운 모색』.

김수배(1999), 「칸트철학의 선구자 볼프」, 『칸트연구』 제5집.

안성찬(2011), 「문명은 언제, 어디서, 어떻게 시작되었나」, 김민정(외), 『문명 안으로: 문명 개념의 형성과 한자문화권의 번역과정』, 한길사.

안종수(1991), 「볼프의 실천철학과 중국유학」, 『인문과학』 제65집.

안종수(2001), 「볼프와 유학」, 『철학연구』 제5집.

이엽(2009), 「칸트의 볼프 윤리학 비판」, 『칸트연구』 제23집.

이은정(2008), 「크리스티안 볼프, 중국 그리고 유교」, 『담론201』 11권 1호.

황태연(2011), 『공자와 세계 2』, 청계.

가다머, 한스게오르크(2012), 『진리와 방법 1』, 이길우(외) 옮김, 문학동네.

가다머, 한스게오르크(2012), 『진리와 방법 2』, 임홍배 옮김, 문학동네.

라이프니츠(2003), 『라이프니츠가 만난 중국』, 이동희 옮김, 이학사.

루소, 장 자크(2007), 『학문과 예술에 대하여 외』(1750), 김중현 옮김, 한길사.

먼젤로, 데이비드(2009), 『진기한 나라, 중국: 예수회 적응주의와 중국학의 기원』, 이향만·장동진·정인재 옮김, 나남.

몽테스키외(2009), 『법의 정신』(1748), 이영성 옮김, 홍신문화사.

문젤로, 데이비드(2009), 『동양과 서양의 위대한 만남 1500~1800』, 김성규 옮김, 휴머니스트.

사이드, 에드워드(2009), 『오리엔탈리즘』(1978), 박홍규 옮김, 교보문고.

스펜스, 조너선(2007) 『칸의 제국』, 김석희 옮김, 이산.

주겸지(2003), 『중국이 만든 유럽의 근대—근대 유럽의 중국문화 열풍』, 전홍석 옮김, 청계[朱謙之(1940), 『中國思想對於歐洲文化之影響』, 商務印書館].

클라크, J. J.(1997), 『동양은 서양을 어떻게 계몽했는가』, 장세룡 옮김, 우물이 있는 집.

Berger, Willy Richard(1990), *China-Bild und China-Mode im Europa der Aufklärung*, Köln, Wien, Böhlau.

Drechsler, Wolfgang(1997), "Christian Wolff(1679-1754): A Biographical Essay", *Europian Journal of Law and Economics*.

Dreitzel, Horst(1991), *Monarchiebegriff in der Fürstengesellschaft*, Köln u.a.

Gadamer, Hans-Georg(1986), Wahrheit und Methode: Grundzüge einer philosophischen Hermeneutik, 5. Aufl.(durchges. u. erw.), Tübingen: Mohr.

Kant, Immanuel(1995), "Idee zu einer allgemeinen Geschichte in weltbürgerlicher Absicht"(1784), *Der Streit der Facultäten und kleinere Abhandlungen*, Werke 6, Köln.

Kantzenbach, F. W.(1970), *Herder*, Reinbeck bei Hamburg.

Lach, Donald F.(1953), "The Sinophilism of Christian Wolff(1679-1754)", *Journal of the History of Ideas* 14, pp. 561-574.

Laclau, Ernesto/Mouffe, Chantal(2000), *Hegemonie und radikale Demokratie. Zur Dekonstruktion des Marxismus*, Wien.

Leibniz, G. W.(1979), *Das Neueste von China/Novissima Sinica*(1697), u. übers. von H. G. Nesselrath & H. Reinbothe, Köln.

Needham, Joseph(1971), *Science and civilisation in China*, Cambridge[Eng.]: University Press.

Tscharner, Ed. Horst von(1939), *China in der deutschen Dichtung bis zur Klassik*, München.

Zempliner, Artur(1962), "Die chinesische Philosophie und J. Ch. Wolff", *Deutsche Zeitschrift für Philosophie* 10, pp. 758-778.

❀ 찾아보기

크리스티안 볼프(Christian Wolff, 1679-1754)

라이프니츠와 칸트 사이의 시기에 독일의 합리주의 철학과 계몽주의 사상을 대표하는 철학자로서 철학 외에도 법학, 수학 등 여러 학문 분야에서 중요한 업적을 남겼으며, 특히 독일어를 학문언어로 정립하는 데 크게 기여하였다. 예나대학에서 신학, 물리학, 수학을 공부한 후 라이프치히대학에서 강의를 하였으며, 1706년 할레대학에 교수로 임용되어 수학과 철학을 가르쳤다. 1721년 부총장 이임식에서 행한 『중국의 실천철학에 대한 강연』으로 인해 무신론자라는 비난을 받고 할레대학에서 쫓겨났으나, 마르부르크대학에 교수로 초빙되어 이곳에서 독일 최초의 학파(볼프학파)를 이끌며 명성을 떨쳤다. 1740년 할레대학으로 다시 돌아와 1743년에는 총장으로 취임했으며, 1754년 이곳에서 세상을 떠났다. 동양 고전에 대한 그의 연구는 동서양 철학에 가교를 놓은 위대한 업적으로 평가된다.

요한 고트프리트 헤르더(Johann Gottfried Herder, 1744-1803)

독일 계몽주의 시기의 작가, 문예평론가, 신학자, 철학자로서 독일 인문주의의 성립에 커다란 공적을 남겼다. 프로이센의 모룽겐에서 태어나 동프로이센의 중심도시 쾨니히스베르크대학에서 칸트의 가르침을 받았으며, 이 도시가 낳은 위대한 종교사상가 하만과 친교를 맺었다. 대학시절부터 문예비평가로 활동하면서 일찌감치 문명(文名)을 떨쳤고, 특히 청년들에게 커다란 정신적 영향을 미쳤다. 신학을 전공하여 목사가 된 그는 1776년 괴테의 주선으로 바이마르 교구 감독으로 취임하였으며, 이후 빌란트, 괴테, 실러와 더불어 '바이마르의 네 별'로 불리며 이 도시를 독일의 문화적 중심지로 만드는 데 기여하였다.

안성찬(Ahn, Sungchan)

서강대학교에서 독어독문학을 전공하였고, 독일 레겐스부르크대학에서 독문학, 철학, 고전어, 예술사를 수학한 후 서강대학교에서 문학박사 학위를 취득했다. 서강대, 연세대, 중앙대 등 여러 대학에서 강의하였으며, 현재 서울대학교 인문학연구원 부교수로 재직 중이다. 독일의 근현대 문예사상을 연구하고, 번역을 통해 독일의 문학과 사상을 소개하고, 독일 통일의 경험을 한반도 통일의 전망과 연결하는 일에 연구 중점을 두어왔다. 이러한 연구의 성과로 『이성과 감성의 평행선』, 『숭고의 미학』, 『변화를 통한 접근』(공저) 등 10여 권의 저서와 헤르더의 『인류의 교육을 위한 새로운 역사철학』, 니체의 『즐거운 학문』, 가이젠한스뤼케의 『문학이론 입문』(공역) 등 15권의 번역서 그리고 「크리스티안 볼프의 중국과 헤르더의 중국」 등 다수의 논문을 펴냈다.

❁ 문명총서 발간사

서울대학교 인문학연구원은 2007년 11월 한국연구재단의 인문한국(HK) 사업을 수탁하여 HK문명연구사업단을 출범시켰다. 한국과 아시아, 세계를 향한 문명연구의 허브를 구축하기 위해 '한국 인문학'의 정립을 목표로 인문학 제 분야는 물론 인근 분야의 전공자들까지 한 지붕 아래 모였다.

인문학연구원이 한국 인문학의 도약을 위해 핵심과제로 주목한 것은 문명에 대한 새로운 이해이다. 문명이란 장구한 세월 동안 인류가 일구어낸 정신적·물질적 성과들의 종합이며, 타 문명들과 서로 영향을 주고받으며 진화해 온 복합적 실체이다. 이에 대한 심층적인 이해가 선행되지 않는다면 현재와 미래에 대한 유효적절한 준비와 대응은 불가능하다.

'문명텍스트총서'는 인문학 안팎의 다양한 전공을 가진 우리 연구원의 연구자들이 자신의 영역에서 과거와 현재 문명의 정수와 그에 대한 인식을 담은 중요한 텍스트를 선정하여 번역하고 주해한 결과물이다. 이는 긴 시간의 노동을 요하면서도 성취가 단기간에 가시화되지 않는 우직한 작업이지만 인류의 유산을 한국화하는 이 같은 작업이 주체적으로 세계문명을 사유하고 새로운 문명을 개척하는 데 발판이 되리라고 믿는다. 문명텍스트총서가 현재와 과거를 엮는 씨줄 놓기 작업이라면, 문명공동연구총서는 인간과 세계를 총체적으로 이해하려는 날줄 엮기라고 할 수 있다. 오랫동안 자신의 분야에서 전문화를 추구했기에 공동연구가 쉬운 일은 아니지만 문명 이해의 융합적 시각뿐만 아니라 한국 인문학의 새로운 전망을 써 내려가는 방법론을 제시할 수 있기를 희망한 결과물이다. 또한 문명지평총서는 연구원 안팎의 연구자들이 참여한 연구서와 교양서를 아우르고 있다.

아무쪼록 문명총서 시리즈가 동서고금의 문명을 더 깊고 더 넓게 이해하는 창발의 효과를 가져오길 기대하며, 국내외의 학자들이 참여하고 교류하는 열린 연구공간이 되길 바란다.

2014년 4월

서울대학교 인문학연구원 원장